普通高等院校经济管理类专业基础课精品教材

管 理 学

主　编　于玲玲　段东山　刘　秀
副主编　陈美娜　余　媛　盛　芬
　　　　张　栋　聂倾国　简利蓉
主　审　杨秀英

北京理工大学出版社
BEIJING INSTITUTE OF TECHNOLOGY PRESS

内 容 简 介

本书紧密结合应用型高校经济管理类专业人才培养目标，不仅编排方式符合大学生的学习规律，而且内容也融合了思政元素。主要内容包括管理概述、管理思想与理论发展史、管理决策、计划、组织、领导、激励、控制等。期望通过本书，引领大学生正确认识社会，培养管理思维，提高分析问题的能力，并能将知识运用于实践，达到知行合一的教学目的。本书既适用于应用型高校经济管理类本、专科学生，也可作为企业管理人员的培训教材。

版权专有 侵权必究

图书在版编目（CIP）数据

管理学／于玲玲，段东山，刘秀主编. --北京：
北京理工大学出版社，2022.1
　　ISBN 978-7-5763-0847-1

　　Ⅰ．①管… Ⅱ．①于… ②段… ③刘… Ⅲ．①管理学
-高等学校-教材 Ⅳ．①C93

中国版本图书馆 CIP 数据核字（2022）第 010801 号

出版发行／北京理工大学出版社有限责任公司	
社　　址／北京市海淀区中关村南大街 5 号	
邮　　编／100081	
电　　话／（010）68914775（总编室）	
（010）82562903（教材售后服务热线）	
（010）68944723（其他图书服务热线）	
网　　址／http://www.bitpress.com.cn	
经　　销／全国各地新华书店	
印　　刷／北京国马印刷厂	
开　　本／787 毫米×1092 毫米　1/16	
印　　张／14	责任编辑／时京京
字　　数／326 千字	文案编辑／时京京
版　　次／2022 年 1 月第 1 版　2022 年 1 月第 1 次印刷	责任校对／刘亚男
定　　价／45.00 元	责任印制／李志强

图书出现印装质量问题，请拨打售后服务热线，本社负责调换

改革开放四十多年来，在党的正确领导下，中国经济发展日新月异，取得了巨大成就，中国国际地位显著提高，中国模式从受到质疑到得到肯定和关注。这些与管理思想的变革是分不开的。社会需要大量适应时代发展的管理人才，国家也提出了建设教育强国、实施科教兴国的战略，我国高校几乎都开设了经济管理类专业，然而，绝大部分管理学教材内容侧重理论讲述，实践性不强，课程的思政内容更是缺失。管理学是一门综合性、交叉性学科，它与经济学、社会学、心理学、数学、计算机科学等都有密切关系，是系统研究管理活动的基本规律和一般方法的科学。管理学是为了适应现代社会化大生产的需要而产生的，它主要研究在现有的条件下，如何通过合理地组织和配置人、财、物等因素，来提高生产力的水平。

未来世界经济将会发生质的变化，管理工作要解决许多全新的课题，如知识经济时代对知识资本的管理，信息共享体系的建设与管理，人力资本管理的创新，新型的组织结构如学习型组织、战略联盟、虚拟企业等新型组织形式的管理，在更为复杂的社会经济环境中对组织适应性的管理等，这些课题甚至将形成一些新兴的管理学分支，繁荣年轻的管理学。

管理学在学科体系中的地位将进一步提高，绝大多数高校将把管理学作为专业课程的前导课程。

本教材重点解决在授课过程中未将管理学的基本原理、思想和方法融入大学生思政教育的问题，内容新颖，结构完整，去繁就简，突出实践，并配有案例和实践项目，旨在帮助广大大学生在学习知识的同时，培养良好的品行。本教材具备以下特点：

1. 注重思想教育和全面发展，将大学生思想政治教育元素巧妙融入各知识点，以达到"润物细无声"的教书育人效果。

2. 突出实践性。本书由具备多年企业管理经验及教学经验的双师型教学团队编写，理论与实践紧密结合。在每章开篇有"案例导入"，每章后面都配"案例分析"和"实践训练"，达到教学合一的目的。

3. 加强系统性和逻辑性。本书不仅涵盖管理学基本原理和思想，而且将管理理论发展脉络及管理职能进行了梳理，强调管理科学的逻辑性、规律性。

2021 年 5 月

前　言

　　管理是人类最基本也是最重要的活动，自从有了人类社会以来，便出现了管理。一切社会现象都与管理活动密切相关。管理学正是研究管理活动的基本规律和一般方法的一门学科。管理学的研究在西方国家已经进行了两百余年。管理学是为了适应社会化大生产的需要而产生的，研究管理的基本职能，科学决策，合理计划，妥善组织、领导，以达到提高工作效率、协调企业各部门运作、调动员工的积极性、提高企业效率的目的。我国对于管理学的研究虽起步较晚，但发展迅速，涌现了大量管理学大师及杰出的企业家，并推动我国的现代化进程。目前，管理学已成为高等院校经济管理类专业的必修课之一，一般在大一、大二开设，对大学生影响重大。一方面，能为学生学习经济管理的其他课程打下坚实的基础；另一方面，可以帮助学生了解和认识管理的基本概念、基本理论和基本方法，了解先进的管理理念，并具备管理的思维能力，掌握管理的基本技能及工具，提升综合素养和从事经营管理活动的能力。编者认为，管理学的学习，能够引领大学生正确认识社会，理解政府政策，了解不同类型的企业，学会独立思考，并形成正确的三观。

　　本教材体系科学，结构严谨，脉络清晰，层次分明，内容新颖，重点突出。主要由管理概述、管理思想与理论发展史、管理决策、计划、组织、领导、激励、控制八章内容组成。

　　本教材为适应当前我国新时期教育强国的要求，培养"德、智、体、美、劳"全面发展的人才，在注重大学生专业课程学习的同时，将思政教育元素巧妙地融入管理学各知识点，以达到"润物细无声"的效果；编写过程中汲取了近年来国内外管理学教材之所长，借鉴、参考、吸收了管理活动中所创立的新思想和新方法，每章后面均附有案例分析和实践训练，以满足应用型本科经济管理类专业的教学需要，有利于学生对管理学知识的理解、掌握和运用，实现知行合一，可作为高等院校管理类和其他专业的通用教材，也可供管理人员在职培训使用。

　　本教材由于玲玲、段东山、刘秀担任主编，陈美娜、余媛、盛芬、张栋、聂倾国、简利蓉担任副主编，杨秀英担任主审。具体分工如下：盛芬编写第一章，聂倾国编写第二章，张栋编写第三章，段东山编写第四章、第八章，陈美娜编写第五章，刘秀编写第六章、第七章，杨秀英负责审查书稿的科学性、思想性等，于玲玲负责统稿，简利蓉和余媛负责整理资料。

在编写本教材的过程中，编者参考、借鉴了许多专家、学者的相关著作，对于引用的段落、文字，不可能一一列出，在此向各位专家、学者一并表示感谢。限于水平，当中可能仍有疏漏和不妥之处，敬请专家和读者批评指正。

2021 年 5 月

目 录

第一章

管理概述

1. 理解管理的意义。
2. 理解管理的性质。
3. 掌握管理的基本职能。
4. 掌握管理者的类型及其技能的要求。
5. 明确管理学的研究对象、内容和方法。
6. 了解环境对管理的影响。

案例导入

万里长城与组织管理

长城是春秋战国时期（公元前 770—前 221 年）各国为了防御，在形势险要的地方修筑的巨大军事工程。公元前 221 年秦始皇灭六国统一天下后，为了巩固北方的边防，于公元前 214 年，命大将蒙恬率兵 30 万，把原来燕、赵、秦三国在北方修筑的长城重新修缮并向东、西两方扩展，形成万里长城。明朝（公元 1368—1644 年）又对长城进行了多次修筑。明长城西起嘉峪关，东至鸭绿江，总长 8 851.8 千米，气势磅礴，是世界历史上最伟大的工程之一。

在历代的长城修建过程中，都贯穿着组织管理工作，这体现在以下几个方面。

（1）修筑材料方面。建造长城用的是土方，将经过筛选的土，经暴晒或烤干，使土中的草籽不再发芽，然后夯筑为墙，在居庸关的八达岭，砌墙用的石料有的长达 3 米，重 1 000 多千克。秦时修建长城需要的大量木料是从四川等地运来的，木料需要在下面加铺铁轮，千百人才能将其移动，每日仅行 10~15 千米。建造长城用的砖均由全国各地官窑烧制，砖面印有州府地名、日期和烧砖监制人的姓名，用砖严把质量关。城墙修筑后，会对其进行严格验收，规定在一定距离内用箭射墙，箭不能入墙才算合格，否则返工重筑。

（2）施工管理方面。因工程庞大，地形复杂，由秦朝到明朝，修建长城都采用防务与施工相结合的方法，采用分地区、分片、分段负责制。例如，明朝沿长城设立 9 个镇，由镇长负责管辖本地区长城的修筑。在八达岭长城曾发现一个记载有万历十年（公元 1582 年）修筑长城情况的石碑。该碑文记载，长城是由戎卒分段包修，一段约 200 米的城墙和一个石卷门，要动用几千名军士及服劳役的民工。八达岭这段长城工程，是经百年才建成的，管理制度较为完善，工程质量较高。

（3）工程计划方面。《春秋》中记载，建筑长城的工程计划非常周密，不仅测量计算了城墙的长、宽、高及包括沟渠在内的土石方总量，而且对所需人工、材料、人工口粮、各地区所负担的任务等都分配明确。

启示：庞大的工程，即使在古代也蕴含着严密的计划、组织、领导、控制等体系，需要大量的管理工作。

第一节　管理的概念与性质

一、管理的起源

把管理作为一门学科进行系统的研究，是近百年的事。但是，管理实践却和人类的历史一样悠久，可以追溯到五六千年以前。世界上所有的文明古国如古巴比伦、古印度、古埃及、中国等都早在几千年前就对自己的国家进行了有效的管理，建立了庞大严密的组织，并完成了许多在今天看来十分巨大的建筑工程，如埃及的金字塔和中国的长城、大运河等。

管理，是人类有目的的活动。在古代，人类已能组织、指挥、协调数万乃至数十万人同时劳动，历时许多年去完成经过周密计划的宏大工程，其管理才能令人折服。

▰▰＼ 链接 1-1

人类在共同劳动中产生了管理

虽然没有人能够准确考证到底人类社会从何时开始出现管理、运用管理，但是可以推断，自从有人类社会以来，就有管理，因为人类是在劳动过程中，以种群方式进化的。根据现代管理理论的观点，只要存在一定共同劳动的人群，就必然有分工、组织、协调等与管理有关的行为，即使当时的人类并不懂他们行为的具体含义，但这仍不妨碍我们得出结论：自从有了人群组织以来，便在共同劳动中产生了管理。

二、管理的概念

（一）关于管理的不同观点

从字面上看，管理可以简单地理解为管辖和处理，即对一定范围的人、事进行安排和处理。

管理是一个古老的概念，人们从未停止过对管理基本内涵和本质属性的探讨。在弗雷德里克·温斯洛·泰勒的科学管理理论产生之前，管理研究尚停留在经验性阶段，中外学者从不同角度对管理行为、管理活动和管理过程进行了深入的研究，同时也产生了众多的管理学派，对管理的含义也是众说纷纭，仁者见仁，智者见智。以下是几种代表性的观点。

（1）《世界百科全书》的解释是，管理是工商企业、政府机关、人民团体及其他各种组织的一切活动的指导，它的目的是使每一行为或决定有助于实现既定的目标。

（2）视管理为个人领导艺术的管理学家认为，管理就是组织中一切有目的的活动的指导。它的目的是使每一行为或决策有助于实现既定的目标。

（3）重视决策行为作用的管理学家认为，组织中任何工作都是通过一系列决策完成的，管理就是决策。

（4）重视管理职能的管理学家认为，管理就是对被管理对象实施一系列管理职能的过程。

（5）重视工作效果的管理学家认为，管理就是由一个人或更多的人来协调他人的活动，以便得到个人单独活动不能得到的效果。

（6）重视协调工作的管理学家认为，管理就是某一组织中，为实现共同目标而从事的对人与物质资料的协调活动。

（二）管理的"五性"

虽然不同学者确定的管理的含义有差别，但都从不同侧面描述了管理的基本内涵。综合各种观点，我们认为管理的概念可以作如下表述：管理是指管理者在特定的环境下，对组织所拥有的资源（人力、物力和财力等）进行有效的计划、组织、领导、控制和创新，以期高效率地达到组织目标的过程。管理有具体的"五性"。

1. 客观性

管理活动是在特定的组织内外部客观环境的约束下进行的。

2. 目的性

管理是一项有目标的活动，管理的核心就是实现组织的目标。

3. 职能性

职能是职责与功能的概括。管理是实施计划、组织、领导、控制和创新职能的过程。

4. 有效性

有效实现目标的手段是通过管理配套和利用资源，使组织的一切职能活动既有效率，又有效果，加速经济的发展。

5. 主体性

管理的主体是管理者。虽然管理者在行使管理职能时受诸多因素的影响，但管理者的素质和组织的运行绩效有着密切的关系。

三、管理的性质

（一）管理的普遍存在性

管理适用于任何类型的组织。因为任何组织都有固定的组织目标，都有特定的资源调配和利用问题，因此，也就有管理问题。

1. 营利性组织需要管理

这类组织十分重视投入与产出的比较，十分强调对资源的利用效果。人们往往认为只有大企业才需要管理，因为大企业拥有更多的资源，更需要有周密的计划和高效率的沟通与协调。事实上，小企业同样需要管理。每年都有大量的小企业破产，其原因并不仅仅是小企业拥有的资源少，更重要的是管理方面的问题。

2. 非营利性组织需要管理

从非营利性组织来看，不仅政府、军队、公安等组织需要管理，学校需要管理，医院、诊所和医疗保险单位需要管理，研究所、博物馆及大众性广播、邮电和交通服务单位需要管理，而且各种基金会、联合会、俱乐部及政治党派、学术团体和宗教组织等也都需要管理。

管理活动遍布人类社会的方方面面，无时无刻无处不在。当然，不同类型的组织，由于其作业活动的目标和内容存在一些差异，因而管理的具体内容和方法也不尽相同，但从基本管理职能、管理原理和方法来看，各种不同类型的组织的管理具有相似性和共通性。

（二）管理的二重性

管理具有二重性：一方面，管理是人类共同劳动的产物，具有同生产力和社会化大生产相联系的自然属性；另一方面，管理同生产关系、社会制度相联系，具有社会属性。管理二重性示意如图1-1所示。

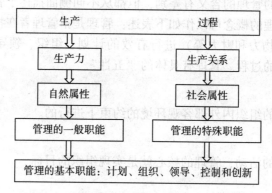

图1-1　管理二重性示意

管理所具备的二重性，从根本上说是由生产过程本身所决定的，也就是生产力和生产关系的统一体，即生产过程的二重性所决定的。

管理的自然属性，也称管理的生产力属性或一般属性。在管理过程中，为有效实现目标，要对人、财、物等资源进行合理配置，对产、供、销及其他职能活动进行协调，以实现生产力的科学组织。这种组织生产力的管理功能，是由生产力引起的，反映了人同自然的关系，故称为管理的自然属性。

管理的社会属性，也称管理的生产关系属性或管理的特殊属性。在管理过程中，为维护生产资料所有者的利益，需要对人们之间的利益进行分配和调整，协调人与人之间的关系。这是一种调整生产关系的管理工作。它反映的是生产关系与社会制度的性质，故称为管理的社会属性。

正确认识管理的二重性。一方面，要学习、借鉴发达国家先进的管理经验和方法；另一方面，要考虑我国的国情，建立自己的管理体系，或者说建立有中国特色的管理体系。

需要指出的是，管理的自然属性和社会属性是一体的，不能把它们截然分开。管理的自然属性是管理的一般职能，即共性；而管理的社会属性是管理的特殊职能，即个性。

管理的二重性是相互联系、相互制约的。一方面，管理的自然属性不可能孤立存在，它总是在一定的社会形式、社会生产关系下发挥作用；同时，管理的社会属性也不可能脱离管理的自然属性而存在，否则，管理的社会属性就成为没有内容的形式。另一方面，两者是相互制约的。管理的自然属性要求有一定的社会属性的组织形式和生产关系与其相适应；同时，管理的社会属性也必然对管理的方法和技术产生影响。

（三）管理的科学性和艺术性

管理不仅是一门科学，还是一门艺术，是科学与艺术的统一。这是国内外管理学家和管理实际工作者经过长期研究和探索后形成的对管理的共同认识。

1. 管理的科学性

管理的科学性是指管理作为一种活动过程，其间存在着一系列基本客观规律。人们经过无数次的失败和成功，通过从实践中收集、归纳、检测数据、提出假设、验证假设，抽象总结出一系列反映管理活动过程客观规律的管理理论和一般方法。人们利用这些理论和方法来指导自己的管理实践，又以管理活动的结果来衡量过程中所使用的理论和方法的正确性与有效性，从而使管理的科学理论和方法在实践中不断得到验证和丰富。因此，说管理是一门科学，是指它以反映管理客观规律的管理理论和方法为指导，有一套分析问题、解决问题的科学的方法论。

2. 管理的艺术性

管理的艺术性是指已经科学化的管理理论具体化为可操作的管理方法、管理技巧和管理手段，是达到某种预期效果的"诀窍"。任何管理者都必须依据当时当地的具体情况做出相应的管理对策。不顾实际情况的差别，照抄照搬他人管理经验和方法之所以会失败，并非这些经验和方法本身有问题，而主要是因为忽视了管理的另一特征，即管理必须因地制宜，因势利导。讲究方式方法，避免机械、呆板的管理，是管理的艺术。

一些系统学过管理理论但最初从事管理实践并不顺利的人，对管理的艺术性会有特别深刻的体会。实践告诉他们，了解管理原理和方法，并不一定能达到管理目的。管理必须随时注意情况的变化，讲究灵活性和独创性。成功的管理难以模仿，这是由管理的艺术性决定的。

3. 科学性和艺术性之间的关系

没有系统化的理论知识体系形不成科学，没有实践性则没有艺术。管理的科学性和艺术性并不互相排斥，而是相互补充的，是管理活动中不可分割的两个方面。正如美国管理学家哈罗德·孔茨所言："最富有成效的艺术总是以对它所依靠的科学的理解为基础的。"管理的科学性是管理艺术性的基础，揭示管理的本质和理性；管理的艺术性是管理科学性的升华，揭示管理的现象和感性。如果否定管理的科学性，会使管理缺乏理论基础和指导，管理技巧只能在低层次徘徊，充其量为雕虫小技；如果无视管理的艺术性，管理就会公式化，只有原则，不能变通，只有模仿，没有创新，管理的原理和方法会变成干巴巴的教条。

因此，管理既是一门科学，又是一门艺术，是科学与艺术的有机结合体。管理的这一特性，对于学习管理学和从事管理工作的人来说也是十分重要的，它促使人们既注重管理基本理论的学习，又在实践中因地制宜地灵活运用，这可以说是管理成功的一个重要保证。

第二节　管理的职能

一、管理职能的多种提法

管理职能是管理者在实施管理时所体现的具体作用及实施程序或过程。人类的管理活动具有哪些基本职能？对于这一问题，至今还是众说纷纭。

自 1916 年亨利·法约尔提出五种管理职能（古典提法）以来，有学者提出六种、七种的职能，也有学者提出四种、三种，甚至两种、一种职能的（有的学者认为可概括为组织职能），最常见的提法是计划、组织、领导和控制。我们认为，根据管理理论的最新发展，对管理职能的认识也应有所发展。许多新的管理理论和管理实践已一再证明，计划、组织、领导、控制和创新是一切管理活动最基本的职能。

二、管理的基本职能

（一）计划

计划职能是指管理者为实现组织目标对工作进行的筹划活动。计划职能一般包括调查与预测、制定目标、选择活动方式等。任何管理者都有计划职能，高层管理者负责制定总体目标和确定战略，所有层次的管理者都必须为其工作部门制订工作计划。计划职能是管理活动的首要职能。

（二）组织

组织职能是指管理者为实现组织目标而建立与协调组织结构的工作过程。组织职能一般包括设计与建立组织结构、合理分配职权与职责、选拔与配置人员、推进组织的协调与变革等。合理的组织结构是实施管理、实现目标的组织保证。因此不同层次、不同类型的管理者总要或多或少地承担不同性质的组织职能。

（三）领导

领导职能是指管理者指挥、激励下属，以有效实现组织目标的行为。领导职能一般包括：选择正确的领导方式；运用权威，下达命令；激励下属，调动其积极性；进行有效沟通等。凡是有下属的管理者都要履行领导职能，而不同层次、不同类型的管理者领导职能的内容及侧重点各不相同。管理的领导职能是一门非常奥妙的艺术，它贯穿在整个管理活动中。

（四）控制

控制职能是指管理者为保证实际工作与目标一致而进行检查、监督、纠偏的行为。控制职能一般包括制定标准、衡量工作、纠正出现的偏差等。在执行计划过程中，由于受各种因素的干扰，实践活动常常偏离原来计划，为保证目标及为此而制订的计划得以实现，就需要有控制职能。而不同层次、不同类型的管理者控制的重点和方式有很大差别。

（五）创新

对于是否把"创新"列为管理的职能，学者们有不同看法。孙明燮（1998）认为创新不是管理职能，而是管理功能。周三多等（1999）则把创新列为管理职能，并认为创新是管理工作的原动力。几乎所有国外管理教材都没有把创新列为管理职能。

我们认为，创新应被列为管理职能，因为在"唯一不变的就是变化"的当今世界，要想使组织立于不败之地，管理者就必须具有创新精神，敢于应对各种挑战。

所谓创新，就是改变现状。创新职能是指管理者为适应环境的变化将科技与管理紧密结合，以更有效的方式整合组织内、外资源去达到组织目标的活动。创新职能一般包括创新的含义、创新的领域、创新的过程、创新的策略和创新的技法等。从管理的动态角度来看，创新职能在管理循环之中处于轴心的地位，是推动管理活动的原动力。管理的职能如图1-2所示。

图1-2　管理的职能

◢◤ **链接1-2**

福特公司兴衰和复兴

美国福特汽车公司的创始人亨利·福特有着精明强干的头脑和丰富的经验。1896年第一辆福特汽车诞生，1903年福特汽车公司成立，开始生产A型、R型和S型汽车。从1908年开始生产T型车，T型车的特点是结构紧凑、设计简单、坚固、驾驶容易、价格较低。1913年福特采用了汽车装配的流水生产法，并实现汽车零件的标准化，形成了大量生产的体制，当年产量增加到13万辆，1914年增加到26万辆，1923年增加到204万辆，在美国汽车生产中形成垄断的地位。

福特建立起一个世界最大和盈利最多的制造业企业，他从利润中积累了10亿美元的现金储备。可是，福特坚信企业所需要的只是所有的主管和一些助手，只需要"主管""助手"的汇报、由他发号施令即可运行。他认为，公司组织只是一种"形式"，企业无管理人员和管理。随着环境的变化，其他竞争者产生，人们对汽车的需要日益多元化，科技、产品供销、财务、人事等管理日趋复杂，个人管理难以适应这种要求。只过了几年，到1927年，福特已丧失市场领先的地位，以后的20年逐年亏损。

福特二世接管时，公司已濒于破产。当时26岁的福特二世一方面向他的对手通用汽车学习，另一方面创建了一套自己的管理组织和领导班子，强化了管理职能。五年后，福特公司重新获得了发展，成为通用汽车公司的主要竞争者。

美国福特汽车公司的兴起、衰落和复兴，可以使我们看到企业中管理职能是何等的重要！

第三节　管理者及其技能

一、管理者及其分类

（一）管理者的含义

斯蒂芬·P.罗宾斯说："管理者是这样的人，他通过协调其他人的活动达到与别人一起，或者通过别人实现组织目标的目的。管理者的工作可能意味着协调一个部门的工作，也可能意味着监督几个单独的人，还可能包含协调一个团队的活动。"一般来讲，管理者（又称管理人员）是履行管理职能、对实现组织目标负有领导责任和影响力的人。管理者既可以是执行传统意义上的管理职能、对他人工作负有责任的人，也可以是承担特殊任务、不对他人工作负有责任的人。只要他利用其职位和知识，以个人的方式对组织有实质性的贡献，使该组织工作有成果，就是一位管理者，而不管他对他人是否具有管理监督的权力，是否具有下属。

管理者是特定组织的管理者，但是并非所有组织成员都是管理者。通常可将组织成员分为操作者和管理者两类。操作者是直接从事某项工作或任务的人员，不具有监督其他人工作的职责。管理者则是指挥、监督和协调某项工作的人，在管理过程中肩负着特定的任务和职能，他不但要制定组织的目标、筹划工作的开展，还要控制管理过程的运行，激发组织成员的潜能，以达到管理工作的目标。

（二）管理者的分类

管理者的类型可以按不同的分类标准进行划分，最常见的是根据管理人员在组织的纵向结构中所处的层次和根据管理者从事的工作性质和管理领域进行分类。

1. 管理者的层次分类

根据在组织的纵向结构中所处的层次，管理者可以分为高层管理者、中层管理者和基层管理者。

（1）高层管理者。高层管理者处于组织的最高层，是对整个组织的管理负全面责任的少数几位管理人员，如公司的正、副经理，工厂的正、副厂长，学校的正、副校长，医院的正、副院长等。他们的主要职责是制定组织的总目标，确定总战略，掌握组织的方针，评价组织绩效，沟通组织与外界的交往联系。在很多情况下，组织的成败往往取决于高层管理者的一个判断、一个决策或一项安排，为此高层管理者应把主要精力和时间放在组织全面性或战略性问题及组织环境问题的分析考虑上。

（2）中层管理者。中层管理者是处于高层管理和基层管理者之间的一个或若干个中间层次的管理人员，如工厂的车间主任、商场的部门经理、大学的系主任、机关里的处长等。他们的主要职责是贯彻执行高层管理者确定的重大决策，指挥、监督和协调基层管理者的活动。他们注重"上传下达"，发挥桥梁作用和日常的管理作用。

（3）基层管理者。基层管理者又称一线管理者，是组织中最低层次的管理人员，如工厂的工长、领班、小组长等。他们的主要职责是直接指挥和监督现场作业人员，保证完成上级下达的各项计划和指令。他们最关心的是具体任务的完成。

作为管理者，不论他在组织的哪一层次上承担管理职责，其工作的性质和内容基本上是一样的，都包括计划、组织、领导、控制和创新职能。不同层次管理者工作上的差别，不是职能本身不同，而是各项管理职能履行的程序和重点不同。管理者的层次分类与管理职能如图1-3所示。

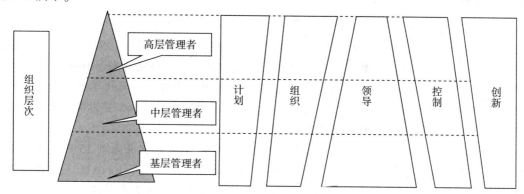

图1-3　管理者的层次分类与管理职能

2. 管理者的领域分类

根据管理人员所从事的领域不同，管理者可以分为综合管理者和专业管理者两类。

（1）综合管理者。综合管理者是负责管理一个组织全部活动的管理者，除了前面提出的高层管理者中的主要领导人，中层至基层组织中的直线主管一般都是综合管理者。他们必须有较强的整体意识，既要防止个别部门出问题影响全局，又要注意根据内外情况变化，调整内部结构，增强组织整体竞争力。同时要注意抓主要矛盾，把握各阶段工作重点，具有较高的综合和创新才能。

（2）专业管理者。专业管理者负责管理某一个方面的工作，他们一般有较丰富的专业工作经验。以企业为例，按照管理领域不同，可以把专业管理者分为以下几种类型。

①生产与经营管理者。生产与经营管理者主要负责产品制造、服务提供、设备维护、质量检验等方面活动的管理。有调查数据表明，美国大公司的负责人中大约10.7%有生产经营管理的经历。

②市场营销管理者。市场营销管理者主要负责市场调查、广告宣传、产品调拨、销售和售后服务等方面活动的管理。美国大公司负责人中约13.7%有从事市场营销工作的经历。

③财务管理者。财务管理者主要负责资金筹集、投资预算、核算和出纳等方面活动的管理。有些机构如银行等金融机构，财务管理者的需求量特别大。美国大公司负责人中约20%有从事财务工作的经历。

④人力资源管理者。人力资源管理者主要负责人员招聘、配置、培训、考核、晋升、工资和奖惩等方面活动的管理。随着人力资源管理在组织中的重要性越来越突出，人力资源管理者在组织中的地位也日益提高。

⑤行政管理者。行政管理者和一般管理者并不专门从事某一特定的专业领域的管理工作，但其重要性可从企业的首席负责人中约16.4%来自行政管理者的这一事实中显现。

⑥其他专业管理者。如产品研究开发管理者、公共关系或客户关系管理者等。每个专业

管理者既要搞好本专业活动的管理，又要注意与其他专业部门的配合与协调，防止片面强调本部门的特殊性，影响整体的协调性。

链接1-3

杰出管理者——杰克·韦尔奇

杰克·韦尔奇于1935年11月19日出生于马萨诸塞州塞勒姆市，1957年获得马萨诸塞州大学化学工程学士学位，1960年获得伊利诺伊大学化学工程博士学位，1960年加入通用电气公司（GE）塑胶事业部。1971年年底，韦尔奇成为通用电气公司化学与冶金事业部总经理，1979年8月成为通用电气公司副董事长。1981年4月，年仅45岁的韦尔奇成为通用电气公司历史上最年轻的董事长和首席执行官。

韦尔奇接手通用电气时，通用电气的年销售额为250亿美元，年盈利15亿美元，市场价值在全美上市公司中仅排名第十。而到1999年，通用电气实现了1 110亿美元的年销售收入（全球第五）和107亿美元的盈利（全球第一），市值已位居世界第二。

韦尔奇接手通用时，通用旗下仅有照明、发动机和电力3个事业部在市场上保持领先地位，而如今已有十二个事业部在其各自的市场上数一数二，如果单独排名，通用电气有九个事业部能入选《财富》500强。在韦尔奇执掌通用电气的19年中，公司业绩一路上升，并因此连续3年在美国《财富》杂志"全美最受推崇公司"评选中名列榜首。

杰克·韦尔奇在中国商界被誉为"管理之神"。他的自传被视为"CEO的《圣经》"，他曾被邀到我国中央电视台做客，其间曾提到老少企业家都在读这本《圣经》。究竟韦尔奇的哪些东西打动了中国的企业家？

当45岁的杰克·韦尔奇执掌通用时，这家已有117年历史的公司机构臃肿、等级森严，对市场反应迟钝，在全球竞争中正在走下坡路。按照韦尔奇的理念，在全球竞争激烈的市场中，只有在市场上领先于对手的企业，才能立于不败之地。韦尔奇重整结构的衡量标准是：这个企业能否跻身同行业的前两名，即任何事业部门存在的条件是市场上"数一数二"，否则就要被砍掉，即整顿、关闭或出售。

杰克·韦尔奇最吸引中国企业家的一点，是他近20年持续掌控通用电气这个美国老牌商业帝国，并使其老树回春，成为现代企业的标准和典范。在竞争激烈的市场中，使一个成熟的大企业在长达近20年时间里，保持几乎与美国经济同步同速的增长，大概只有韦尔奇一人能做到。

在国际商界，每隔十年左右就会出现一两个商界奇才，20世纪80年代有拯救福特的扭亏英雄李·艾柯卡、日本经营大师盛田昭夫，20世纪90年代是创业奇才比尔·盖茨，世纪交替之时是杰克·韦尔奇。

二、管理者的角色

管理者角色是指特定的管理行为类型和范畴。美国著名管理学家彼得·德鲁克于1955年首先提出"管理者角色"这个概念。他认为："管理是一种无形的力量，这种力量是通过各级管理者体现出来的，所以管理者大体上扮演管理一个组织、下属或工人和工作3种角色。"到了20世纪60年代末期，加拿大管理学家亨利·明茨伯格在研究中认为："管理者无论做什么都可以通过考察管理者在工作中所扮演的角色来恰当地描述，管理者扮演着 10 种不同但却高度相关的角色。这 10 种角色可以进一步合成为 3 个方面：人际关系方面的角色、信息传递方面的角色、决策制定方面的角色。"明茨伯格的管理者角色理论如图 1-4 和表 1-1 所示。

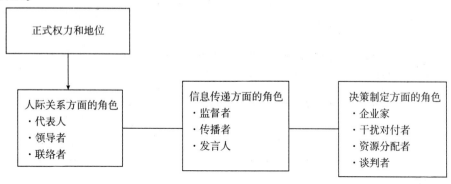

图 1-4　管理者角色

表 1-1　管理者角色与活动描述

角色		描述	特征活动
人际关系方面	代表人	象征性的首脑，必须履行许多法律性的或社会性的例行义务	迎接来访者，签署法律文件
	领导者	负责激励和动员下属，负责人员配备、培训和交往的职责	实际上从事所有的有下级参加的活动
	联络者	维护自行发展起来的外部接触和联系网络，向人们提供恩惠和信息	发感谢信，从事外部委员会工作，从事其他有外部人员参加的活动
信息传递方面	监督者	寻求和获取各种特定的信息（其中许多是即时的），以便透彻地了解组织与环境；作为组织内部和外部信息的神经中枢	阅读期刊和报告，保持私人接触
	传播者	将从外部人员和下级那里获得的信息传递给组织的其他成员——有些是关于事实的信息，有些是解释和综合组织有影响的人物的各种价值观点	举行信息交流会，用打电话的方式传递信息
	发言人	向外界发布有关组织的计划、政策、行动、结果等信息；作为组织所在产业方面的专家	举行会议，向媒体发布信息

角色		描述	特征活动
决策制定方面	企业家	寻求组织和环境中的机会，确定改进方案以发起变革，监督某些方案的策划	确定战略，检查会议决议执行情况，开发新项目
	干扰对付者	当组织面临重大的、意外的危机时，负责采取补救行动	制定战略、排除混乱、处理危机的行为
	资源分配者	负责分配组织的各种资源——实际上是批准所有重要的组织决策	调度、询问、授权从事涉及预算的各种活动和安排下级的工作
	谈判者	在主要的谈判中作为组织的代表	与工会进行合同谈判

三、管理者的技能

"技能"一词，指的是一种能力，这种能力可以是后天培养的，并不一定要与生俱来。这种能力要在实际行动中得以展现，并不仅仅蕴藏于潜能之中。根据罗伯特·卡茨在《哈佛商业评论》中发表的一篇名为《能干的管理者应具有的技能》的论文所述，管理者的技能指出色完成组织专业任务的能力。管理者应具备三种基本技能：技术技能、人际技能和概念技能。

（一）技术技能

技术技能（或称专业技能）是指从事自己管理范围内的工作需要的程序、知识、技术和方法。

对于管理者来说，虽然没有必要成为精通某一领域技能的专家（因为可以依靠有关专业技术人员来解决专门的技术问题），但是要掌握一定的技术技能，否则就很难与他所主管的组织内的专业技术人员进行有效的沟通，从而也就无法对他所管辖的业务范围内的各项管理工作进行具体的指导。例如：医院院长不应该是对医疗过程一窍不通的人，学校校长也不应该是对教学工作一无所知的人，工厂生产经理更不应该是对生产工艺毫无了解的人；监督会计人员的管理者必须懂会计；而如果是生产车间主任，就更需要熟悉各种机械的性能、使用方法、操作程序，各种材料用途、加工工序、各种成品或半成品的指标要求等。

（二）人际技能

人际技能是指与处理人事关系有关的技能，或者说是与组织内的人打交道的能力（协作精神和团队精神）。

在一个企业中，对于不同层次和领域，管理者可能分别需要处理与上层管理者、同级管理者，以及下属的人际关系，要学会说服上级领导，学会同其他部门的同事紧密合作，同时掌握激励和诱导下属的积极性和创造性的能力，以及正确指导和指挥组织成员开展工作的能力。

人际技能包括沟通、领导和激励三个方面的能力。实践证明，人际技能是一种非常重要的技能，对于激励、引导高、中、低层管理者，激发员工的工作热情和增强员工信心，最大限度地调动员工的积极性和创造性，都具有重要的意义。

（三）概念技能

概念技能是指能够洞察组织与环境相互影响的复杂性，并在此基础上加以分析、判断、抽象、概括并迅速作出正确决断的能力。

任何管理都会面临一些混乱而复杂的环境，管理者应该能看到组织的全貌和整体，并认清各种因素之间的相互关系，如组织与外部环境是怎样互动的，组织内部各部门是怎样相互作用的等等。并经过分析、判断、抽象、概括，抓住问题的实质，最终作出正确的决策。这是管理者应具备的概念技能。概念技能主要有以下两方面技能。

1. 理性技能

理性技能是指管理者能够总揽全局、沉着冷静地判断重要因素和这些因素之间关系（工作单位之间、个人之间，以及工作单位与个人之间的相互关系）的能力；能够识别某一领域的决策会对其他领域产生何种影响的能力。

2. 设计能力

设计能力是指深刻了解组织中任何行动的后果，以有利于组织利益的各种方式解决问题，正确行使五种管理职能的能力，能够提出新想法、新思想的能力，以及能够进行抽象思维的能力。

（四）各类管理者的不同技能要求

各层次管理者所需管理技能的比例如图1-5所示，人际技能对于所有层级的管理重要性大体相同。

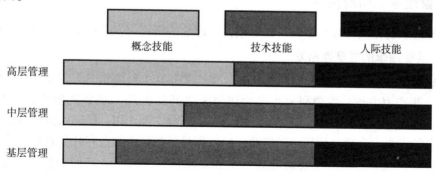

图1-5 各层次管理者所需管理技能的比例

第四节 管理学的研究对象、内容和方法

一、管理学的研究对象

管理学是研究各种社会组织中管理活动的基本规律和一般方法的科学，它既不同于工商管理，也有别于公共管理，因为后两者均是研究特定社会组织中管理活动规律的科学。换句话说，管理学是研究普遍适用的一般管理规律的科学。

我们通常所说的管理，事实上包括两个部分，即业务管理和一般管理。业务管理是指组织各项经营职能的管理。在西方国家，通常把企业经营职能分为生产、营销、财务、研究与开发、信息系统五项。在我国企业中，有过八大管理的说法，即生产管理、技术管理、设备管理、质量管理、劳动管理、物资管理、成本管理和财务管理，这些都属于业务管理。由于不同组织的经营职能不同，因此业务管理的具体内容也就不一样。一般管理是指管理活动的共同性和普遍性。不管是生产管理、营销管理，还是工商管理、公共管理，既然都是管理，必然存在普遍适用的规律。这种存在于不同组织、不同职能领域管理过程之中的共同性的管理活动，就是一般管理。业务管理并不是管理学研究的对象，那是工商管理学（或公共管理学）及其分支学科（如生产管理、营销管理、财务管理等）研究的范围。管理学的研究对象是管理活动的一般性规律，即各种管理工作中普遍适用的原理和方法。

综上所述，管理学是一门系统地研究管理活动的普遍规律、管理基本原理和一般方法的科学。管理学从管理实践中产生发展起来，又反过来对管理实践活动进行指导，并随时代发展而不断演进。

管理学所探讨的管理活动是复杂的社会现象，其中许多规律要经过长期的、反复的观察和实践才能得出比较正确的认识。因此，对管理活动一般规律的研究是一项长期任务，这项任务远远没有完成。要完成这个任务，就需要总结各种社会组织的管理经验，从中归纳出带有一般性的规律。由于企业界最先注意到管理的重要性，因此，管理经验在工商企业比在其他社会组织中积累得更多、更快，这方面的理论相对也更为成熟、系统。所以，管理学从工商企业管理的经验中吸取更多的养料是很自然的事。管理学的研究以工商企业管理为中心，并不排斥吸收其他社会组织的管理经验。事实上，其他社会组织的管理经验对管理学理论的发展也有积极的贡献。

二、管理学的研究内容

根据管理学的性质和管理学的研究对象，管理学的研究内容大体上有两个侧重点。

（一）从管理学的二重性出发

从管理学的二重性出发，着重从生产力、生产关系和上层建筑三个方面研究管理学。

（1）在生产力方面，主要研究生产力诸要素之间的关系，即管理组织生产力的问题；研究如何合理配置组织中的人、财、物，使各要素充分发挥作用；研究如何根据组织目标的要求和社会的需要，合理地使用各种资源，以求得最佳的经济效益和社会效益。

（2）在生产关系方面，主要研究如何正确处理组织中人与人之间的相互关系的问题；研究如何建立和完善组织机构及各种管理体制等；研究如何激励组织内部成员，从而最大限度地调动各方面的积极性和创造性，为实现组织目标服务。

（3）在上层建筑方面，主要研究如何使组织内部环境与其外部环境相适应的问题；研究如何使组织的规章制度与社会的政治、经济、法律、道德等上层建筑保持一致，从而维持正常的生产关系，促进生产力的发展。

（二）从管理者的活动出发

从管理者的活动出发，着重研究管理的五大基本职能和管理的过程。

（1）管理活动有哪些职能，其基本职能的内容有哪些。

（2）执行这些基本职能涉及组织中的哪些要素。

（3）在执行职能过程中应遵循哪些原理，采用哪些方法、程序和技术。

（4）在执行职能过程中会遇到哪些障碍、阻力，如何克服这些障碍、阻力。

本书以管理的基本职能为主线，重点叙述管理活动的基本规律和方法，强调理论与实际的结合，全面、系统地阐述一个组织如何适应环境变化，合理组织和有效利用人力及其他资源，以实现组织的目标，取得良好的绩效。

三、学习管理学的原因

（一）改进组织的管理方式关系每个人的切身利益

如果你出门办事，遇到对方推诿，效率低下，或者根本就找不到人，你一定会窝着一肚子火，甚至骂一句"管理太差！"反之，如果整个社会都提高了管理水平，每个人都可以买到价廉物美的商品，享受到优质的服务，大家的生活质量也会提高。因此，提高管理水平有益于每个人。

（二）从学习中受益

当大学生从学校毕业开始个人的职业生涯时，所面对的现实是：从事管理或被人管理。如果是管理者，不学习管理就当不好管理者；如果是被管理者，学好管理，就可以较多地了解"老板"的行为方式和组织的运作流程，从而有助于毕业生适应社会，增强生存能力。高校的培养目标是培养管理者而不是培养操作员，这就要求学好管理学。

（三）优秀管理者的地位日益提高

在西方，最优秀的人才去管理企业。管理者与操作员、优秀管理者与一般管理者的薪水差距很大。美国基层监工的年薪为 25 000～45 000 美元，中层管理者的年薪为 35 000～90 000 美元，大公司管理者的年薪可以达到百万美元乃至千万美元。在我国，"脑体倒挂"的现象正逐步消除，企业家市场渐渐形成，优秀管理者的社会地位和经济地位日益提高。对于学生来说，如果今天学好管理学，日后成长为优秀管理者的可能性是很大的。

四、管理学的学习和研究方法

（一）唯物辩证法

这是指导人们认识世界、研究问题的基本方法。根据唯物辩证法，管理学产生于管理的实践活动，是管理实践经验的科学总结和理论概括。为此，研究和学习管理学，必须本着实事求是的态度，深入管理实践活动中进行调查研究，总结实践经验并用判断和推理的方法，使管理实践上升为理论。在学习和研究中，还要认识到一切现象都是相互联系和相互制约的，一切事物也都是不断变化发展的。因此，还必须运用全面的、历史的观点，去观察和分析问题，重视管理学的历史，考察它的过去、现状和发展趋势，不能固定不变地看待组织及组织的管理活动。在分析某个管理理论或管理流派时，一方面必须注意其所反映的普遍性、共性的问题；另一方面，还必须注意其思想所代表的特殊的时代。

（二）系统方法

要进行有效的管理活动，必须对管理过程中的各种因素及其相互之间的关系进行总体的、系统的分析研究，才能形成管理中可行的基本理论和合理的决策活动。总体的、系统的研究和学习方法，就是用系统的观点来分析、研究和学习管理的原理和管理活动。所谓系统是指由相互作用和相互依赖的若干组成部分结合成的、具有特定功能的有机整体，系统本身又是它从属的一个更大系统的组成部分。根据这个定义，管理过程是一个系统，管理的概念、理论和技术方法也是一个系统。这样，从管理的角度看，系统就有两个含义：一是指一种实体；二是指一种方法或手段。二者既有区别，又有密切联系。

在分析和研究管理过程这个系统时，要把握其作为一种实体所具有的如下特征。

1. 整体性

管理过程是由各个管理职能相互联系、相互作用构成的有机整体，而不是它的各个要素的简单叠加。

2. 目的性

管理系统的目的就是使组织中的各个要素得到合理配置，以创造价值和提供服务，从而取得最优的经济效益和社会效益。

3. 开放性

管理过程本身是一个系统，但它又是社会系统中的组成部分，因此，它在不断地与外部社会环境进行物质、能量和信息的交换，因而具有开放性的特点。

4. 交换性

管理过程中各个因素不是固定不变的，因此管理系统可以转换被管理的各种因素，使管理取得更大的功效。

5. 相互依存性

不仅管理的各要素之间相互依存，而且管理活动与社会其他活动也是相互依存的。

6. 控制性

管理过程具有管理反馈的机制，以使各项工作能够及时、准确地被控制而得到有效的管理。

系统作为一种方法、手段或理论，则要求在研究和解决管理问题时必须具有整体观点、"开放的"与相对"封闭的"观点、反馈信息的观点、分级观点、等效观点等有关系统的基本观点。

学习管理的概念、理论和方法也要用系统的观点来进行指导。通过管理过程中管理职能的展开来系统研究管理活动的过程、规律、原理和方法，这是一种对主管人员来说比较切合实际的研究和学习的方法，而且易学、易懂、易用。因此，学习管理学，绝不能把各项职能工作割裂开来，而应把它们当作整个管理过程的有机组成部分来系统地分析和思考，从而真正认识到作为一个主管人员应该做什么工作，怎样把工作做好，以及应掌握哪些相关知识。

（三）理论联系实际的方法

理论联系实际的方法，可以是案例的分析和实训调查、边学习边实践及带着问题学习等多种形式，有助于提高学习者运用管理的基本理论和方法去发现问题、分析问题和解决问题的能力。同时，由于管理学是一门生命力很强的尚处于建设中的学科，因而还应以探讨研究的态度来学习，通过理论与实践的结合，使管理理论在实践中不断得到检验，从而深化认识、发展理论。

（四）管理案例的教学法

案例教学是管理学课程教学中一个不可缺少的组成部分，它将部分真实案例引进课堂，使学生在一段较短的时间内如身临其境般经历一系列的管理事件和问题，接触各式各样的组织情景。

1. 案例的含义

案例的英文是 case，医学上译作"病例"，法学上译作"案例"或"判例"，而管理学教学案例英文是 business case，一般译作"个案""实例""案例"等。

美国哈佛大学案例教学研究开发部主任、案例教学协会主席 John Boehrer 教授认为，案例教学是一种以学生为中心，对现实问题和某一特定事实进行交互式探索的过程。学生在某些现实的约束条件下，如有限的时间、有限的信息和大量不确定性的条件下，运用智慧和情感，锻炼面对复杂问题作出关键性决策的能力。在案例分析中，学生必须作为案件事件的主角来观察问题，这就需要对所研究的问题先进行分析，然后才能决定怎样去解决问题，学生所致力解决的问题实际上并没有唯一的正确答案。

2. 管理案例的特点

管理案例有以下几个主要特点。

（1）在案例教学中，案例是对某一具体事件或情景的客观描述和介绍，它围绕着一定的问题展开，为一定的教学目的服务。

（2）案例教学是一种模拟实践的教学活动，是一种培养学生应用能力和实践能力的有效方法。

（3）案例教学是一门独特的教学艺术，教师在案例教学中应起到积极性的指导和组织作用。

（4）案例教学以学生为中心，让学生以主角身份来积极地观察、分析和解决案例中存在的问题。

（5）案例教学中解决问题的方案往往不是唯一的，学生在提出解决问题的方案前，必须运用一定的理论、方法和手段，对问题进行仔细分析研究，然后提出可供选择的方案。

（6）课堂讨论是案例教学全过程的中心环节，是教与学的焦点与高潮，是教学双方努力的集中体现，是一种交互式的探索过程。

3. 案例教学的实施

案例教学的实施过程如图 1-6 所示。

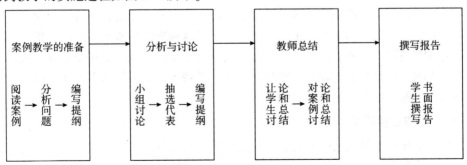

图 1-6　案例教学的实施过程

上述几种方法是学习和研究管理学的基本方法，除此以外，还有其他一些方法，如归纳与演绎的方法、比较研究的方法、数学分析的方法等。总之，学习和研究管理学，要以马克思主义的唯物辩证法为指导，同时综合运用各种方法，吸收和采用多种学科的知识，从系统的观点出发,联系实际,实事求是,这样才能真正掌握和发展管理学,为提高我国管理水平做贡献。

第五节　管理与环境

管理是一切社会组织活动必备的功能,其目标、方式、对象都是由组织内部要素决定的。但是,任何一个社会组织的内部要素和行为都不是孤立的,要受到一系列外部环境因素的影响和制约。

所有的管理者在从事管理活动时,都必须在不同程度上考虑到外部环境的各种力量和因素。尽管其中很多因素是可控的,但任何组织的管理者都必须对可能影响组织运转的各种外部因素加以确定、评估,作出反应,并加以利用。对一个组织产生影响和制约,甚至起决定作用的外部环境,一般可划分为一般环境和具体环境。

一、一般环境

一般环境亦称宏观环境或社会大环境,主要指可能影响组织的广泛的经济环境、政治和法律环境、社会文化环境、科技环境、自然地理环境和全球化环境等。与具体环境相比,这些方面的变化对组织的影响都是间接的,但是管理者在执行其管理职能时,必须认真考虑这些因素。

(一)经济环境

经济环境是指组织所在国家或地区的总体经济状况,包括经济发展水平、经济结构、消费者购买力、利率、通货膨胀率、失业率、社会总体价格水平等。

经济环境对所有类型的组织,包括营利性组织和非营利性组织都会产生影响。因为不论是工商企业还是学校、医院,甚至包括国家,任何组织的有效运转都必须有足够的资金来源,或称之为资本。利率和通货膨胀率会影响到资本的成本和可获得性。消费者购买力、社会总体价格水平则会影响到对组织所提供的产品或服务的需求。失业率、劳动力价格等会影响到组织所需劳动力的可获得性及其成本。股票市场难以预测的起伏变化,使得工商企业所处的环境愈加复杂化。

需要注意的是,经济环境诸因素对组织的影响往往不是单独起作用或是仅仅产生某一方面的影响,它们经常相互影响或产生连锁反应,并且这种影响通常是广泛的,即可能影响到处于其中的所有组织。例如,通货膨胀不仅带来价格水平的变动,对企业的投入或产出都可能产生严重影响,而且会影响就业、原材料供应、消费者购买力等诸多方面,因而会对几乎所有的各类组织都产生极大的干扰。

(二)政治和法律环境

政治和法律环境主要包括国家的政权性质和社会制度及国家的路线、方针、政策、法律和法规等。虽然在市场经济下,政府不会直接干预企业的经营与管理,但是政府作为社会秩序的管理者,可以通过各种经济政策、法律法规或一些特定的立法来对企业或其他组织的行为产生影响,规范或限制其所能做和不能做的事情。例如,通过有关劳动保护和职业安全与健康等方面的法律法规来维护劳动者权益,保障其安全与健康;通过《产品质量法》《消费者权益保护法》等法律法规来约束企业行为和保护消费者利益;有关环境保护的法律条例则是许多企业在生产经营当中必须认真考虑的因素，否则将有可能受到相应处罚。

（三）社会文化环境

社会文化环境主要是指一个国家的人口数量、年龄结构、职业结构、民族结构和特性、生活习惯、道德风尚，以及这个国家的历史和历史上形成的文化传统。这些社会人文因素都直接、间接地对其他环境因素产生影响，是组织活动必须认真研究和关注的基本因素。

（四）科技环境

管理的外部环境中最为活跃的因素之一即是科学技术。我们生活的时代是一个科学技术飞速发展的时代，新产品、新机器、新工具、新材料，乃至新服务层出不穷，给人们带来的是更高的生产率、更高的生活水准和更加多样化的产品，当然随之也导致了交通拥挤、环境污染、能源短缺等一系列问题。每一个身处科技环境变化中的企业，都必须认真地考虑如何应对这种变化，否则将会面临生存的危机，事实上，技术的变革正在从根本上影响着组织的构建及管理者的管理方式。尽管人们对始于20世纪下半叶的计算机革命的历史意义尚未做出最终的定论，但计算机革命对人类社会文明进步的作用，对所有组织及其管理的影响绝不亚于18世纪的工业革命，甚至比后者更为深远。我们已经看到，那些充分利用计算机信息优势和其他技术优势的企业和其他组织在激烈的竞争中占据着领先的地位。

（五）自然地理环境

自然地理环境主要包括自然资源、地理条件和气候条件等。组织需要根据自然环境的状况，研究原材料供应、能源供应、产品贸易的地理方向及生产、交通、运输条件，来开展生产经营活动。

（六）全球化环境

"地球村""全球经济化"，这些说法反映出当今世界发展的重要趋势。商品进出口、中外合资企业、国际著名跨国公司在中国设立分公司、中国企业走出国门在外国设分部、各种区域性联盟和全球性组织、中外合作办学、中外文化交流、战争给各国企业带来的损失和机会……足以表明各种规模和类型的组织管理者正面临着全球环境的机遇和挑战。管理者的思维必须超越国界，抑或是进行全球化运作的企业，还是将自己的经营范围局限在国内市场的企业，不论是国内著名的大学或一流的医院，每一个组织都面临着改进自己的产品或服务的压力，以应对来自外国同类或相关组织高质量的产品或服务的竞争。

事实上，全球环境对组织的影响是多方面的，因为全球化不仅仅反映在经济方面，而且表现在政治、文化、科技等诸多方面，它给组织带来的不仅有挑战，也有机会。组织如果想取得长期的成功，其管理者必须更多地从全球化视角去思考问题。

二、具体环境

具体环境是指那些对管理者的决策和行动产生直接影响并与现实组织目标直接相关的要素。对每一个组织而言，具体环境都是不同的，并随着条件的改变而变化。对工商企业而言，具体环境主要包括顾客、供应商、竞争者和其他因素。

（一）顾客

顾客是组织所提供的产品或服务的购买者。组织是为满足顾客需要而存在的。顾客或客户是吸收组织产出的主体，因此他们决定了组织的成败。不论是对企业，还是对学校、医院，乃至政府组织而言，都是如此。

为了赢得顾客，组织必须了解并满足人们的需要。当然，随着社会经济、文化、科技的发展，顾客的需要、品位会改变，组织必须及时进行了解，甚至提前预测这种变化，及时满足顾客不同的、不断变化的需要；否则，组织就会被顾客所遗弃。正是出于清醒地认识到这一点，海尔等公司才提出了"让顾客完全满意""创造顾客"等经营理念，"以客户为导向"成为许多企业经营的法则。

（二）供应商

作为开放的系统，组织必须不断地从外部环境中获取各种资源，通过组织的活动，将这些资源转化为该组织所提供的产品或服务，并将其输出到外部环境中。组织所需要的各种资源就是由供应商提供的。一个组织的供应商，不仅仅是指为其提供原材料和设备的公司，还应当包括为其提供持续的资金来源的银行和其他金融机构，以及为其提供所需人力资源的高等院校及其他培训机构、劳动力市场等。

质量、价格、交货期是供应商影响组织的三个基本因素，它们会对组织的活动产生直接影响，对于工商企业则进一步影响其利润水平。对于只有独家供应商或供应商谈判能力很强的组织而言，这种影响将更加直接与深刻。

过去，组织与供应商之间往往形成一种对立的或是竞争的关系。但是，近年来"双赢"的理念已经渐入人心，组织与供应商双方都认识到，在越来越艰辛的环境中，改善双方关系，变对立为合作，才有可能共同获益。

（三）竞争者

所有的组织都有一个或更多的竞争者。这些竞争者可能是来自同一行业的提供相同产品或服务的其他组织，也可能是来自其他行业的提供类似或替代产品或服务的组织，它们与本组织争夺顾客、市场和资源。例如，可口可乐公司与百事可乐公司及其他软饮料公司之间的竞争、固定电话与移动电话之间的竞争、互联网公司与其他传播媒体之间的竞争等。

组织之间通过价格、产品、服务等形式进行竞争，对于身处其中的任何一个组织来讲，这都是一种不容忽视的环境力量，管理者必须对此进行科学、深入的分析，掌握哪些是自己的直接竞争对手，哪些是潜在竞争对手，哪些是自己产品或服务的替代品生产者，并时刻准备对此作出反应。

（四）其他因素

管理者必须认识到，除了顾客、供应商、竞争者之外，还会有一些其他因素能够对组织的行为产生直接的影响，这些因素包括政府管理机构、社会团体，如消费者协会、新闻传播媒介，以及本组织所在社区机构等。这些机构或组织在特定范围内或以某些特定的方式与组织产生各种联系，对组织的生存或发展起着促进或威胁的作用，因此，组织必须细心应对。

三、组织与外部环境的关系

任何组织要实现自己的目标，都必须从外部环境取得必要的能量、资源和信息。例如，企业要想在市场上求得生存和发展，就需要从企业外部取得人力、物力、财力、信息、技术等，然后，将它们进行输入、加工、处理，转换成结果输出给外部环境，并要被外部环境所接受。

概括起来说，组织与外部环境之间的关系表现为两个方面：一是外部环境对组织的作用；二是组织对外部环境的适应。

（一）社会环境对组织的作用

1. 社会环境对组织具有决定性作用

社会环境是组织存在的前提，没有具体要素的供给，企业就不可能生存，更谈不上发展。

2. 社会环境对组织具有制约作用

社会环境作为外在条件，对组织的生存和发展起着限制和约束的作用。以法律环境为例，在市场经济条件下，国家调整企业与企业之间、企业与消费者之间、企业与政府之间，以及涉外经济活动的利益关系和商务纠纷，主要是通过法律手段和经济手段。这样，企业的生产经营活动就必然面临国内和国际法律环境的问题。各种各样的法律规定以一定的标准衡量企业进入市场运行的资格，衡量企业在市场运作中的合法性等。由此可见，法律规定对规范和控制企业具有重要的作用。

3. 社会环境对组织具有影响作用

影响作用是指某一事物或行为对其他事物或行为的波及作用。习俗、民族文化或同一文化区域内人们的不同观念等，都会对组织活动产生重要的影响。

（二）组织对环境的适应

组织对环境的适应主要是指组织对其他社会环境的观察和反应。

组织适应外部环境有两种基本的形态：一是消极、被动的适应；二是积极、主动的适应。任何组织要想达到自己既定的目标，都必须采取积极的态度，主动适应环境的变化。

本章小结

1. 管理就是在特定的环境下，对组织所拥有的资源进行有效的计划、组织、领导、控制和创新，以便达到既定的组织目标的过程。管理工作是在组织中开展的，是相对区别于作业工作又为作业工作提供服务的活动。管理工作在本质上不同于作业工作。称职的管理者不能事必躬亲，使自己陷入作业工作中，而要设法通过管理实现组织的目标。

2. 组织中从事管理工作的人，可以按层次划分为基层管理者、中层管理者和高层管理者，按所管辖领域范围分为综合管理者和专业管理者。

3. 管理者的基本职能包括计划、组织、领导、控制和创新。不同类别管理者在工作上的差别不在于职能本身，而主要在于各项管理职能履行的程度和重点不同。

4. 管理者应具备的技能包括三个方面，即技术技能、人际技能和概念技能。这三种管理技能是任何类别的管理都共同需要的，从事不同管理工作的管理者所掌握的各种管理技能的比例可能不同。高层管理者更需要概念技能，基层管理者对技术技能的要求更高，但不论何类管理者，他们都不无例外地需要人际技能。

5. 管理工作适用于各类组织，包括各种营利性组织和非营利性组织。因此，管理的适用范围是广泛的，但管理又是在特定的环境下，对特定的组织进行的。管理者在开展实际管理工作时，必须处理好普遍性、共同性与特殊性、权变性的关系。世界上不存在普遍适用的某种固定的管理模式，有效的理者必须在管理理论、原理和方法的指导下，结合具体情况因地制宜、灵活应变地开展管理工作。

6. 为什么要学习管理学？原因在于：改进组织的管理方式关系每个人的切身利益；从学习中受益；优秀管理者的地位日益提高。

7. 管理学是一门系统地研究管理活动的普遍规律、管理基本原理和一般方法的科学。学习和研究管理学，要以马克思主义的唯物辩证法为指导，综合运用系统方法、理论联系实际的方法等。

8. 管理的环境包括组织的外部环境和内部环境。外部环境就是对组织绩效起着直接或潜在影响的外部因素，它既包括一般环境因素，也包括具体环境因素。

重要概念

管理　管理的自然属性　管理的社会属性　管理者　管理职能　技术技能　人际技能　概念技能　组织的一般环境　组织的具体环境

复习思考题

1. 何谓管理？它的内涵是什么？
2. 管理活动具有哪些基本职能？它们之间的关系是什么？
3. 什么是管理者？在管理学中管理者怎样分类？
4. 一个有效的管理者需要扮演哪些角色？应具备哪些技能？
5. 管理学的研究对象及其方法是什么？
6. 试论管理的二重性。
7. 为什么要学习管理学？
8. 哪些环境因素构成了组织的一般环境和具体环境？

案例分析

我是如何工作的——思科公司 CEO 钱伯斯

我通常在早上淋浴的时候安排一天的计划。这可能有点不同寻常，但我通过这种方式可以将所有事情想一遍，特别是当天要做的重要事情。我的工作安排一般是从早晨7：30到晚上7：00。这中间会有一些缓冲的时间，以便我进行调整。

我15年前到公司的时候，使用的是经典的交流方式。我会到处走动，与或大或小的团队交谈。我能知道晚上谁在公司。现在，我可以告诉你谁的车在停车场。电子邮件的确非常高效，它让我可以发信息给所有人。但是，我是个喜欢用声音交流的人。只有那样，我才感到这是有感情的交流。同时，我也希望听到有感情的回应。如果我能听见重要客户是如何向我介绍问题的，这样的倾听对我来说很重要。我每天会在上下班路上留40~50通的电话留言。如今我主要的交流工具是随选视频。我们楼下有间小录影室。一个季度我们大约能录10~15盘带子。这样，无论员工还是客户都可以在需要的时候观看。

至于倾听员工的声音，我会每月主持一次生日早餐会。任何在那个月过生日的员工都可以来向我提问。屋子里没有导演或副总裁，这样我可以掌握怎样可行、怎样不可行。虽然这样不容易，却是我最享受的部分。

在获取信息方面，我喜欢读摘要。由于有阅读困难症，我几乎不读小说或是类似的东西。我喜欢读快餐式的文章。每次开会和讨论前，我都要仔细阅读总结好的活页封面，这里面包括了我所需要的全部信息，比如演讲的内容、要见的客人和他们的背景等。每个主题不过两三页纸，正是我所希望的。

我通常在我太太爱琳娜之前结束一天的事情并且上床休息。我会浏览来自世界各地的重要报告，做一点儿总结。然后爱琳娜和我会进行睡前的闲聊。我和太太约会7年，结婚已经33年。她对我的长处和短处可谓了如指掌，我们总是一起做决定。对我而言，我的家庭是最重要的。

（资料来源：Adam Lashinsky. 程宇（译）. 我是如何工作的——思科公司 CEO 钱伯斯 [EB/OL].（2006-11-01）. http：//www.fortunechina.com/magazine/c/2006-11-01/content_ 1877.htm.）

讨论题：

1. 根据罗伯特·卡茨提出的管理者三大技能理论，你认为哪种管理技能对钱伯斯最重要？

2. 根据亨利·明茨伯格的管理者角色理论，分析案例中的钱伯斯在工作中分别扮演了哪些管理角色。

3. 试从管理职能的角度，分析钱伯斯的一天。

实践训练

实践训练是实践性教学形式之一。管理实践训练是指教师根据管理课程教学目标，组织学生到社会、企业参观考察，进行调查、访问、演示等多种形式，以培养和锻炼学生分析、解决问题的能力。其内容包括管理技术技能、人际技能、概念技能等方面的训练。

管理实践训练要突出其社会性、针对性、主体性、有效性和创造性的特点。

实训项目

访问一个工商企业或一位管理者。

实训目的

通过访问参观某一个企业或访问某一位管理者，使学生结合实际，加深对管理系统的感性认识与理解；培养学生关注企业和学习管理的兴趣，以及参加社会实践活动的主动性、积极性。

实训内容

1. 要求学生了解该企业的某一基本业务职能，如计划管理、生产管理、技术管理、营销管理、物资储备管理、财务管理、行政管理、人事管理、后勤管理等。

2. 向管理者了解他的职位、工作职能、胜任该职务必须具备的条件等情况。

实训考核

1. 要求每位学生写出访问调查报告或小结，教师审阅，小组或全班交流。

2. 要求学生填写实训报告（包括实训项目、实训目的、实训内容、本人承担任务、实训小结等）。

第二章

管理思想与理论发展史

■■■ 学习目标

1. 了解中国古代管理思想的逻辑。
2. 掌握泰勒科学管理理论的主要内容。
3. 掌握法约尔一般管理理论的主要内容。
4. 掌握韦伯的行政组织理论内容。
5. 掌握"人际关系学说"的主要内容。
6. 了解西方现代管理理论的主要内容。

■■■ 案例导入

搬萝卜

几只爱吃萝卜的小兔在草原上开垦了一块土地,种了许多萝卜。到了收获季节,它们的朋友小羊和小牛用它们尖尖的角帮小兔们把萝卜从地里刨了出来,然后小羊和小牛就忙自己的事情去了。几只小兔看着那一大堆红红的萝卜,心里乐开了花。眼看就要下雨了,几只小兔决定自己把萝卜搬回家。

小兔甲试了试,自己一次可以抱两个萝卜,于是每次抱着两个萝卜往返于萝卜地与家之间,虽然有些吃力,但它还是越干越起劲。

小兔乙找来一根绳子,把五个萝卜捆在一起,然后背着向家走去,虽然背了五个萝卜,可它的速度一点也不比小兔甲慢。

小兔丙找来一根扁担,用绳子把萝卜捆好,前面五个,后面五个,走起来比小兔甲与小兔乙还快。

小兔丁和小兔戊找来一只筐,装了满满一筐萝卜,足有三四十个,它们抬着筐向家走去。

同样都在努力工作,可五只小兔的工作效率和工作成果却有显著的差别。因为工作方式不同,有人虽然看起来忙忙碌碌,工作却难见成效;有人虽然显得悠闲,却成效显著。

好的工作方法可以有效地提高工作效率,而管理理论可以给人们以有效的指导。

第一节　管理思想概述

一、管理思想的产生

管理起源于人类的共同劳动，凡是有许多人共同劳动及协作的地方，就需要管理。可见，自从有了人类社会就有了管理。随着管理实践的发展，人们对管理活动逐步产生认识，这种认识即人们所掌握的有关管理的知识，亦即管理思想。将管理思想系统化和上升到理论形态，便成为管理理论。

管理实践自古以来就存在，而人们对管理知识的掌握、积累和总结，却经历了长期的历史过程。以企业管理为例，自 18 世纪 60 年代工业革命之后，西方几个主要发达国家特别是英国，便相继从工场手工业时期过渡到机器大工业时期，随着工厂制度的建立和工厂规模的扩大，管理日趋复杂，人们对工厂管理知识的积累也逐渐丰富。然而，作为一种系统的、反映工厂管理规律性的知识，即科学管理理论（真正意义的管理理论），则直到 19 世纪末才开始形成。

管理实践、管理思想与管理理论三者的关系似一个三角关系：在管理实践的基础上产生管理思想，将管理思想总结归纳上升到理论形态便成为管理理论，管理理论又返回到实践，接受实践检验并指导实践，循环往复，螺旋式上升发展。

二、管理思想的逻辑结构

在各个历史时期，不同的管理者有着不同的管理思想，提出了各种各样的管理理论，流派纷呈、理论众多。因此，我们在学习时必须把握每一种管理思想和理论的内在逻辑发展体系：人性假设—管理方法—管理目标。由于人性假设的不同，管理者使用的管理方法也是不一样的，从而形成了不同的管理目标。

对于这一逻辑体系，"人性假设"这个概念听起来有点陌生，其实很简单，且和我们的日常生活息息相关。比如，不同的父母对孩子的管理方式是不同的，归纳起来无外乎有三种类型：暴力型、温柔型和放任型。暴力型的父母动不动就打骂孩子；温柔型的父母对孩子总是循循善诱，而放任型的父母则对孩子不管不问。这三种类型的父母对孩子不同的管理方法的形成，除了他们自身性格的因素以外，还有一个重要的因素是他们对孩子的认识不同：暴力型的父母认为他们的孩子是不听话的、不自觉的，相信不打不成才，所以动辄打骂；温柔型的父母则相反，认为他们的孩子是听话的、自觉的，"响鼓不用重锤"，提醒一下就可以了；放任型的父母认为他们的孩子没有办法管理，打也没用、骂也没用，好说歹说都不听，就不管他，放任自流。可见，由于对孩子的看法不同，就形成了父母的管理方法乃至管理目标的差异。父母对孩子的不同看法，从管理的角度来说就是人性假设。

（一）人性假设

每种管理思想首先都包含着一个基本的人性假设，人性假设是指管理者在管理过程中对人的本质属性的基本看法。中国有主张人性善而提倡仁政德治的孟子，主张人性恶而提倡法治的韩非子；西方有主张人性恶的 X 理论，主张人性善的 Y 理论，以及经济人、社会人、文化人等多种关于人性的假设。管理思想家之所以如此关心人性问题，主要是因为管理活动的主要对象是人，而对人进行怎样的人性判识，便决定着进行怎样的管理设计。因此，研究各派管理思想，首先需要搞清楚其对人性的假设和判识，它是一切管理思想和管理行为的基础。

（二）管理方法

管理学是一门应用性科学，不同的管理思想有不同的管理方法。例如，以泰勒为代表的科学管理理论的基本管理方法就是制度化、标准化、规模化。

（三）管理目标

各派的管理思想都不是毫无目的的纯粹学术探讨，都有自己的基本价值指向，都是为了实现某种目标而进行的探索。如科学管理理论与人际关系理论的管理目标都是追求效率。

第二节　中国古代管理思想

一、中国古代管理思想

（一）儒家管理思想

儒家学说由孔子开创并提出了主体的思想构架，再经孟子和荀子进一步补充、完善而形成。儒家经典主要有儒学十三经。儒家学说本身是一个博大精深的理论体系，其中涉及管理思想的主要内容可以概括为三个方面：一是管什么；二是由谁来管；三是怎样管。

1. 儒家管理思想的核心是"治人"

在管什么的问题上，儒家的回答是"治人"。儒家十分重视人在管理中的地位，"天地之性，人为贵"的哲学思想反映了儒家管理思想的核心。在儒家看来，一切管理活动都是围绕着治人而展开的。儒家管理思想对人性假设的分析有两种观点。一是性善论。孟子主张"性善论"，认为从人天生的本性看，人可以成为善良的人，不善是由于后天的各种原因使其善良的天性被遮盖，不能归于他的本性。另外，他认为恻隐之心人皆有之，一个人对于善，求则得之，合则失之。如果一个人能把握住恶的产生来源，那么他就可以通过自我的追求达到善的目的。二是性恶论。荀子主张"性恶论"，认为人的本性是恶的，"人之性恶，其善者伪也"，"性"是与生俱来的原始质朴的自然属性，与"性"相对的"伪"是人为、后天加工的意思。

2. 儒家管理思想对组织的认识

在由谁来管的问题上，儒家的回答是"劳心者治人"。劳心者通过什么来管理？荀子的回答是："人能群，彼不能群也。人何以能群？曰：分。分何以能行？曰：义。"儒家管理思想的奠基者在几千年前就阐明了整体大于部分之和，人和动物的根本区别是人能"群""分""义"。"群"是建立组织结构，"分"是实行分工，"义"的表现形式是"礼""法"，即风俗、习惯等下意识的行为准则和法规、法令等强制性国家意志的体现。儒家管理思想偏重于用"礼""义"进行管理，认为"礼""义"是达到管理目的的重要手段。当"群"建立起来后利用"分"来进行分工，再用"礼"来规范，用"义"来和谐，使之达到良好的组织运行状态。

3. 儒家的"仁政思想""为政以德""齐之以礼"

在怎样管理的问题上，儒家的回答是"和为贵"，主张"仁""德""礼"。

（1）"仁"是儒家管理思想的核心和中国儒家学派道德规范的最高原则。"仁"包含的内容甚广，其核心是爱人，主要指对他人的尊重和友爱。"仁"的精神价值的一个重要体现是"己欲立而立人，己欲达而达人""己所不欲，勿施于人"，主张实行"王道"和推行"仁政"。归纳起来，儒家"仁"的管理方法一是管理者要以身作则，以自己的行动来带动其他人；二是管理者和被管理者都要有爱心，并且勇于克服困难，这样才会有所收获；三是真正的"仁"是指集体中的人应该具有集体主义精神。

（2）"为政以德"是儒家重要的管理思想。孔子认为，管理者要讲求道德，并将其作为自己的治国方针，这样就可以取得无为而治的效果。儒家认为，无论人性善恶，都可以用道德去感化和教育。这种教化是一种心理改造，使人心良善，知道耻辱而无奸邪之心。因此，要治理一个国家主要应集中精力制定并带头实施好道德规范，这是最彻底、最根本和最积极的办法，非法律制裁所能办到。

（3）"齐之以礼"是儒家倡导的外在管理规则。所谓"礼"是先王秉承上天的意志而处理人间事务的规范，贵贱、尊卑、长幼、亲疏各有其特殊的行为规范，只有各司其礼，才能达到儒家心目中的理想社会。"礼"实际上是社会各种活动的规则，是社会的一种控制手段。它以维护宗法等级制为核心，如违反了"礼"的规范，就要受到"刑"的惩罚。因此，国家的治乱取决于等级秩序的稳定与否。

▶▶▶ 链接 2-1

李日知是唐玄宗时的刑部尚书。据《资治通鉴》记载，他为官"不行捶挞而事集"，即不用杖罚威胁，公事又办理得极好。有一次，刑部有一个令使接到诏敕竟然"受敕三日，忘不行"。这么大的一个过失，作为刑部长官的李日知发怒了，他召集众僚属，命人取一杖板，准备杖罚这个小吏。但他马上又改变了主意，转而对那个小吏说："我要是打了你，天下人肯定会说你能撩拨我发怒，而且一旦你受了我的杖责，你肯定会矮同僚半截，你的妻子儿女也会看不起你了。"于是就放了小吏。从此以后，"吏皆感悦，无敢犯者，脱有稽失，众共谪之"。

（二）道家管理思想

1. 道家学说起源

道家学说是一个比较完整的理论体系，结合《易经》的学说，是一个较为严谨、逻辑性很强的理论体系，其中充满了辩证的逻辑思维方法。道家学说最早可以追溯到黄帝和《周易》。《易经》说："一阴一阳之谓道。"如果把阴阳看作矛盾，那么矛盾的统一体就是道。到了春秋战国时期，由老子所著的《老子》和庄周所著的《庄子》成为道家的经典著作，多数学者也认为老子是道家学说的创始人。从整体内容来看，道家学说以"道"为中心和纲领，从"道"出发，然后根据具体的实际情况因时、因地、因人、因势、因需要，向四面八方扩展开来。在道家看来，世界上的任何事物都由阴和阳两个方面组成，即凡是正面的、表现积极性的事物都属于阳，凡是消极的事物都属于阴，阴和阳是永远不能孤立存在的，是一个整体中不可分割、相互作用的两个部分。在此作用下，事物相正相反、相克相生、相激相荡、相辅相成。因此阴和阳这对矛盾由于作用不同的情况就有了各种不同的形式，如相生、相克、转化、共存、互惠、相比和统一。中国古代的道家就用个圆圈内画有阴阳鱼的太极图来表示这一矛盾的统一。

2. 道家管理思想的主要内容

道家管理思想的主要内容体现在以下三个方面。

(1) 顺其自然、无为而治的管理思想。老子所言的"人法地，地法天，天法道，道法自然"，是指要效法自然，依据事物自身的必然规律运行和发展，"动合无形"，而不凭借任何外加的力量。无为并不是不为，而是通过发现并遵循事物内在的规律行事，达到非人为的"制治"，即"无为而治"，这是管理的最高境界。

(2) 以弱胜强的管理策略。道家对对立关系互相转化有深刻的认识，认为"天下莫柔弱于水，而攻坚强者莫之能胜"。"弱之胜强，柔之胜刚，天下莫不知，莫能行"概括了老子的"弱用论"。弱用论包含三个方面的内容："哀者胜"——以弱胜强的基本条件；"以正治国"——以弱胜强的基础；"后动制敌"——以弱胜强的战略、策略。

(3) 倡导清虚自守的领导品质。道家提倡清净安定的管理环境，主张安定，"清净为天下正"。"为无为"就是要创造一个"无为而治"的安宁环境。同时，道家对领导者提出了具体的要求，倡导领导者清虚自守的个人品质，如"我有三宝，持而保之。一曰慈，二曰俭，三曰不敢为天下先"；重民、爱民，居上谦下；"知人者智""常善救人""故无弃人"等。此外，由于遵循了阴和阳相互作用，道家学说所揭示出的一系列规律，如循环律、成长律、得失律、时间律、调节律、容忍律等，在实际管理过程中也有着重要的意义。

▰▰▰\ 链接 2-2

西汉时，有一个非常有名、正直廉洁的官员叫汲黯。汲黯是河南濮阳人，字长孺，出身于官宦世家。汲黯为谒者令时，有一次奉诏前去视察东越一带族人纷争的情况。走至半路，汲黯就开始返回了。面对旁人的不解，他解释说：越人相攻，是其风俗使然，久则自平，不足以劳天子使节前去视察。后来汲黯任东海太守，更是以清静为务。治官理民，择其大者而治之；其小处，则任民自择。汲黯多病，于是经常高卧不起，闭门养病。一年多时间，东海大治，上下一片称颂之声。后他又任淮阳太守，依法炮制，淮阳又大治。这也是"卧而治之"一词的由来。

(三) 兵家、法家、墨家的管理思想

1. 兵家管理思想

兵家是中国先秦、汉初研究军事理论，从事军事活动，总结军事经验，研究制胜规律的学派。兵家的代表人物有春秋时孙武、司马穰苴，战国时孙膑、吴起、尉缭、公孙鞅、赵奢、白起，汉初张良、韩信等。兵家著作主要有《孙子兵法》《孙膑兵法》《吴子》《六韬》《尉缭子》等。兵家著作含有丰富的朴素唯物论和辩证法思想。兵家代表人物的观点虽有所不同，但都以研究军事理论与军事活动为主，对当时及后世的影响甚大，是我国古代宝贵的军事思想遗产。兵家管理思想的主要观点有如下四点。

（1）战略管理思想。兵家很早就意识到了战略的重要性，如《孙子兵法》中提到"故上兵伐谋，其次伐交，其次伐兵，其下攻城"，在时机上要"敌佚能劳之，饱能饥之，安能动之""居安思危""有备无患""攻其无备，出其不意"。

（2）组织管理思想。《孙子兵法》中曾提到军、旅、卒、伍的甲队编制，层次关系清楚，编制比较完备，管理人数的多少主要根据编制额不同而定，反映了早期的管理层次和管理幅度思想。

（3）信息管理思想。兵家的军事著作中对此有比较成熟的表述，特别重视信息管理在用兵作战中的价值，如"兵者，国之大事，死生之地，存亡之道，不可不察也，故经之以五事，校之以计，而索其情""知己知彼，百战不殆"。

（4）人事管理思想。在对将领的选任管理上，兵家认为一个优秀的领导人才必须具备"智、信、仁、勇、严"的品格。《淮南子·兵略训》："将者必有三隧、四义、五行、十守。"《六韬·龙韬·论将》："将有五材十过。"在人员的激励方面，兵家也有很多精辟的论述，如"明赏责，严诛责，止奸之术也""赏如山，罚如溪"。《孙膑兵法》认为："夫赏者，所以喜众，令士忘死也。罚者，所以正乱，令民畏上也。"除了赏罚，兵家还总结出一套行之有效的激励手段，如榜样激励、关怀激励、士气激励等。

2. 法家管理思想

法家形成于战国时期，是代表当时新兴地主阶级的一个政治派别，其发祥地主要是在三晋。历史上先秦法家对封建生产关系的产生、国家的统一以及封建中央集权制的建立发挥了重要的积极作用。法家分前期法家和后期法家。前期法家的代表人物是管仲、子产、李悝、吴起、商鞅、申不害等，后期法家的代表人物是集法家之大成的思想家韩非子。法家管理思想的主要观点有如下四点。

（1）依法治国的行政管理思想。"法治"是法家管理思想的核心。法家主张把"法"作为治理国家的准则，"君必有明法正义""治国无其法则乱"，强调用法律规范人们的行为，并主张用暴力和酷刑进行管理，"赏厚而信，罚严而必"。

（2）提出法、术、势的管理思想。法即法规、法令、刑法等国家明文规定的法律和制度；术是指推行和监督法律、制度的手段、措施和考核办法等；势即权势，是统治者手中的权力，也是法律得以实施的前提。善于任势、执势，可得"事在四方，要在中央。圣人执要，四方来效"之效。

（3）"富国以农"的经济管理思想。法家把农业看作富国的唯一途径，"百人农，一人居者，王；十人农，一人居者，强；半农半居者，危"；认为农业即国民经济，首先提出农战政策，"耕战合一""寓兵于农"。为了发展农业，法家重本抑末，否定工商业。

（4）贤能并举的人事管理思想。法家提倡贤能并举，"所举者必有贤，所用者必有能""官贤者量其能，赋禄者称其功"。韩非子主张尽国之才，尽人之智，"力不敌众，智不尽物，与其用一人，不如用一国"，认为"闻古之善用人者，必循天顺人而明赏罚。循天，则用力寡而功立；顺人，则刑罚省而令行；明赏罚，则伯夷不避、盗跖不乱。如此，则白黑分矣"。

3. 墨家管理思想

墨家是由儒家发展而来的，是儒家的支流。其创始人是墨翟，又叫墨子，曾任宋国大夫。战国末期，墨家后学将该派的著作汇编成《墨子》一书，该书是墨子言行的忠实写照，又称《墨经》或《墨辩》。墨子是中国思想史上第一个批评儒家的思想家，其主要思想反映在尚贤、尚同、节用、节葬、非乐、非命、天志、明鬼、兼爱、非攻这墨学"十纲"中。墨子反对儒家重礼厚事的繁文缛节，从下层劳苦大众的利益出发，主张平等和兼爱，提出了自己的政治主张和治国策略，从而揭开了百家争鸣的序幕。墨家管理思想的主要观点有如下两点。

（1）"兼相爱，交相利"的人际关系管理思想。这是墨家管理思想的核心内容。墨子提倡人与人之间应不分远近亲疏和国别，即"兼爱"，认为利益是相互的，只有人们彼此互利，各不相害，把个体利益融进整体利益中，才能实现富国安民的愿望。

（2）"尚贤使能"的人事管理思想。倡导"听其言，迹其行，察其所能"的人才选拔的观念，实行"官无常贵，民无终贱，有能则举之，无能则下之"的用人制度。

二、中国古代管理思想的逻辑体系

中国古代的管理思想极为丰富。春秋时期可以说是中国古代文明的繁盛时期，各种管理思想也是百家争鸣。自秦汉以后，出现了许多杰出的管理思想家，在前人基础上的补充和发展管理思想。以其中的儒、法、道三家中国古代管理思想体系为代表进行分析，如表2-1所示。需要强调的是，他们的管理思想还不能称为科学，只属于经验管理，研究的主要内容是治国之道、为君之方和做吏之规。

表2-1　中国古代管理思想体系

学说	管理方法	管理目标
儒家	仁政、德治、礼治	齐家治国平天下
法家	法治、刑治	崇君权、富国强兵
道家	无为而治	至德之世

三、中国古代管理思想的具体内容

（一）人本管理思想

1. 把人作为管理的中心

中国古代管理哲学的核心是人本观，"人"是管理活动的出发点和归宿，处于管理系统的中心。

孟子云："民为贵，社稷次之，君为轻。"意思是说，要把人民放在第一位，国家其次，君在最后。

《尚书》曰："民可近，不可下；民为邦本，本固邦宁。"意思是说人民是国家的本体，人民稳定了，国家才能安宁。

孔子曰："仁者人也。""仁者爱人。"作为中国传统道德基础的"仁"，其根本含义即"人"。

2. 重视人才的作用

中国古代许多思想家都把人才作为国家存亡的关键。

马致远《汉宫秋》第二折："陡恁的千军易得，一将难求。"意思为征集成千的士兵很容易，但找一个好的将领却很难，比喻人才难得，突出人才的重要性。

《荀子·君子》曰："尊圣者王，贵贤者霸，敬贤者存，慢贤者亡，古今一也。"说明了要尊重人才、重用人才，才能使事业兴旺发达。

3. 建立选人用人标准

在选人、用人方面，中国古代也有许多精辟见解。

司马光在《资治通鉴》提出"才者，德之资也；德者，才之帅也"，强调了"德才兼备，以德为先"的人才观。

"金无足赤，人无完人"，说明没有人是完美的，对人才不要求全责备。"用人当用其所长"的用人观就是要发挥每个人的优势。

"用人不疑，疑人不用"，对所用之人要给予充分的信任，不信任之人就不要委以重任，这样才能充分发挥人才的作用。

4. 强调修己安人

《礼记·大学》："古之欲明明德于天下者，先治其国；欲治其国者，先齐其家；欲齐其家者，先修其身。"这句话说明个人修身的重要性，修养好自身品性才能管理好家庭、治理好国家。

子曰："其身正，不令而行；其身不正，虽令不从。"意思是说，当管理者自身端正，不用下命令，被管理者也就会跟着行动起来；相反，如果管理者自身不端正，那么，纵然三令五申，被管理者也不会服从。

5. 推崇人际关系和谐

孟子说："天时不如地利，地利不如人和。"荀子说："上不失天时，下不失地利，中得人和，而百事不废。"这些都说明了消除内部冲突和矛盾、取得内部团结的重要性。要办好企业，重要的是内部职工的合作共事，不出现内耗。因此，"人和"十分重要。

（二）战略管理思想

我国古代的军事典籍中蕴藏着大量的战略管理思想，成为今天企业经营战略管理的重要思想宝藏，尤其是在《孙子兵法》中，孙子着重指出了战略谋划的重要性。

孙子曰："兵者，国之大事，死生之地，存亡之道，不可不察也。"商场即为战场。在市场竞争中，企业要具备旺盛的生命力，一定要对企业的发展战略、经营方式、管理手段慎重研究，棋错一着，可能就会全盘皆输。

《孙子兵法·谋攻篇》："是故百战百胜，非善之善者也；不战而屈人之兵，善之善者也。"实现战略目标应当选择最佳的策略，杀敌攻城只是下策，不战而屈人之兵才是上策。

《孙子兵法·计篇》："夫未战而庙算胜者，得算多也；未战而庙算不胜者，得算少也。多算胜，少算不胜，而况于无算乎！"战役之前要多谋划，这样才有胜算。企业制定经营战略也是如此，必须多方调研，进行全面长远的考虑。

在市场经济不断发展的条件下，企业之间的竞争变幻莫测，管理者只有高瞻远瞩，充分运用战略管理，才能立于不败之地。

（三）系统管理思想

系统管理思想重视事物的整体性，注重事物之间的区别和联系，重视人对客观事物的适应和促进。

"不谋万世者，不足谋一时；不谋全局者，不足谋一域。"某一时聪明、某一方面做得好并不能从根本上解决问题，要着眼于全局和长远才能完美地解决问题。企业经营管理也是一样，不能"头痛医头脚痛医脚"，要系统分析问题的根源、全面考虑，才能解决问题。

系统管理思想在我国古代管理思想中被充分重视和运用，很多著名的工程管理都使用了当时朴素的系统管理思想，注重运筹、决策和对信息资源的管理。

北宋真宗时期，皇城失火，皇宫被烧毁。宋真宗派大臣丁渭主持修复。当时修复的任务相当繁重，既要清理废墟，又要挖土烧砖，还要从外地运来大批建筑材料。丁渭经过分析研究之后，确定了这样一个方案：首先，把皇宫前面的大街挖成一条大沟，利用挖出来的土烧砖；然后把京城附近的汴水引入大沟，通过汴水运进建筑材料；等皇宫修复之后，再把碎砖烂瓦填入沟中，最后修复原来的大街。按这一方案修造，取得了"一举三得"的效果，是中国古代系统管理思想得以运用的典范。

（四）组织管理思想

中国古代就有了有效的政府和组织管理，《周礼》就为官僚组织制定了一套完整的制度，它将国家政务划分为六个方面，分别为治、教、礼、政、刑、事，并分设天、地、春、夏、秋、冬六种官员来管辖相对应的政务，各司其职，使国家行政能力大为提高。

三省六部制创于隋朝，完善于唐朝，是中国古代封建社会一套组织严密的中央官制。此后一直到清末，六部制基本沿袭未改。三省指中书省、门下省、尚书省，六部指尚书省下属的吏部、户部、礼部、兵部、刑部、工部，每部下辖四司，共为二十四司。

在发展过程中，三省六部的组织形式和权力各有演变，主要掌管中央政令和政策的制定、审核与贯彻执行。各不同时期的统治者做过一些有利于加强君主专制的调整和补充。

第三节　西方管理思想与理论的发展

一、西方早期的管理思想

国外的管理思想和实践主要体现在指挥军队作战、治国施政和管理教会等活动之中。古巴比伦人、古埃及人和古罗马人在这些方面都有过重要贡献。

进入18世纪60年代以后，以英国为代表的西方国家开始了第一次工业革命，生产力有了很大发展，随之而来的是管理思想与管理方法和手段的创新，出现了一批卓越的思想家、经济学家和管理学家。

（一）亚当·斯密的劳动分工观点和经济人观点

亚当·斯密（1723—1790）在1776年发表了《国民财富的性质和原因研究》一书，系统阐述了其政治经济学观点，特别是对劳动分工能带来劳动生产率的提高进行了全面分析。他认为，分工的益处主要是：劳动分工可以使工人重复完成单项操作，从而提高工人劳动熟练程度，提高劳动效率；劳动分工可以减少由于变换工作而损失的时间；劳动分工可以使劳动简化，使劳动者的注意力集中在一种特定的对象上，有利于创造新工具和改进设备。此外，斯密认为，经济现象是由具有利己主义的人们的活动产生的。人们在经济行为中，追求的完全是私人利益。

（二）查尔斯·巴贝奇的作业研究和报酬制度

查尔斯·巴贝奇是一位精通数学、机器制造的经济学家，1832年他发表了《论机器与制造业的经济》一书，他赞同斯密的劳动分工能提高劳动效率的论点，但认为斯密忽视了分工可以减少支付工资这一好处。巴贝奇认为工人同工厂主之间存在利益共同点，并竭力提倡所谓利润分配制度，即工人可以按照其在生产中所做的贡献，分到工厂利润的一部分。巴贝奇也很重视对生产的研究和改进，主张实行有益的建议制度，鼓励工人提出改进生产的建议。他认为，工人的收入应该由三部分组成，即按照工作性质所确定的固定工资，按照生产效率及所做贡献分得的利润，为提高劳动效率而提出建议所应给予的奖励。

（三）罗伯特·欧文的人事管理

罗伯特·欧文（1771—1858）是一位空想社会主义者。他曾在自己经营的一家大纺织厂中进行试验。他提出要缩短工人的劳动时间、提高工资、改善住房。他的改革试验证明：重视人的作用、尊重人的地位，可以使工厂获得更大利润。在一定程度上可以说，欧文是人事管理的创始者。

上述各种管理思想是随着生产力的向前发展，为适应资本主义工厂制度发展的需要而产生的。从 18 世纪末到 20 世纪初，这些管理思想还不系统、不全面，没有形成专门的管理理论和学派，但为后来泰勒等人创立科学管理理论打下了良好的基础，因而开始了从经验管理向科学管理的过渡。

二、西方管理思想与理论的发展

管理学作为一门科学，已经历了近一个世纪的演变。泰勒的科学管理理论、法约尔的一般管理理论和马克斯·韦伯的行政组织理论开创了管理理论思想的先河；乔治·埃尔顿·梅奥的人际关系理论将管理理论思想推向了一个新的发展阶段；现代管理理论呈现出了管理理论思想的繁荣局面；文化知识管理理论成为 20 世纪管理理论思想的里程碑。西方管理理论体系如表 2-2 所示。

表 2-2　西方管理理论体系

理论	人性假设	管理方法	管理目标
古典管理理论	经济人	制度化、标准化、规模化	企业效率化
人际关系理论	社会人	满足员工的社会和心理需要；参与管理	企业效率化
现代管理理论	系统人	系统方法	效率与效益的统一
文化知识管理理论	文化人	文化管理；知识管理	综合效益和可持续发展

古典管理理论（19 世纪末—20 世纪 30 年代）：以泰勒、法约尔、韦伯为代表，人性假设是"经济人"，管理方法是强调制度化、标准化、规模化，管理的目标是追求企业的效率化。

人际关系理论（20 世纪 30 年代—20 世纪 60 年代）：以梅奥为代表，人性假设是"社会人"，管理方法是满足员工的社会和心理需要，让员工参与管理，管理的目标是追求企业的效率化。

现代管理理论（20 世纪 60 年代—20 世纪 80 年代）：第二次世界大战以后，管理理论进入了"热带丛林"时期，管理科学的发展重点在于运用数量分析的方法来提高决策的精确性和管理的效率。这一时期管理理论的人性假设是"系统人"假设，管理方法是运用系统方法研究管理活动，管理的目标是追求效率与效益的统一。

文化知识管理理论（20 世纪 80 年代至今）：以威廉·大内和彼得·圣吉为代表，人性假设是"文化人"假设，管理方法是倡导文化管理和知识管理，管理的目标是追求综合效益和企业的可持续发展。

三、西方管理理论的主要内容

（一）古典管理理论

1. 泰勒的科学管理理论

弗雷德里克·温斯洛·泰勒（Frederick Winslow Taylor，1856—1915）是最先突破传统经验管理格局的人物，被称为"科学管理之父"。

19 世纪末，如何提高劳动生产率是美国工业生产中的一个突出问题。当时作为机械工程师的泰勒始终对工人的低效率感到震惊，工人们采用各种不同的方法做同一件工作，他们倾向于用"磨洋工"的方式工作。泰勒确信工人的生产率只达到了应有水平的 1/3，为改变这种状况，他开始在车间里采用科学方法。泰勒认为，如果通过工作专业化和劳动分工，能使每一位工人生产每一单元产出花费的时间和精力有所减少，那么生产过程就会变得更有效率；能够创造最高效率的劳动分工的方式是科学管理技术，而不是凭直觉而来的简单估算。他花了 20 年的时间来寻求从事每一项工作的"最佳方法"。

泰勒的科学管理理论主要包括以下六个方面。

（1）确定合理的工作标准。泰勒认为，提高效率的首要问题是如何合理安排每日工作量，以解决消极怠工现象。为此，泰勒在伯利恒钢铁公司进行了有名的搬运生铁块试验：该公司有 75 名工人负责把 92 磅（1 磅约 0.45 千克）重的生铁块搬运 30 米的距离装到铁路货车上。他们每天平均搬运 12.5 吨，日工资 1.15 美元。泰勒找了一名工人，对搬运姿势、行走的速度、持握的位置对搬运量的影响及合理的休息时间进行试验，经过分析确定了装运生铁块的最佳方法。通过采用最佳方法结合 57% 的休息时间，每个工人的日搬运量达到了 47 ~ 48 吨，同时工人的日工资提高到 1.85 美元。

（2）工作方法标准化。这在实质上同第一点是一致的，工作标准的制定必定是方法的标准化，否则就不会有一套科学的统一的操作程序。泰勒在伯利恒钢铁公司还进行了有名的铁试验。当时，公司的铲运工人拿着自家的铁锹上班，这些铁锹各式各样、大小不等。公司的物料有铁矿石、煤粉、焦煤等，每个工人的日工作量为 16 吨。泰勒经过观察发现，由于物料的比重不一样，每一铁锹的负载大不一样。如果是铁矿石，一铁锹有 38 磅；如果是煤粉，一铁锹只有 3.5 磅。那么，一铁锹到底负载多大才合适呢？经过试验，最后确定一铁锹 21 磅对于工人是最适合的。根据试验的结果，泰勒针对不同的物料设计不同形状和规格的铁锹。以后工人上班时都不用自带铁锹，而是根据物料情况从公司领取特制的标准铁锹，工作效率大大提高。堆料场的工人从 400 ~ 600 名降为 140 名，平均每人每天的操作量提高到 59 吨，工人的日工资从 1.15 美元提高到 1.88 美元。

（3）合理配备工人。泰勒主张科学地选择工人，应根据工人的具体能力安排恰当的工作，使其能胜任自己的工作。为了提高劳动生产率，必须为工作挑选第一流的工人。第一流的工人就是能力最适合做这种工作并且愿意去做的工人。泰勒主张对上岗的工人进行教育和培训，要教会他们科学的工作方法，使工作效率大大提高。

（4）差别计件工资制。为了激励工人努力工作，完成定额，泰勒提出了差别计件工资制，具体内容包括三点：①通过对工时的研究和分析，制定出一个定额或标准；②根据工人完成工作定额的不同，采用不同的工资率，如工人完成定额的80%，则只按80%付酬，超定额完成了120%，则按120%付酬，这就是所谓的"差别计件工资制"；③工资支付的标准是表现而不是职位，即根据工人的实际表现而非工作类别来支付工资。泰勒认为，实行差别计件工资制会大大提高工人的劳动积极性，从而大大提高劳动生产率。

（5）管理和执行相分离。泰勒认为，应该把管理职能和执行职能分开，建立专门的管理部门，配备专门的管理人员。这里的管理职能包括三方面的内容：时间和动作研究；制定劳动定额和标准的操作方法；选用标准工具，比较标准和实际执行情况，并进行控制。管理工作与执行工作的分离在管理史上具有重要意义，不仅促进了劳动分工的发展，实现了管理工作的专门化，而且为科学管理理论的形成奠定了基础。

（6）例外管理。泰勒认为，小规模的企业可采用上述职能管理，但大规模的企业不能只依靠职能管理，还需运用例外管理。他认为，企业的高级管理人员把例行的一般的日常事务授权给下级管理人员去处理，自己只保留对例外事项的决定权和监督权。泰勒认为，如果一个大企业的经理几乎被办公桌上的大量信件和报告淹没，而且每一种信件和报告都被认为要他签字或盖章，那么这样的情景是极其可悲的。

科学管理理论一经提出，立即风靡世界，亨利·福特最初应用它们，造就了福特汽车王国。但我们也应当看到该理论的片面性和局限性：该理论把人视为提高生产效率的工具，忽视了人本身发展的需要；把人看作是纯粹的"经济人"，认为人的活动仅仅出于个人的经济动机，忽视企业成员之间的交往及感情、态度等社会因素对生产效率的影响。世界著名喜剧大师查理·卓别林的电影《摩登时代》对这一理论的运用情况进行了辛辣的讽刺，在电影里，卓别林扮演一个与机器进行战斗，但最后失败的工厂工人。列宁对科学管理理论做了全面深刻的评价："资本主义在这方面的最新发明——泰勒制——也同资本主义其他一切进步的东西一样，有两个方面。一方面是资产阶级剥削的最巧妙的残酷手段，另一方面是一系列的最丰富的科学成就，即按科学来分析人在劳动中的机械动作，省去多余的笨拙的动作，制订最精确的工作方法，实行最完善的计算和监督制度，等等。"

2. 法约尔的一般管理理论

亨利·法约尔（Henri Fayol，1841—1925）被称为"管理过程理论之父"，他出生于法国的一个小资产阶级家庭。1860年毕业于法国国立采矿学院，毕业后进入康门塔里·福尔香堡采矿冶金公司，成为一名采矿工程师，25岁任矿井经理，40岁晋升为公司总经理，任职30多年，77岁退休后继任董事长。当他被任命为公司总经理时，公司遭遇财政困难、濒临破产。法约尔运用他的管理才干挽救了公司，在他的管理下，该公司成为法国南部最大的采矿和冶金公司之一。法约尔博览群书、知识渊博。他的管理理论以一个完整的大企业为研究对象，而且还涉及工商企业、军队、机关、宗教、慈善团体等的管理问题。法约尔一生的著述很多，代表作为《工业管理与一般管理》（1916年）。

法约尔与泰勒的不同之处在于他们所站的角度不同。法约尔认为，对一个高层管理者而言，其重要的才能不再是技术而是管理的技能。他的主要贡献在于首次提出了管理职能，并确立了管理的基本原则。

（1）企业的六种基本活动和管理的五种职能。法约尔认为，在任何企业都存在着六种基本的活动，而这些活动统称为经营。这六种基本活动是技术活动、商业活动、财务活动、安全活动、会计活动和管理活动，管理只是六种活动中的一种，管理活动指计划、组织、指挥、协调和控制，即管理的五种职能。

（2）管理的十四项原则。法约尔认为，正如宗教需要教规约束教徒的行为一样，管理也需要用"管理原则"来作为管理者行动的指南。法约尔根据自己的管理经验总结出了十四条原则。这十四条原则是分工、权责相等、纪律、统一指挥、统一领导、个人利益服从整体利益、报酬合理、集权与分权（集中化）、等级链、秩序、公平、人员稳定、首创精神和团结精神。

这十四条原则在管理中具有非常重要的意义，但在管理工作中它又不是绝对和死板的东西，其中有一个度的问题，关键在于了解其真正的本质，并能灵活地应用于实践。

3. 韦伯的行政组织理论

马克斯·韦伯（Max Weber，1864—1920）被称为"组织理论之父"。他出生于德国一个有着广泛社会和政治关系的富裕家庭，从小受到良好的教育，对经济学、社会学、政治学、宗教学有着广泛的兴趣。他先后在柏林大学、弗赖堡大学和慕尼黑大学等大学担任过教授。韦伯在管理思想上的主要贡献是提出了所谓的理想的行政组织机构模式，其代表作是《社会和经济组织的理论》。

（1）权力和权威是组织形成的基础。韦伯认为，任何社会组织的管理都必须以某种形式的权力为基础。他将社会所存在的权力分为三种类型。①合法合理的权力：社会公认的、法律规定的权力。对这种权力的服从是绝对的，没有普通百姓和领袖、官员之分。这种权力是由依照一定法律而建立的一套等级制度赋予的，对这种权力的服从就等于对确认的职务或职位的权力的服从。②传统的权力：这是由历史沿袭下来的惯例、习俗而规定的权力。对这种权力的服从是绝对地服从统治者，因为他具有历史沿袭下来的神圣不可侵犯的权力（犹如帝王的权力一样）。③神授的权力（个人崇拜式的权力）：这种权力指的是以对某人的特殊的神圣的英雄主义或模范品质的忠诚热爱与崇拜为依据而形成的权力。

总而言之，对各种权力的服从是出于追随者对领袖人物的权力的信仰和信任。根据对权力的分类，韦伯在描述其理想行政组织体系时使用的是合法合理的权力。

（2）理想的行政组织体系的特点。所谓"理想的"并不是最合乎需要的，而是指组织的"纯粹形态"。在实践中出现的可能是各种组织形态的混合，这个理想的行政组织机构只是便于进行理论分析的一种标准模式。韦伯将理想行政组织体系的特点归纳为：①明确的分工；②责权分明、层层控制的等级系统；③人员的任用；④管理人员专职化；⑤遵守规则和制度；⑥组织中人员的关系。

通常我们将以上三位学者为代表的理论称为古典管理理论。也就是说，古典管理理论以泰勒、法约尔、韦伯为代表。通过以上的讲述我们可以找出古典管理理论内在的逻辑体系：人性假设是"经济人"假设，管理方法是强调制度化、标准化、规模化，管理的目标是追求企业的效率化

（二）人际关系理论

以泰勒为代表的科学管理理论的广泛应用，大大提高了效率。但这些理论多着重于对生产过程、组织控制方面的研究，较多地强调科学性、精密性、纪律性，而对人的因素则注意较少，把工人当作机器的附属品，不是人在使用机器，而是机器在使用人，这激起了工人的

强烈不满。这就迫使资产阶级不得不重视企业管理中的人际关系问题，于是在 20 世纪 20 年代产生了人际关系理论，以后发展为组织行为理论。

人际关系理论最主要的代表人物是乔治·埃尔顿·梅奥（George Elton Mayo，1880—1949）。梅奥是原籍澳大利亚的美国行为科学家。他于 1922 年移居美国，曾在宾夕法尼亚大学沃顿财政商学院任教，1926 年进入哈佛大学从事工商管理问题的研究，他的主要著作有《工业文明中的人类问题》（1938 年）、《工业文明中的社会问题》（1945 年）。梅奥对人际关系的研究主要来自霍桑实验，即 1924—1932 年在美国芝加哥郊外的霍桑工厂进行的一系列实验。霍桑工厂是家拥有 2.5 万名工人的大型企业，专营电话机和其他电器设备。在当时的人们看来，霍桑工厂具有较完善的娱乐设施、医疗制度和养老金制度，照理工厂的劳动生产率应较高，但实际上工人们有强烈的不满情绪，劳动生产率很低。为了探究原因，美国国会议员组织了一个由多方面专家组成的小组进驻工厂，开始实验。起初实验的目的是研究工作条件与生产率之间是否存在直接的因果关系。这个实验的后期工作由梅奥负责。霍桑实验大体上分为四个阶段，即工作场所照明实验阶段、继电器装配实验阶段、大规模访谈阶段和接线板接线工作室实验阶段，通过四个阶段历时八年的实验，梅奥等人认识到，人们的生产效率不仅要受到生理方面、物质方面等因素的影响，更重要的是会受到社会环境、社会心理等方面的影响。这个结论的获得是相当有意义的，对只重视物质条件，忽视社会环境、社会心理对工人的影响的"科学管理"来说，是一个重大的修正。人际关系理论的主要内容有如下几项。

1. 职工是"社会人"的假设

古典管理理论把人假设为"经济人"，即认为人都是追求最大经济利益的理性动物，工人工作是为了追求最高的工资收入。梅奥则把人假设为"社会人"，认为工人并非单纯追求金钱收入，他们还有社会心理方面的需求，如追求人与人之间的友情、安全感、归属感和受人尊重等。

2. 满足工人的社会欲望、提高工人的士气是提高生产效率的关键

古典管理理论认为，良好的物质条件一定能够促使生产效率的提高。梅奥认为，生产效率提高并不是由包括经济刺激在内的物质条件的变化决定的，而是由工人的共同态度即士气的变化决定的。工人的满足度越高，士气就越高；而士气越高，生产效率也就越高。

3. 企业内存在非正式组织

古典管理理论只承认正式组织，并把正式组织看作达到最高效率的唯一保证。梅奥认为，在企业中除正式组织外，还存在着非正式组织。非正式组织与正式组织有着重大的差别。在正式组织中以效率的逻辑为重要标准，而在非正式组织中则以感情的逻辑为重要标准。梅奥认为，非正式组织的存在并不是一件坏事，它同正式组织相互依存，对生产率的提高有很大的影响。

4. 存在霍桑效应

对于新环境的好奇与兴趣，会导致较佳的成绩，至少在最初阶段是如此。如何保持霍桑实验，也是管理学和每个管理者都应重视和研究的问题。

人际关系理论以梅奥为代表，其内在的逻辑体系是：人性假设是"社会人"假设，管理方法是满足员工的社会和心理需要，让员工参与管理，管理的目标还是追求企业的效率

化。梅奥人际关系理论的贡献在于克服了古典管理理论的不足，奠定了行为科学的基础，为管理思想的发展开辟了新的领域。但这一理论也存在着局限性，如过分强调非正式组织的作用；过多强调感情的作用，似乎职工的行动主要受感情和关系支配；过分否定经济报酬、工作条件、外部监督、作业标准的影响。

把泰勒的科学管理理论和梅奥的人际关系理论加以比较就可以看出：科学管理理论把职工视为"经济人"，认为他们追求个人的经济利益，只是一些机械的、被动的生产要素（会说话的机器），将其视为一个个孤立存在的个体，忽视了人的感情因素的作用，忽视了他们是群体中的一员，不可避免地受群体的影响，受社会环境的影响。人际关系理论则看到了人都有各自的需要、欲望和感情，作为一种"社会人"，他们的需要、欲望和感情同他们所处的群体及社会环境有着密切的联系，而这些需要、欲望和感情又制约着人的行为，进而制约着生产效率。如前所述，科学管理以金钱为唯一诱因，以效率逻辑为行为准则；人际关系理论则主张重视人的心理满足，以感情逻辑为行为准则。科学管理强调合理的分工和对组织的控制，人际关系理论则强调对人群行为的激励与协调。可见，由科学管理理论到人际关系理论，实质上是从一种以物为中心的"物本"管理到以人为中心的"人本"管理的转变与发展，而融合了管理文化的以人为本的管理思想，在知识经济时代，具有特别重要的意义。

（三）现代管理理论

第二次世界大战后，随着现代科学技术的发展、生产和组织规模的扩大，生产力迅速发展，生产社会化程度的日益提高，引起人们对管理理论的普遍重视。不仅从事管理和研究管理学的人，而且一些心理、社会、人类、经济、生物、哲学、数学等方面的科学家也从各自不同的角度，用不同的方法对管理问题进行了研究，从而出现了各种各样的学派，带来了管理理论的空前繁荣，我们形象地称之为管理理论的"热带丛林"。美国管理学家哈罗德·孔茨（Harold Koontz, 1908—1984）在 20 世纪 60 年代和 80 年代对现代管理理论中的各种学派加以分类，先后发表了《管理理论的丛林》和《再论管理理论丛林》的两篇论文，"热带丛林"即得名于此。在前一篇论文中，孔茨把各种管理理论划分为六大主要学派，后来，孔茨认为六个学派已不能概括管理学派的所有观点，故在后一篇论文中又在原有六个学派的基础上增至十一个学派。其实，学派的划分主要是为了便于理论上的归纳和研究，并非意味着彼此独立、截然分开，它们在内容上相互影响、彼此交叉融合。

这一时期，管理科学的发展重点在于运用数量分析的方法来提高决策的精确性和管理的效率，因此管理科学成了系统工程和运筹学的同义语。这一时期理论的人性假设是"系统人"假设，管理方法是运用系统方法研究管理活动，管理的目标是追求效率与效益的统一。

下面重点介绍几种主要现代管理理论学派。

1. 管理程序学派

管理程序学派又称管理职能学派，它是在法约尔一般管理思想的基础上发展起来的，该学派推崇法约尔的一般管理理论，认为应对管理的职能进行认真分析，从管理的过程和职能入手，对企业的经营经验加以理性地概括和总结，形成管理理论，指导和改进管理实践。该学派的代表人物是美国的管理学家孔茨和西里尔·奥唐奈，代表作是他们合著的《管理学》。

管理程序学派认为，管理的本质就是计划、组织、指挥、协调和控制这样一些职能和过程，其内涵既广泛又易于理解，一些新的管理概念和管理技术均可容纳在计划、组织及控制等职能之中，各个企业和组织所面临的内部条件及管理环境尽管不同，但管理的职能却是相同的。

2. 行为科学学派

行为科学学派是在人际关系理论的基础上发展而来的。代表人物是亚伯拉罕·马斯洛（Abraham H. Maslow），代表作是《激励与个人》；弗雷德里克·赫茨伯格（Frederick Herzberg，1923—2000），代表作是《工作的推动力》。

行为科学学派主张从单纯强调感情的因素及搞好人与人之间的关系转向探索人类行为的规律，提倡善于用人，进行人力资源的开发，强调个人目标和组织目标的一致性。该学派认为，调动积极性必须从个人因素和组织因素两方面着手，使组织目标包括更多的个人目标，不仅改进工作的外部条件，更重要的是改进工作设计，从工作本身满足人的需要，主张在企业中恢复人的尊严，实行民主参与管理，改变上下级之间的关系，由命令服从变为支持帮助，由监督变为引导，实行职工的自主自治。

3. 社会系统学派

社会系统学派是以组织理论为研究重点，从社会学的角度来研究组织。这一学派的创始人是美国的管理学家切斯特·巴纳德，他的代表作是于1937年出版的《经理的职能》。

巴纳德把组织看作一个社会协作系统，即一种人的相互关系系统。这个系统的存在取决于三个条件：①协作效果，即组织的目标是否顺利达成；②协作效率，即在实现目标的过程中，协作成员损失最小而心理满足最高；③组织目标和环境相适应。

巴纳德还指出，在一个正式组织中要建立这种协作关系，必须满足以下三个条件：①共同的目标；②组织中每一成员都有协作的意愿；③组织内部有一个能够彼此沟通的信息系统。

此外，巴纳德对管理者提出了如下责任要求：①规定目标；②善于使组织成员为实现组织目标作出贡献；③建立和维持一个信息联系系统。

4. 决策理论学派

决策理论学派是在社会系统管理学派的基础上，吸收行为科学学派的观点，运用计算机技术和运筹学的方法发展起来的。决策理论学派的代表人物是美国管理学家、诺贝尔经济学奖获得者赫伯特·亚历山大·西蒙，他于1960年发表的《管理决策的新科学》是决策理论学派的"圣经"。

在《管理决策的新科学》一书中，西蒙从逻辑实证主义出发，对传统的管理理论中的命令统一原则、特殊化原则、管理幅度原则和集团化原则等展开了严厉的批判，提出了一系列新的、与众不同的观点。西蒙认为，管理就是决策，决策贯穿于整个管理过程。组织是作为决策者的个人所构成的系统，组织活动的本质是决策，对组织活动的管理包含着各种类型的决策。管理的实质是决策，它是由一系列相互联系的工作构成的一个过程。这个过程包括四个阶段：情报活动、设计活动、抉择活动、审查活动。

5. 系统管理学派

系统管理学派是运用系统科学的理论、范畴及一般原理，分析组织管理活动的理论。代表人物有美国的弗里蒙特·卡斯特、詹姆斯·罗森茨韦克等。

系统管理学派的主要理论观点是：组织是一个由相互联系的若干要素所组成的人造系统；组织是一个为环境所影响，并反过来影响环境的开放系统。组织不仅本身是一个系统，同时又是社会系统的分系统，它在与环境的相互影响中取得动态平衡。

系统管理和系统分析在管理中的应用，提高了管理人员对影响管理理论和实践的各种相关因素的洞察力。该理论在 20 世纪 60 年代最为盛行，后来由于它在解决管理的具体问题时略显得不足而不再流行，但仍然不失为一种重要的管理理论。

6. 管理科学学派

管理科学学派又称为数量学派，是泰勒的科学管理理论的继承和发展。管理科学学派正式作为一个管理学派，是在第二次世界大战以后形成的。这一学派的特点是利用有关的数学工具，为企业寻找一个有效的数量解，着重于定量研究。

管理科学学派认为，管理就是制定和运用数学模型与程序的系统，用数学符号和公式来表示计划、组织、控制、决策等合乎逻辑的程序，求出最优的解答，以达到企业的目的。该学派还主张依靠计算机管理提高管理的经济效益。

7. 权变理论学派

权变理论是 20 世纪 70 年代在经验主义学说的基础上进一步发展起来的管理理论。权变理论认为，管理中不存在普遍适用的"最佳管理理论"，有效的管理是根据组织的内外因素灵活地应用各种管理方法解决管理问题的过程。

权变理论是管理理论新的发展和补充，主要表现在与其他一些管理学派相比，它与管理实践的联系更具体，与客观实际更接近。但是，权变理论仅仅限于考察各种具体的条件和情况，而没有用科学研究的一般方法来进行概括，只强调特殊性，否认普遍性；只强调个性，否认共性。

8. 经验主义学派

经验主义学派从管理者的实际管理经验方面来研究管理，认为成功的组织者的经验是最值得借鉴的。重点分析管理人员的经验，加以概括，使其系统化、理论化，据此向管理人员提供建议。

经验主义学派又称案例学派，其代表人物主要有欧内斯特·戴尔（Ernest Dale），代表作有《伟大的组织者》《管理：理论和实践》；还有彼得·德鲁克（Peter F. Drucker），代表作有《有效的管理者》等。这一学派的中心是强调管理的艺术性。他们认为，古典管理理论和行为科学都不能完全适应企业发展的实际需要，有关企业管理的科学应该从企业管理的实际出发，以大企业的管理经验为主要研究对象，将其加以概括和理论化，不必企图去确定一些原则，只要通过案例研究分析一些经理人员的成功经验和他们解决特殊问题的方法，便可以在相仿的情况下进行有效的管理。

（四）文化知识管理理论

文化知识管理理论的人性假设是"文化人"假设，管理方法是倡导文化管理和知识管理，管理的目标是追求综合效益和企业的可持续发展。这一理论以威廉·大内和彼得·圣吉为代表。

1. 威廉·大内的 Z 理论

威廉·大内（William Ouchi）是美国加利福尼亚大学的管理学教授，是一位日裔的美国管理学者，这使他研究美日两国差异时具有一定的优势。他在 1943 年出生于美国的檀香山，1961—1965 年任美国通用汽车公司的研究人员，1967 年获斯坦福大学工商管理学硕士学位，

1968—1971 年为芝加哥大学讲师，1972 年获芝加哥大学博士学位，1979 年起任加利福尼亚大学管理学院教授。他还是美国管理科学院、管理科学研究所的成员，1975—1981 年任职于行政管理科学编辑委员会，并于 1978 年至 1981 年间任管理月刊学术委员。其代表作是 1981 年出版的《Z 理论——美国企业界怎样迎接日本的挑战》。

大内对管理学的最大贡献在于通过比较研究美日管理方式，提出了有关组织发展的 Z 理论，Z 理论结合了美国企业自己的特点，又利用了日本式管理方法，得到了美国企业管理界的赏识，被视为一种新兴的企业文化——Z 文化。大内把美国企业管理模式称为 A 组织管理模式，把日本企业管理模式称为 J 组织管理模式，在对它们进行了比较分析后，发现在每个重要的方面，两者恰恰是对立的。J 组织实行终身雇佣制，对雇员进行缓慢的评价和升级；雇员从普通员工到管理人员走非专业化道路；企业对员工的控制是含蓄的，以员工对企业的认同感为基础的；企业的决策是集体决策，因而也有集体对此负责；形成整体关系。而 A 组织雇佣的特点是短期，雇员的流动性迫使企业采取迅速评价和升级的办法；企业对员工的专业化程度要求高，因而员工走的是一条专业化道路；管理人员具有很高的专业水平，但仅限于自己的部门；企业对员工的控制更多地靠具体的规章和制度，是明确的；企业的决策是个人决策，个人负责；形成一种局部关系。可见，A 组织注重硬管理、形式管理、理性管理和外显管理，管理显得生硬、机械、正式化、缺乏弹性、整合力差，组织的凝聚力也差。而 J 组织注重软管理、整合管理、人性化管理和隐性管理，因而管理具有有机性、非正式性、弹性、人性，它注重经营思想、组织风气、企业文化、人才开发、情报和技术开发能力等"软件"建设。这种组织精神上统一，士气高昂，能应付变化。大内认为，应该把两者加以结合，取长补短，以美国文化背景为依据，吸收日本企业的长处，形成一种既有高效率又有高度职工满足感的企业组织，他称这种企业组织为 Z 组织管理模式，它具有以下特点。

（1）企业对员工的雇佣是长期的，不是短期的。员工有了职业的保障就会关心企业的利益和成长。

（2）采取下情上达的经营管理模式。决策可能是集体做出的，但最终要由一个人对这个决策负责，基层管理人员不是机械地执行上级的命令。

（3）统一思想主要靠中层管理人员对各种建议和意见进行调整统一。

（4）上下级关系比较融洽。平等主义是 Z 组织的核心特点。

（5）企业管理层在要求员工完成生产任务时也使员工在工作中得到满足。

（6）员工能得到多方面的经验，走非专业化道路。

（7）对员工的考察是长期且全面的。

2. 彼得·圣吉的学习型组织

美国著名的《财富》杂志报道：20 世纪 70 年代被该杂志列入世界 500 强的公司，到了 20 世纪 80 年代有 1/3 已销声匿迹，自 20 世纪 80 年代起每年有 30 家企业从排行榜上淘汰。据报道，现代公司的平均寿命只有 40 年，比人的寿命要短。

为什么会出现这一现象呢？据分析，一个人才荟萃的组织并不必然是一个具有最强竞争力的组织，所有组织成员的高学历也不能保证企业经营的成功。比如，在一些组织中，组织成员个人的智商较高，但整个组织的"智商"却很低。这说明，组织的"智商"妨碍了组织的学习与成长，整个组织被一种看不见的巨大力量所侵蚀甚至吞没了。这一切说明，现代组织中仅有个人素质的提高是不够的，还需要积极提升组织的素质，只有组织具有高素质，人才才能在组织中充分发挥其个人竞争力。

那么，如何才能提升整个组织的素质呢？需要建立一种新型的组织——学习型组织。《财富》杂志指出，要抛弃那些陈旧的领导观念，20世纪90年代最成功的企业组织将是那些基于学习型组织的公司。

系统阐明学习型组织内涵的主要人物是彼得·圣吉（Peter M. Senge）。彼得·圣吉原就读于斯坦福大学，主修工程。1978年获麻省理工学院动力系博士，后任该院组织学习中心主任。他创办了美国著名的波士顿创新顾问公司。他在1990年年初出版了《第五项修炼·学习型组织的艺术与实务》，1994年又推出《第五项修炼》的续集。

学习型组织的学习内容就是圣吉提出的五项修炼。五项修炼实际上就是五项技能。

（1）自我超越（Personal Mastery）。这是指学习如何扩展个人的能力，创造出我们想要的结果，并且塑造出一种组织环境，鼓励所有的成员自由发展，实现自己选择的目标和愿景。

（2）改善心智模式（Improving Mental Models）。这是指要持续不断地澄清、反省以及改进我们内在的世界图像，并且检视内在图像如何影响我们的行动与决策。

（3）建立共同愿景（Building Shared Vision）。这是指针对我们想创造的未来，以及我们希望据以达到目标的原则和实践方法，发展出共同愿景，并且激起大家对共同愿景的承诺的奉献精神。

（4）团队学习（Team Learning）。这是指转换对话及集体思考的技巧，让群体发展出超乎个人才华总和的伟大知识和能力。

（5）系统思考（Systems Thinking）。这是指思考及形容、了解行为系统之间相互关系的方式，帮助我们看清如何才能更有效地改变系统，以及如何与自然及经济世界中最大的流程相调和。

在这五项修炼中，圣吉把第五项修炼视为核心，认为它是整合其他各项修炼成一体的理论与实质，它不断提醒人们融合整体能得到大于各部分加总的效力，这也是此书名称的由来。五项修炼的实质是要提升组织的素质，所以组织要不断地经过学习—修炼—提升，这也是我们强化组织竞争力的必由之路。

本章小结

1. 在学习管理思想的时候，一方面要认真学习西方管理思想，另一方面要充分挖掘中国古代管理思想的宝库。

2. 在管理实践的基础上产生管理思想，将管理思想总结归纳上升便成为管理理论，管理理论又返回到实践，接受实践检验并指导实践，如此循环往复，螺旋式上升发展。

3. 中华民族在悠久的历史长河中积累了丰富的管理实践和许多影响深远的管理思想、管理理论，为人类社会的进步和管理理论的发展做出了重要贡献。

4. 进入18世纪60年代，以英国为代表的西方国家开始了第一次工业革命，生产力有了很大发展，随之而来的是管理思想与管理方法和手段的创新，出现了一批有卓越贡献的思想家、经济学家和管理学家。典型代表有：亚当·斯密的劳动分工观点和经济人观点；查尔斯·巴贝奇的作业研究和报酬制度；罗伯特·欧文的人事管理。

5. 西方国家在19世纪末20世纪初开始形成系统化的管理思想与理论。20世纪20年代以前的主要管理思想与理论有泰勒的科学管理理论、法约尔的一般管理理论和韦伯的行政组织理论。

6. 20 世纪 20 年代中期开始在霍桑工厂中进行的实验，宣告了另一种管理理论的诞生。梅奥在总结后提出的人际关系学说，弥补了前期管理理论的不足，使人们看到了"人"的因素的重要性与特殊性。

7. 无论管理实践还是管理理论，都是随着社会的发展而发展的，一定的管理理论反映了一定社会的管理要求，各种管理思想从不同侧面说明管理工作的本质与内容，都有其一定的适用范围。在现代的管理实践中，我们需要注意根据管理实际而灵活地运用各种管理理论。

重要概念

差别计件工资制　科学工作方法　行政性组织　霍桑实验　人性假设　人际关系理论　决策理论学派　文化管理　学习型组织

复习思考题

1. 中国古代儒家、法家、道家管理思想的主要内容是什么？
2. 综合分析斯密与巴贝奇关于劳动分工的研究。
3. 泰勒科学管理理论的主要内容有哪些？为什么说泰勒是科学管理之父？
4. 法约尔的一般管理理论包括哪些内容？
5. 人际关系学说的主要内容是什么？
6. 现代管理理论主要包括哪些学派？各学派的主要观点是什么？
7. 彼得·圣吉提出的学习型组织五项修炼的内容是什么？

案例分析

案例一　文化病变：人性与责任

×公司是国内一家知名的上市公司，公司董事长兼总经理 A 从工人干起，一步步成为当家人。多年来，在他的带领下，公司一直保持着高速发展，并于 2007 年年底成功上市。

在 A 总的引领下，公司的文化不乏一些闪光的亮点。

重视人才——从 1998 年开始，公司每年都招收大量的高学历新员工，给予较高的工资、福利待遇，很快聚集了大量名校的毕业生，极大地提高了公司的产品技术含量和质量。公司营造了一种重人才的氛围。

唯才是举——每年年底，中层干部开始一年一度的干部竞争上岗，干部岗位完全开放。竞岗者必须要交书面"竞争上岗报告"，通过后，还要经过答辩。每一年都有干部落马，都有新人、能人上岗。公司造成了一种职业紧迫感和危机感。

但是，A 总个人价值观上的一些致命缺陷，也导致了公司内部不良文化的滋生和蔓延，使得×公司在一种畸形的氛围中走入了歧途。

A 总比较独断专权。在公司内部，严厉打击异己及不太驯服的员工和干部，而不论以前有多大贡献。曾经有一位技术部的经理，只因说了句不太恰当的闲话，就被处罚，写悔过书，三十七八岁的男子汉在保卫处痛哭流涕地检讨自己。即使这样，这位经理还是被撤掉了，并且以后永远不得"翻身"。

A总搞一言堂，上行下效。公司内小报告盛行。公司有不成文的规定，不允许与辞职人员来往。有一位同志，与从×公司辞职的朋友一起到海边游泳，被人看到，报告了A总，结果该同志的工资被扣了，几年里，一直没有给他涨工资。×公司的工资水平在他们所在的城市是第一位的，没人愿意丢掉饭碗。所以，大家说话办事都极其小心。一谈到什么敏感话题，一些年长的员工就神秘兮兮地说："莫谈国事，莫谈国事。"于是，大家都很知趣地闭上嘴巴。

A总过度追究责任、矫枉过正，导致扯皮推诿。这一点在生产部门、技术部门、质检部门体现得尤为突出。公司的质量标准是这样的：技术部门出检验方法、标准，生产部门按设计生产，质检部门按照技术部的标准检验。一般来讲，一旦产品出问题，先找质检部门，质检部门说："我们检验的时候没问题，这是质量不稳定，应该找技术部门。"或者说："我们是按标准检验，是不是技术部的标准有问题？"技术部更聪明，把检验标准提高、再提高，一直到完美无缺的地步。生产部门做不出那么高水平的产品，但质检部门按照完美无缺的标准检验，于是产品就开始在车间里积压，生产线中止，但三个部门各不相让。时间耽搁长了，销售部开始着急，因为延迟交货是要被罚款和丢失客户的。

讨论题：

1. 你如何评价A总的管理思想？

2. A总的管理实践体现了什么管理思想？

案例二　回到管理学的第一个原则

纽曼公司的利润在过去的一年里一直在下降，而在同一时期，同行们的利润在不断上升。公司总裁杰克先生非常关注这一问题。为了找出利润下降的原因，他花了几周的时间考察公司的各个方面。接着，他决定召开各部门经理人员会议，把他的调查结果和得出的结论连同一些可能的解决方案告诉他们。

杰克说："我们的利润一直在下降，我们正在进行的工作大多数看来也是正确的。比方说，推销策略帮助公司保持住了在同行中应有的份额。我们的产品和竞争对手的一样好，我们的价格也不高，公司的推销工作看来是有成效的，我认为还没必要改进什么。"他继续评论道："公司有健全的组织结构、良好的产品研究和发展规划，公司的生产工艺在同行中也占领先地位。可以说，我们的处境良好。然而，我们的公司却面临这样的严重问题。"

参会的每一个人都有所期待地倾听着。杰克开始讲到了劳工关系："像你们所知道的那样，几年前，在全国劳工关系局选举中工会没有取得谈判的权利。一个重要的原因是，我们支付的工资一直至少和工会提出的工资率一样高。从那以后，我们继续给员工提高工资。问题在于，没有维持相应的生产率。车间工人一直没有能生产足够的产量，可以把利润维持在原有的水平上。"杰克喝了点水，继续说道："我的意见是要回到第一个原则。近几年来，我们对工人的需求注意过多，而对生产率的需要却注意不够。我们的公司是为股东创造财富的，不是工人的俱乐部。公司要生存下去，就必须要创造利润。我在上大学时，管理学教授们十分注意科学管理先驱们为获得更高的生产率所使用的方法，这就是为了提高生产率广泛地采用刺激性的工资制度。在我看来，我们可以回到管理学的第一原则去，如果我们工人的工资取决于他们的生产率，那么工人就会生产更多。管理学先辈们的理论在今天可以指导我们。"

讨论题：

1. 你认为杰克的解决方案怎么样？
2. 你认为科学管理理论在当今的管理实践中应当怎样应用？
3. 生产率低的原因还可能有哪些？

实践训练

实训项目

查阅中西方管理思想、管理理论与实践方法的文献资料。

实训目的

通过文献资料的查阅，对比中西方管理思想的差异，思考它们对现代管理的借鉴意义，初步培养学生分析管理思想、管理理论与实践方法的能力。

实训内容

1. 以小组为单位学习查阅文献资料。
2. 要求学生分析评价中西方管理思想各自的特点。
3. 阐述中西方管理思想对现代管理实践的借鉴和参考。

实训考核

要求每组学生写一份实训小结，并交由教师批阅。

第三章

管理决策

◤◢ 学习目标 ----

1. 理解决策的定义及特点。
2. 掌握决策的各种类型。
3. 理解及掌握决策的过程。
4. 掌握决策的影响因素。
5. 掌握及正确应用定性决策的方法。
6. 掌握及正确应用确定型、风险型和非确定型决策方法。

◤◢ 案例导入 ----

小米决定造车

2021 年 3 月 30 日，小米集团发布公告表示，拟成立一家全资子公司，负责智能电动汽车业务。首期投资为 100 亿元人民币，预计未来 10 年投资额 100 亿美元。小米集团首席执行官雷军将兼任智能电动汽车业务的首席执行官。

小米集团首席执行官雷军在决定之前经过了详细的调研，调研后认为智能电动汽车已被公认为下一个十年最大的台风口；三电系统的成熟让汽车制造的机械工业难度大幅下降；动力电池的成本已大幅降低且还有巨大的下降空间；智能座舱为代表的"软件定义汽车"的高点成为关键。雷军和他的团队清晰地意识到，智能电动汽车，已经从"机械、电气产业"转为了"消费电子、信息产业"。如果电动车最终"消费电子化"，那就必将重演 PC、智能手机等行业的旧事，出现赢家通吃的局面：10～20 年后，全球 TOP 5 厂商拿走 80% 市场，而剩下的小品牌则大多在亏损中苦苦挣扎，直到离场。那么，这五张"船票"会属于谁？小米凭什么一定能夺得这张"船票"？

在整个调研期间，雷军一直非常谨慎，直到最后阶段，才逐步总结确认了小米造车有机会做成的理由。

——智能电动汽车彻底改变了汽车业的商业模式，小米对基于硬件的互联网服务模式的理解是深刻的；

——小米拥有业内最丰富的软硬件融合经验，在互联网业内对制造业的理解无人能敌；

——小米拥有业内规模最大、品类最丰富、连接最活跃的成熟智能生态；

——创业十年，小米有大量的关键技术积累和供应链资源积累可以复用；

——小米有强大的品牌积累和厚实的用户基础，有全球米粉的信赖和支持；

——小米有充足的现金储备，可以心无旁骛地大胆投入。

雷军对造车的理由，进行了最终总结：大势所趋，别无选择。同时，对于"船票"的推演，他想明白了，这时候不要纠结，也别想太多，干就完了。如果说船票是终局，而眼下小米造车还没入局，有什么可纠结呢？现在，他只需要想一个最收敛、最实际的问题：如何造出一台让小米最核心用户——"米粉"们喜欢、愿意买的好车。在公司内部雷军问身边的同事：只要我们的产品行，如果全球有几十万"米粉"愿意为我们的汽车买单，我们的交付量是不是就挤进全球前三了？对于全球数以千万计的核心"米粉"圈层而言，这是一件合理想象范围内的事。但这件事更体现了雷军的决断特点：当他犹豫一件事要不要做的时候，可能得犹豫很长时间；而一旦决定做了，谁也别想把他拽出来。"我如果再年轻十岁肯定干"，雷军32个月前被问到为什么不造车时抛出的这个答案，现在到了"食言"的时候。他对公众说，这次将是他人生最后一个创业项目，押上他这一生的全部声誉。

第一节 决策概述

决策是管理的核心，可以认为整个管理过程都是围绕着决策的制定和组织实施而展开的。现代管理学界流行这样一句话："管理的重心在经营，经营的关键是决策。"对于企业的主管人员来说，决策是最重要、最困难和最花费精力、最冒风险的事情。因此，近年来决策活动引起了管理学家、心理学家、社会学家，乃至数学家和计算机科学家们的极大关注，成为一门独立研究领域，形成决策科学。

一、决策的定义

关于决策的定义，不同的学者看法不同。一种定义认为，决策是识别并解决问题的过程。而一种较具体的定义认为，决策是为了实现组织确定的战略目标，运用一定的科学理论方法，在对组织内外部环境影响因素进行充分、全面、系统分析的基础上，提出若干预选方案，并评价各种备选方案，从中选择出作为人们行动纲领的最满意方案。

本书将决策定义简单归纳为：管理者为了实现既定目标，从两个或两个以上的可行性方案中选择一个相对最优的方案的过程。对于这一定义，可对决策的特点有如下理解。

（1）决策的主体是管理者，可以是单个的管理者，也可以是多个管理者组成的集体或小组。

（2）决策的本质是一个过程，这一过程由多个步骤组成，从初期的搜集信息到分析、判断，再到实施、反馈活动，没有这个完整的过程，就很难有合理的决策。

（3）决策是一种有目的的管理行为，是为了实现特定的组织目标而进行的，方案的取舍是以能否更好地达成组织目标为依据。

（4）决策具有选择性，只有一个备选方案无法比较优劣，也就无法判断是否合适。

二、决策的特点

(一) 目标性

决策是为了实现特定目标进行的活动，没有目标就无从决策，目标已经实现，也就无须决策。

(二) 可行性

决策的实施需要一定的资源，缺乏必要的人力、物力、财力，理论上十分完善的方案也无法实行，因此决策方案的拟订和选择，不仅要考察采取某种行动的必要性，而且要注意实施条件的限制。

(三) 选择性

决策的关键是选择。没有选择就没有决策。而要能有所选择，就必须提供可以相互替代的多种方案。事实上，为了实现同样的目标，组织总是可以从事多种不同的活动。这些活动在资源要求、可能结果及风险程度等方面存在着或多或少的差异，因此，不仅有选择的可能，而且有选择的必要。

(四) 满意性

选择活动方案的原则是满意原则，而非最优原则。

最优原则往往只是在理论上的幻想，因为它有如下要求：①决策者了解与组织活动有关的全部信息；②决策者能正确地认识全部信息的有用性，了解其价值，并能据此制定出没有疏漏的行动方案；③决策者能够准确地计算每个方案在未来的执行结果。

然而，在管理过程中，这些条件是难以具备的，首先，没有人为过去决策，决策是为了未来而进行的，而未来不可避免地包含着不确定性；其次，人们也很难识别出所有可能实现目标的备选方案，尤其是当决策涉及做某种事情的机会，而这种事情以前从未做过；再次，在多数情形下，即使可以借助最新的分析方法和电子计算机，也不能对所有的备选方案进行分析。也就是说，尽管管理者迫切希望做到最佳，但是信息、时间和确定性的局限限制了最佳，因此他们通常采纳一个令人满意的，即在目前环境中足够好的行动方案。

(五) 过程性

决策是一个过程，而非瞬间行动。决策是为达到一定的目标，从两个或多个可行方案中选择一个合理方案的分析判断和抉择的过程。

一般认为，决策过程可以划分为四个主要阶段：①找出制定决策的理由；②找到可能的行动方案；③对行动方案进行评价和抉择；④对于付诸实施的抉择进行评价。因此，决策实际上是一个"决策—实施—再决策—再实施"的连续不断的循环过程。但在实际工作中，这些阶段往往是相互联系、交错重叠，难以截然分开的。

(六) 动态性

决策具有显著的动态性，它与决策的过程性有关。决策总是一个循环的过程，因此，决策目标的制定以过去的经验和组织当前的状况为基础，决策的实施将使组织步入不断发展变化的未来。在此过程中，任何可能对决策条件产生影响的因素的变化都要求在一定程度上修正决策，甚至重新决策，以适应变化了的决策条件。决策活动的相互关联性也要求决策者必须根据对其决策结果产生重大影响的其他人的决策，灵活调整自己的决策方案。

三、决策的类型

可按照不同的标准对决策进行分类，有以下一些主要类型。

（一）按决策主体分类——集体决策与个人决策

1. 集体决策

集体决策是由多个人共同作出的决策，是充分发挥集体的智慧，由多人共同参与决策分析并制定决策的整体过程。最常用的组织决策的形式有四种，即互动小组的形式、德尔菲法、名义小组技术和电子会议。

2. 个人决策

决策者只有一个人的决策活动称作个人决策。

3. 集体决策和个人决策的优劣势

个人决策和集本决策各具优缺点，但两者都不能适用于所有情况。集体决策相对于个人决策的优点如下。①提供完整的信息，提高决策的科学性。"三个臭皮匠顶个诸葛亮"，这句格言说的就是这个道理。②产生更多的方案，例如，一个由工程、会计、生产、营销和人事代表组成的组织，会制订出反映他们不同背景的方案。③容易得到普遍的认同，有助于决策的顺利实施。④提高合法性。集体决策制定过程是与民主思想相一致的，因此人们觉得组织制定的决策比个人制定的决策更合法。

集体决策也存在以下缺点。①消耗时间，效率低下。②少数人统治。一个组织的成员之间永远不会是完全平等的，他们可能会因职位、经验、对有关问题的知识、受他人影响的程度、语言技巧、自信心等因素而不同。这就为单个或少数成员创造了发挥其优势、驾驭组织中其他人的机会。因此，很可能出现以个人或小群体为主发表意见、进行决策的情况。③屈从压力。在组织中屈从社会压力，从而导致所谓的群体思维，即要求在组织成员中取得一致的欲望会战胜取得最好结果的欲望。④责任不清。在集体决策中，组织成员分担责任，但实际上谁对最后的结果负责却不清楚。

4. 集体决策和个人决策的选择——取决于如何定义效果

（1）如果以速度来定义，那么个人决策更为优越。因为以反复交换意见为特点的组织决策的过程，也是耗费时间的过程。

（2）如果以一种方案所表明的创造性的程度来定义，那么组织决策比个人决策更为有效。但是，群体不宜过大，有证据表明，有 5 个或 7 个成员的组织在一定程度上是最有效的。因为 5 和 7 都是奇数，可避免不愉快的僵局。离开了效率的评价，效果就无从谈起，集体决策的效率总是低于个人决策。

（3）在决定是否采用集体决策时，主要考虑效果的提高是否足以抵消效率的损失。

▰▰▰\ 链接 3-1 ▰▰▰

美国通用电气公司是一家集团公司，1981 年杰克·韦尔奇接任总裁后，认为公司管理得太多，而领导得太少，"工人们对自己的工作比老板清楚得多，经理们最好不要横加干涉"。为此，他实行了"全员决策"制度，使那些平时没有机会互相交流的职工、中层管理人员都能出席决策讨论会。"全员决策"的开展，打击了公司中官僚主义的弊端，减少了烦琐程序。实行"全员决策"，使通用电气公司在经济不景气的情况下取得巨大进展。韦尔奇本人被誉为全美最优秀的企业家之一。

杰克·韦尔奇的"全员决策"有利于避免企业中的权力过分集中这一弊端，让每一个员工都体会到自己也是企业的主人，从而真正为企业的发展着想，绝对是一个优秀企业家的妙招。如果你希望下属全然支持你，你就必须让他们参与，而且愈早愈好。

（二）按决策起点分类——初始决策与追踪决策

1. 初始决策

初始决策是指组织对从事某种活动或从事该种活动的方案所进行的初次选择。初始决策是在对组织内外环境的某种认识的基础上作出的。

2. 追踪决策

追踪决策是在初始决策的基础上对组织活动的方向、内容或方式进行的重新调整。追踪决策是由于这种环境发生了变化，或者由于组织对环境特点的认识发生了变化而引起的。组织中的大部分决策属于追踪决策。

3. 追踪决策特征

与初始决策相比，追踪决策具有以下几点特征。

（1）回溯分析。回溯分析就是对初始决策的形成机制与环境进行客观分析，在挖掘和保留初始决策中的合理因素的同时，列出须改变决策的原因，以便有针对性地采取调整措施。

（2）非零起点。初始决策是在有关活动尚未进行、对环境尚未产生任何影响的前提下进行的，是零起点的决策。追踪决策是在初始决策已经实施，组织已经消耗了一定的人、财、物等资源，所面临的环境条件发生某种程度的变化，已经不是在初始状态下进行的，是非零起点的决策。

（3）双重优化。初始决策是在已知的备选方案中择优，而追踪决策则需双重优化；第一重优化是追踪决策所选的方案要优于初始决策，因为只有在原有的基础上有所改善，追踪决策才有意义；第二重优化是要在能够改善初始决策实施效果的各种可行方案中，选择最优或最满意者。第一重优化是追踪决策的最低要求，第二重优化是追踪决策力求实现的根本目标。

（三）按决策问题的层次分类——战略决策和战术决策

1. 战略决策

战略决策是确定与企业未来的生存与发展有关的战略等方面的决策，通常关系组织的长远发展，它多是复杂的、不确定性的决策，涉及组织与外部环境的关系，常常依赖于决策者的直觉、经验和判断能力。通常包括企业使命目标的确定，企业发展战略与竞争战略、收购与兼并、产品转向、技术引进和技术改造，厂长、经理人选确定，组织结构改革，等等。这些决策涉及组织的方方面面，具有长期性和方向性，因而要求抓住问题的关键，而不是注重细枝末节的面面俱到。战略决策多是非程序化、带有风险性的决策，做好战略决策主要是企业高层领导的职责。

2. 战术决策

战术决策属于执行战略决策过程的具体决策，通常包括管理决策和业务决策。

（1）管理决策。管理决策是对企业人、财、物等有限资源进行调动或改变其结构的决策，涉及信息流、组织结构、设施等。如营销计划与营销策略组合、产品开发方案、职工招收与工资水平、机器设备的更新等，管理决策主要由中层或高层管理人员负责制定。

（2）业务决策。业务决策是解决企业日常生产作业或业务活动问题的一种决策，涉及改善内部状况及效率，如工作任务的日常分配和检查，生产进度安排和监督、岗位责任制的制定和执行、库存控制和材料的采购、广告设计等，业务决策主要是由企业基层管理人员负责制定。

3. 战略决策和战术决策的关系

战略决策和战术决策相互依存、相互补充。战术决策是实现战略决策必需的步骤和环节，没有战术决策，再好的战略决策也只是空想；反之，战略决策是战术决策的前提，没有战略决策，战术决策也就失去了意义，对组织的存在与发展也是无益的。

（四）按决策性质分类——程序化决策与非程序化决策

1. 程序化决策

程序化决策是指例行的、按照一定的频率或间隔重复进行的决策。

程序化决策处理的主要是常规性、重复性的问题。处理这些问题需要预先建立相应的制度、规则、程序等，当问题发生时，只需要根据已有的规定加以处理即可，如职工请假、日常任务安排、常用物资的采购、"三包"产品质量问题的处理等。

2. 非程序化决策

非程序化决策是指非例行的、很少重复出现的决策。这类决策主要处理的是非常规性的问题，如重大的投资问题、组织变革问题、开发新产品或打入新兴市场的问题等。

一般说来，由组织的最高层所作的决策大多是非程序性的。这类决策问题无先例可循，只能依靠决策者的经验、直觉、判断及将问题分解为若干具体小问题逐一解决，随着管理者地位的提高，其所面临的非程序化决策的数量增多，重要性也逐步提高，决策难度加大，进行决策所需的时间也会相对延长，进行非程序化决策的能力变得越来越重要。因此，许多组织一方面设法提高决策者的非程序化决策能力，另一方面尽量使非程序化决策向程序化决策方向转化。

3. 程序化决策与非程序化决策之间的关系

（1）程序化决策与非程序化决策的划分不是绝对的，二者之间并没有严格的界限，在特定的条件下，二者还可以相互转化。

（2）完全的程序化决策与完全的非程序化决策仅仅代表着事情存在的两个极端状态，在它们之间还存在着许多其他类型的决策状态。

（3）随着现代决策技术的发展，很多以前被认为是完全的非程序化决策问题已经具有了程序化决策的因素，程序化决策的领域日益扩大。

（五）按决策的可控程度分类——确定型决策、风险型决策与不确定型决策

1. 确定型决策

确定型决策是指在稳定（可控）条件下进行的决策。在确定型决策中，决策者确切知道自然状态的发生，每个方案只有一个确定的结果，最终选择哪个方案取决于对各个方案结果的直接比较。这类决策一般可以用简单的计算或数学模型来求得最优解。

2. 风险型决策

风险型决策也称随机决策。在这类决策中，自然状态不止一种，决策者不知道哪种自然状态会发生，但知道有多少种自然状态及每种自然状态发生的概率，如天气有晴、雨、阴等状态，明天将出现哪种状态，谁也无法事先做出肯定的判断，但基于历史的数据或以前的经验可以判断出各种自然状态出现的可能性（即概率）。

3. 不确定型决策

不确定型决策是指在不稳定条件下进行的决策，在不确定型决策中，决策者可能不知道有多少种自然状态，即便知道，也不能知道每种自然状态发生的概率。由于这种决策存在着不能确定的因素，而且各种方案都有若干个不确定的结果，所以最终决策的后果也是不确定的。如某企业为了扭亏为盈，需要开发新产品，因为新产品的市场需求情况是不确定的，所以成功的概率到底有多大无法确定，因此，这个决策属于不确定型决策。在不确定的条件下进行有效决策的关键，在于决策人员对信息资料的掌握程度、对信息资料的质量及对未来形势的准确判断。

四、决策的依据——信息

管理者在决策时离不开信息，信息的数量和质量直接影响决策水平。管理者在决策之前及决策过程中应尽可能地通过多种渠道收集信息，作为决策的依据。全面、准确、及时的情报信息是决策的前提条件。决策过程首先是一个信息沟通的过程，这一过程如果受阻，就会增加决策失误的危险性。企业的全部信息分为两部分：一部分是决策的原材料，称为资源信息；一部分是决策的产品，称为管理信息。资源信息只有经过决策过程才会变为管理信息，以方针、策略、计划、指标、指令、标准的形式出现于经营管理过程之中。所以，企业必须建立有效的信息系统，迅速准确地搜集与企业生产经营活动有关的一切信息，集中加工、筛选、整理和存储，并建立有效的信息沟通渠道，保证信息纵横传递和反馈畅通无阻。

收集信息时要进行成本收益分析。管理者在决定收集什么样的信息、收集多少信息及从何处收集信息等问题时，要进行成本收益分析。只有在收集的信息所带来的收益（因决策水平提高而给组织带来的利益）超过因此而付出的成本时，才应该收集信息。

人们通常所说的决策，简单地说，就是做决定。决策是人类社会的一项重要活动，它涉及人类生活的各个领域，决策的过程就是搜集信息、进入思维、进行推理，最终作出决定的过程。显而易见，信息是决策的基础和依据。要是没有大量的信息，就不可能进入思维、进行推理，并最终做出决策。只有占有大量信息，才能做出一个好的决策。

第二节　决策过程与影响因素

作为过程的决策包括了许多阶段的工作：决策的核心是在分析、评价、比较的基础上，对活动方案进行选择；选择的前提是拟定多种可行性方案；要拟定备选方案，首先要判断调整组织活动、改变原先决策的必要性，确定调整后应达到的目标。所以，决策过程包括了研究现状，确定问题和目标，确定、比较和选择方案等阶段的工作内容。

在从事这些工作的过程中，决策者要受到组织文化、时间、环境、过去决策及他们对待风险的态度等多重因素的影响。

一、决策过程

决策是解决问题的过程，典型的决策过程包括以下七个阶段，如图 3-1 所示。

图 3-1　决策过程

（一）识别问题

一切决策都是从问题开始的，所谓问题，就是现实状态与期望状态之间的差异。期望状态是什么？可以是组织过去的绩效、组织预先设置的目标、组织中其他一些单位的绩效或是其他组织中类似单位的绩效。

决策者要在全面调查研究、系统收集环境信息的基础上发现差距，确认问题，分析问题，包括弄清问题的性质、范围、程度、影响、后果、起因等各个方面，为决策的下一程序做好准备。可以认为，决策就是发现问题、分析问题和解决问题的过程。

（二）确定决策目标

决策目标是确定和实施决策的基础，确定的目标只有含义明确、内容具体，才能对控制和实施决策起到指导和依据作用。明确决策目标，要注意以下几点。

1. 决策目标应有明确的内涵，切忌含混笼统

例如提高经济效益的目标，必须明确具体内容指的是什么，是销售额还是利润，是资金周转还是费用水平。

2. 要明确决策目标是否有附加条件

例如要求产品的花色增加 10%，同时要求保持原有的产品结构，并且不得降低资金周转速度和减少利润。后面就是附加条件。企业管理中的目标基本上是有条件的。因此，在明确目标时，必须严格规定约束条件。

3. 要明确衡量目标实现的具体标准，即确定哪些因素与决策相关

明确、清晰的决策目标，对其预定达到的要求应当有具体的标准规定，以便为确定方案提供参考依据，同时作为检查决策执行结果的尺度。无论决策的内容及性质如何，其衡量标准应尽量做到数字化，以利于监督、控制、检查和评价。

4. 要区分目标的重要程度和主次顺序

管理决策常常面临多目标的情况，尤其是战略决策，所提出的问题经常需要考虑两个或两个以上的目标，问题的解决也需要同时满足这些目标，因此，必须根据重要性将目标区分为必须达到的目标和希望达到的目标。

5. 确定决策，要做到需要和可能的统一

确定决策目标，不仅应根据管理需要，还要看可能性，主观愿望必须切合实际，才有可能实现，因此，只有将主观需要与客观条件提供的可能性结合起来，决策目标才更有可能实现，这也是决策的可行性原则。

（三）拟定备选方案

一旦机会或问题被正确地识别出来，管理者就要提出达到目标和解决问题的各种方案。这一步要求决策者列出能成功解决问题、成功抓住机会的若干个可行方案。

1. 牢记目标

在提出备选方案时，管理者必须把其试图达到的目标牢记在心，而且要提出尽可能多的方案，因为可供选择的方案多，解决办法完善，但供选择的方案数量并不是越多越好，方案的制定需要投入，盲目地扩大方案的数量，会使决策不经济。

2. 多角度看问题

为了提出更多、更好的方案，需要从多种角度审视问题，这意味着管理者要善于征询他人的意见，管理者不仅要借助其个人经验、经历和对有关情况的把握来提出方案，还要善于征询他人的意见。

3. 备选方案和标准方案

备选方案可以是标准和鲜明的，也可以是独特的和富有创造性的，标准方案通常是指组织以前采用过的方案。通过头脑风暴法、名义小组技术和德尔菲法等，可以提出富有创造性的方案。

4. 尽力创造

寻求解决问题的备选方案的过程是一个具有创造性的过程，决策者必须开阔思维，充分发挥想象力。

5. 基本要求

在方案拟定过程中，应体现如下基本要求。

（1）应具有整体详尽性，即所拟定的备选方案应包括所有可行方案，只有这样，才能为比较、评价和选择方案提供充分的余地，以保证最终选定方案的最优性。例如，我国铁路牵引力的决策，就曾考虑了以内燃牵引为主、以电力牵引为主和电力、内燃牵引并举这三大方案。

（2）应具有相互排他性和可比性。各方案的总体设计、主要措施和预期效果应有明显的区别，既不能把方案 A 的描述包括在方案 B 中，也不能使方案 A 成为方案 B 的实现途径，坚持相互排他性的目的在于：比较选择时便于从若干备选方案中选择一个。如果各方案内容接近甚至相同，就失去了选择的意义。但是，在坚持相互排他性的同时，各备选方案之间又应当是可以比较的，如果没有可比性，同样会给选择带来不便。

（四）评估备选方案

决策过程的第四步是对每一行动方案进行评价。为此，首先要建立一套有助于指导和检验判断正确性的决策准则。决策准则表明了关心的主要是哪几方面，一般包括目标达到程度、成本、可行性等。

其次是根据组织的顶层战略和所掌握的资源来衡量每一个方案的可行性，并据此列出各方案的限制因素。

然后是确定每一个方案对于解决问题或实现目标所能达到的程度，以及采用这些方案可能带来的后果。要对各方案是否满足决策所处条件下的各种要求及所能带来的效益和可能产生的各种后果进行分析。

最后根据可行性、满意程度和可能产生的后果，比较哪一个方案更有利。可通过罗列各方案对各个希望目标的满足程度、各方案的利弊，来比较各方案的优劣。

（五）选择方案

从所列出的若干可行方案中选择满意方案的环节，也是决策的关键步骤。

经过确立决策目标、拟订方案、分析方案三大步骤后，我们确定了所有与决策相关的因素，恰如其分地权衡了它们的重要性，确认了可行方案，并尽可能客观地评估了这些方案，便可以从经过分析的备选方案中选择得分最高的方案作为决策方案。

1. 选择最佳方案的两条规则

这两条规则是，要使执行该方案过程中可能出现的问题数量减到最少，而执行该方案对实现组织目标的贡献最大。从经济的角度讲，就是力图用尽可能小的代价换取尽可能大的效果，从而实现最好的决策，没有哪个理智的决策者，会愿意花 100 万元去解决一个价值 50 万元的问题。

2. 在选择最佳方案时考虑的因素

（1）经验。在选择最佳方案时，将过去的经验作为一个指南。

（2）直觉。直觉与经验有关，它包括唤起决策者过去的记忆，并将其应用于对未来的预测。

（3）他人的建议：决策者必须从同事、上级和下级那里寻求帮助和指导。

（4）实验：如果可能的话，采用这种方法来检验备选方案。

3. 在方案的比选过程中，决策者的注意事项

（1）统筹兼顾：尽可能保持组织与外部结合方式的连续性，充分利用组织现有的结构和人员条件。

（2）注意反对意见：反对意见不仅可以帮助决策者从多种角度去考虑问题，促进决策进一步完善，而且可以提醒决策者防范一些可能会出现的弊病。

（3）要有决断的魄力：在众说纷纭的情况下，决策者要在充分听取各种意见的基础上，根据自己对组织的理解和对形势的判断，权衡各方利弊，做出决断。

（六）实施方案

实施方案就是把方案付诸行动，决策者必须设计所选方案的实施方法，一个优秀的决策者必须具备两种能力：做出决策的能力和化决策为有效行动的能力，具体应从以下几个方面

做好组织实施方案工作。

(1) 确定相应的具体措施，保证方案的正确实施。

(2) 确保与方案有关的各种指令能被所有有关人员充分接受和彻底了解。

(3) 应用目标管理方法把决策目标层层分解，落实到每一个执行单位和个人。

(4) 建立重要的工作报告制度，以便及时了解方案进展情况，及时进行调整。

（七）评价决策效果

一个方案可能涉及较长的时间，在这段时间，形势可能发生变化，初步分析建立在对问题或机会的估计上，因此，管理者要不断对方案进行修改和完善，以适应变化了的形势。

由于组织内部条件和外部环境的不断变化，管理者要不断修正方案来减少或消除不确定性，定义新的情况，建立新的分析程序。

(1) 职能部门应对各层次、各岗位进行职责情况的检查和监督，及时掌握执行进度，检查有无偏离目标，及时将信息反馈给决策者。

(2) 决策者则根据职能部门反馈的信息，及时追踪方案实施情况，对于既定目标发生部分偏离的，应采取有效措施，以确保既定目标的顺利实现。

(3) 对于客观情况发生重大变化、原先目标确实无法实现的，则要重新寻找问题或机会，确定新的目标，重新拟定可行的方案，并进行评估、选择和实施。

需要说明的是，管理者在以上各个步骤中都会受到个性、态度、行为、伦理、价值观和文化等诸多因素的影响。

二、决策的影响因素

（一）环境

环境从两个方面对决策施加影响。

1. 环境的特点影响着组织的活动选择

以企业为例。如果市场相对稳定，则今天的决策基本上是昨天决策的翻版与延续；如果市场急剧变化，则需要经常对经营方向和内容进行调整。处在垄断市场上的企业，通常将经营重点放在内部生产条件的改善、生产规模的扩大及生产成本的降低上；处在竞争市场上的企业，需要密切关注竞争对手的动向，不断推出新产品，努力改善促销宣传，建立健全销售网络。

2. 对环境的习惯反应模式影响着组织的活动选择

对于相同的环境，不同的组织可能有不同的反应。而这种调整组织与环境关系的模式一旦形成，就会趋于稳固，限制着决策者对行动方案的选择。

（二）过去的决策

今天是昨天的继续，明天是今天的延伸。历史总以这种或那种方式影响着未来。在大多数情况下，组织中的决策不是在一张白纸上进行初始决策，而是对初始决策的完善、调整或改革。过去的决策对目前决策有以下几点影响。

1. 过去的决策是目前决策的起点

过去方案的实施，给组织内部状况和外部环境带来了某种程度的变化，进而对"非零起点"的目前决策产生了影响。

2. 过去的决策对目前决策的影响程度取决于过去决策与现任决策者的关系情况

如果过去的决策是由现在的决策者作出的，决策者考虑到要对自己当初的选择负责，就不会愿意对组织活动进行重大调整，而倾向于将大部分资源继续投入过去方案的实施中，以证明自己的一贯正确。相反，如果现在的决策者与过去的决策没有什么关系，重大改变就可能被其接受。

（三）决策者对风险的态度

人的理性是有限的。决策者对未来的预知不可能与实际发生的情况完全一样，这导致方案实施后未必能产生期望的结果。就是说，决策是有风险的。在现实世界中，确定型决策是少之又少的。

决策者对风险的态度会影响其对方案的选择，喜欢冒险的人通常会选取风险程度较高但收益也较高的行动方案，而厌恶风险的人通常会选取较安全同时收益水平也较低的行动方案。

（四）伦理

决策者是否重视伦理及采用何种伦理标准会影响其对待行为或事物的态度，进而影响其决策。不同的伦理标准会对决策产生影响。如在巴西，人们可能认为，只要金额较小，贿赂海关官员在伦理上是可以被接受的。因为他们想的是：海关工作人员需要这笔钱，我国政府是根据他们可以捞一点外快来规定他们工资的。可见，他们的伦理标准是以对社会最佳为出发点的，因此无可厚非。而在美国，人们却认为这样做不符合伦理，因为他们信奉的是：只有每个人都变得诚实，制度才会更加有效。这种伦理标准也是以对社会最佳为出发点的，因此也是值得肯定的。在前一种伦理标准下，人们会做出以较小的金额贿赂海关官员的决策，以加快货物的通关速度；而在后一种伦理标准下，人们会采取其他办法来达到同样目的。

（五）组织文化

组织文化会影响到组织成员对待变化的态度，进而影响到一个组织对方案的选择与实施。在决策过程中，任何方案的选择都意味着对过去某种程度的否定，任何方案的实施都意味着组织要发生某种程度的变化。决策者本人及其他组织成员对待变化的态度会影响到方案的选择与实施。在偏向保守、怀旧、维持的组织中，人们总是根据过去的标准来判断现在的决策，总是担心在变化中会失去什么，从而对将要发生的变化产生怀疑、害怕、抵触的心理与行为；相反，在具有开辟、创新精神的组织中，人们总是以发展的眼光来分析决策的合理性，总是希望在可能发生的变化中得到什么，因此渴望变化、欢迎变化、支持变化。很明显，欢迎变化的组织文化有利于新方案的通过与实施，而抵御变化的组织文化不利于有重大改变方案的通过，即使决策者费尽周折让方案勉强通过，也要在正式实施前，设法创建一种有利于变化的组织文化，这无疑增加了方案的成本。

（六）时间

美国学者威廉·金和大卫·克里兰把决策划分为时间敏感型决策和知识敏感型决策。

时间敏感型决策是指那些必须迅速做出的决策。战争中军事指挥官的决策多属于此类。这类决策对速度的要求高于一切。

知识敏感型决策是指那些对时间要求不高而对质量要求较高的决策。在进行这类决策时，决策者通常有宽裕的时间来充分利用各种信息。组织中的战略决策大多属于知识敏感型决策。

第三节　决策方法

为了保证影响组织未来生存与发展的管理决策尽可能正确，必须利用科学的方法。决策方法可以分为两类：一类是关于组织活动方向和内容的决策方法；另一类是在既定方向下从事一定活动的不同方案选择的方法。随着决策理论和实践的不断发展，人们在决策中所采用的方法也不断地得到充实和完善。当前，经常使用的企业经营决策方法一般可分为两大类，一类是定性决策方法，另一类是定量决策方法，前者注重决策者本人的直觉，后者则注重决策问题各因素之间客观的数量关系。把决策方法分为两大类只是相对而言的，在具体使用中，两者不能截然分开。两者密切配合、相辅相成，已成为现代决策方法的一个发展趋势。

一、定性决策方法

（一）定性决策方法的概念

定性决策方法又称"软"方法，它是建立在心理学、社会学，行为科学的基础上，经过系统的调查研究分析，根据掌握的情况与资料，充分发挥专家集体的智慧、能力和经验进行决策的方法。

管理者运用社会科学的原理并根据个人的经验和判断能力，充分发挥丰富的经验、知识和能力，对决策对象的本质特征进行深入研究，掌握事物的内在联系及其运行规律，从而对企业的经营管理决策目标、决策方案的拟定，以及方案的选择和实施进行决断。这种方法适用于受社会经济因素影响较大的、关系错综复杂及涉及社会心理因素较多的综合性的战略问题，是企业界决策采用的主要方法。

（二）定性决策的方法

1. 专家会议法

专家会议法是指根据市场竞争决策的目的和要求，有关方面的专家通过会议形式，提出有关问题，展开讨论分析，做出判断，最后综合专家们的意见，做出决定。

这种方法的优点是：通过座谈讨论，能互相启发，集思广益，取长补短，能较快、较全面地集中各方面的意见，得出决策结论。但也有缺点：参与人数有限；与会者容易受到技术权威或政治权威的影响，不能真正畅所欲言，往往形成一边倒；即使权威者的意见不正确，也会左右其他人的意见；由于受到个人自尊心的影响，往往不能及时修正原来的意见。因此，采用专家会议法有时也会做出错误的市场竞争决策。

采用这种方法时一定要注意：一是参加的人数不宜太多；二是要召开讨论式的会议让大家各抒己见；三是决策者要虚心听取专家意见。

2. 头脑风暴法

头脑风暴法通常是将对解决某一问题有兴趣的人集合在一起，在完全不受约束的条件下，广开言路，畅所欲言。头脑风暴法是比较常用的集体决策方法，便于发表创造性意见，因此主要用于收集新设想。头脑风暴法的创始人美国创造学家亚历克斯·奥斯本（Alex Faickney Osborn）为该决策方法的实施提出了四项原则。

（1）对别人的建议不做任何评价，将相互讨论限制在最低限度内。

（2）建议越多越好，在这个阶段，参与者不要考虑自己建议的质量，想到什么就应该说出来。

（3）鼓励每个人独立思考，广开言路，想法越新颖奇异越好。

（4）可以补充和完善已有的建议以使它更具说服力。

头脑风暴法的目的在于营造一种畅所欲言、自由思考的氛围，诱发创造性思维的共振和连锁反应，产生更多的创造性思维。这种方法的时间安排应在1~2小时，参加者以5~6人为宜。

3. 德尔菲法

德尔菲法是一种复杂、耗时的专家调查咨询方法，它是由美国兰德公司在20世纪50年代提出，曾广泛应用于一些宏观问题的预测与决策，并取得明显的效果。由于它的科学性，且便于操作，有相当的准确性，因而为很多管理人员所采用。

德尔菲是古希腊地名，相传太阳神阿波罗（Apollo）在德尔菲杀死了一条巨蟒，成了德尔菲主人，阿波罗不仅年轻英俊，对未来有很高的预见能力。在德尔菲有座阿波罗神庙，是个预卜未来的神谕之地，于是人们就借用此名，作为这种方法的名字。从20世纪60年代末到70年代中，专家会议法和德尔菲法（以德尔菲法为主）在各类预测方法中所占比重由20.8%增加到24.2%。20世纪80年代以来，我国不少单位也采用德尔菲法进行了预测、决策分析和编制规划。德尔菲法的实施步骤包括以下六步。

（1）认真选择咨询专家。在组织内部和外部挑选研究某一特定领域的专家成立一个小组。坚持从学术见解、学科领域、年龄结构、理论水平、实践经验、投入程度等方面进行全面考虑，精心挑选可供咨询的专家，专家人数视待决策问题或机会的复杂程度而定，十几人或上百人不等。

（2）精心设计咨询调查表。如，可以先对调查的目的、方式、原理等进行适当介绍以免引起误解；问题集中、针对性强；一般宜先整体、后局部，先简单、后复杂，避免使用不确切的语言；表格的设计应简洁美观；提问的方式与数量适当等。

（3）采用背靠背方式寄出咨询调查表。

（4）对收回的调查表及时分析、归纳并补充适当材料和对调查问题加以修改，再次寄出。

（5）视情况反复几次，一般经四轮反馈、分析归纳即可获得较为可信的结果。

（6）对最终的调查结果进行必要的数据处理并结合其他背景材料进行综合分析，形成报告。

4. 电子会议

最新的定性决策方法是专家会议法与计算机技术相结合的电子会议。

多达50人围坐在一张马蹄形的桌子旁。这张桌子上除了一系列的计算机终端外别无他物，将问题显示给决策参与者，他们把自己的回答输入计算机。个人评论和票数统计都投影在会议室的屏幕上。

电子会议的主要优点是匿名、诚实和快速，决策参与者匿名输入自己想要表达的任何信息，将其显示在屏幕上，所有人都能看到。它使人们充分地表达自己的想法而不会受到惩罚，消除了闲聊和讨论偏题，且不必担心打断别人的"讲话"。专家们声称电子会议比传统的面对面会议快一半以上，例如，菲尔普斯·道奇矿业公司采用此方法将原来需要几天的年计划会议缩短到 12 小时。

但是，电子会议也有缺点：打字慢的人表达意见会有障碍；缺乏面对面的口头交流所传递的丰富信息。

5. 名义小组技术

在集体决策中，如果大家对问题性质的了解程度有很大差异，或彼此的意见有较大分歧，直接开会讨论效果并不好，大家可能会争执不下，也可能出现权威人士发言后大家随声附和的情况。这时就可以采用名义小组技术。管理者先选择一些对要解决的问题有研究或有经验的人作为小组成员，并向他们提供与决策问题相关的信息。小组成员之间先不通气，独立地思考，各自提出决策建议，并尽可能详细地将自己提出的备选方案形成文字资料，然后召集会议，陈述自己的方案。在此基础上，小组成员对全部备选方案投票，产生大家最赞成的方案，并形成对其他方案的意见，提交管理者作为决策参考。

二、定量决策方法

（一）定量决策技术法的概念

定量决策技术法又称决策"硬"方法，它是指应用数学模型或借助电子计算机进行决策的一种方法，即运用数学的决策方法。它的核心是把同决策有关的变量与变量、变量与目标之间的关系，用数学关系表示，即建立数学模型，然后通过计算求出答案，供决策参考使用。近年来，计算机的发展为数学模型的运用开辟了更广阔的前景。现代企业决策中越来越重视决策"硬"方法的运用。因此，学会运用数学方法进行企业决策是非常重要的。

运用定量决策技术法，可以把企业管理经常出现的常规问题变成处理的程序，供下次处理类似的问题时调用。因此，这种方法在程序化决策中被广泛应用。同时，它可以把决策者从日常的常规管理事务中解放出来，使其把主要精力集中在非程序化的战略决策问题上。

根据问题或机会的性质、未来情况的可预测程度及相应的解决方式，可以把决策面临的状态分成三种典型的状态——具有高度预测性的确定型、具有一定预测性的风险型、具有高度不可预测性的不确定型。

（二）确定型决策方法

确定型决策是指已知未来自然状态条件下的决策。这类决策的每一种备选方案的结果只有一个数值，抉择的任务就是从中找出结果最好的方案。

确定型决策具备以下四个条件：一是存在着决策人希望达到的一个明确目标；二是只存在一个确定的自然状态；三是存在着可供选择的两个或两个以上的行动方案；四是不同的行动方案在确定状态下的损失或利益可以计算出来。

确定型决策方法中最常用的方法有线性规划法、盈亏平衡分析法、贡献分析法。

1. 线性规划法

线性规划法是在一些线性等式或不等式的约束条件下，求解线性目标函数的最大值或最小值的方法。运用线性规划建立数学模型的步骤有以下几步。

（1）确定影响目标大小的变量，列出目标函数方程。

（2）找出实现目标的约束条件。

（3）找出使目标函数达到最优的可行解，即该线性规划的最优解。

【例3-1】某企业拟生产两种产品：桌子和椅子，它们都要经过制造和装配两道工序。有关资料如表3-1所示。假设市场状况良好，企业生产出来的产品都能卖出去，试问何种组合的产品使企业利润最大？

表3-1 产品工序时间表

项目	每张桌子	每张椅子	工序可用时间
在制造工序上的时间/小时	2	4	48
在装配工序上的时间/小时	4	2	60
单位产品利润 π/元	8	6	—

这是一个经典的线性规划问题。

第一步，确定影响目标大小的变量。在本例中，目标是利润，影响利润的变量是桌子数量 T 和椅子数量 C。

第二步，列出目标函数方程：

$$\pi = 8T + 6C \tag{3-1}$$

第三步，找出约束条件。在本例中，两种产品在一道工序上的总时间不能超过该道工序的可利用时间。

即制造工序：

$$2T + 4C \leq 48 \tag{3-2}$$

装配工序：

$$4T + 2C \leq 60 \tag{3-3}$$

除此之外，还有两个约束条件，即非负约束：

$$T \geq 0$$

$$C \geq 0$$

从而线性规划问题成为，如何选取 T 和 C，使 π 在上述四个约束条件下达到最大。

第四步，求出最优解——最优产品组合。通过图解法或联立方程（3-1）、（3-2）、（3-3）可求出，上述线性规划问题的解为 $T=12$，$C=6$，即生产12张桌子和6把椅子使企业的利润最大。

$$最大利润 \pi = 8T + 6C = 8 \times 12 + 6 \times 6 = 132（元）$$

2. 盈亏平衡分析法

（1）盈亏平衡分析法的基本原理。盈亏平衡分析法又称量本利分析法、盈亏临界分析法、保本分析法等，这种方法是依据与决策方案相关的产品产（销）量、成本、利润之间的关系来判断方案对企业盈亏的影响，从而评价和选择决策方案。通过盈亏平衡分析，企业可明确至少要生产销售多少产品才能保本；为实现一定的目标利润，需要销售多少产品；销售一定数量的产品能够获得多少利润；经营的安全状况如何等。

按成本总额与业务量（产量、投入量）的关系，即成本性态，企业全部成本可分为固定成本和变动成本两大类。在一定的产（销）量范围内，固定成本在一定时期内不受业务量变动的影响，如折旧费、房租、借款利息、管理费用等；变动成本是随着业务量变动而呈正比例变动的成本，如直接工人的工资、直接材料费用等。

假定 F 为固定成本总额，V 为单位变动成本，P 为产品单价，Q 为产量或销售量，π 为利润总额，C 为单位产品贡献。则盈亏平衡分析的基本模型：

$$\pi=PQ-F-VQ=(P-V)Q-F \tag{3-4}$$

（2）盈亏平衡分析法的应用。盈亏平衡分析法的应用主要有以下一些。

①确定盈亏分界点产量，即 $\pi=0$ 时的产量。由式（3-4），可得

$$Q_0=F/(P-V)=F/C \tag{3-5}$$

②确定实现目标利润的产量。由（3-4）式，可得

$$\pi=PQ-(F+VQ)$$

则

$$Q=(F+\pi)/(P-V)=(F+\pi)/C \tag{3-6}$$

③确定因素变动后的盈亏分界点产量。假定采用一个新方案，引起固定成本、价格、单位变动成本的变化分别为 ΔF、ΔP、ΔV，则这些因素变动后的盈亏分界点测量

$$Q=(F\pm\Delta F)/[(P\pm\Delta P)-(V\pm\Delta V)] \tag{3-7}$$

④确定因素变动后实现目标利润的产量。固定成本、价格、单位变动成本、目标利润等变动后的盈亏分界点产量

$$Q=[(F\pm\Delta F)+(\pi+\Delta\pi)]/[(P\pm\Delta P)-(V\pm\Delta V)] \tag{3-8}$$

⑤确定安全边际和安全边际率。

$$安全边际=实际（预期）销售量-盈亏分界点销售量$$

$$安全边际率=安全边际/实际（预期）销售量$$

安全边际和安全边际率越大，说明当市场需求大幅度下降时，企业仍有可能免于亏损，故其经营较为安全。

（3）盈亏平衡分析法的应用举例。

【例3-2】 某企业拟生产 A 产品，总固定成本为 9 000 000 元，预计的单位售价为 8 000 元，单位产品变动成本为 2 000 元。试确定：①盈亏分界点产量；②企业为了获利 6 000 000 元，应达到的产量和销售收入为多少？③若设计能力为 4 000 台，达到设计能力时，获利期望值为多少？

解： ①盈亏分界点产量 $Q_0=F/(P-V)=9\,000\,000/(8\,000-2\,000)=1\,500$（台）

盈亏分界点销售收入 $S_0=1\,500\times8\,000=12\,000\,000$（元）

②企业为了获利 6 000 000 元，应达到的目标销售量

$Q=(F+\pi)/(P-V)=(9\,000\,0000+6\,000\,000)/(8\,000-2\,000)=2\,500$（台）

目标销售收入 $S=2\,500\times8\,000=20\,000\,000$（万）

③若设计能力为 4 000 台，达到设计能力时，获利期望值

$\pi=PQ-(F+VQ)=(P-V)Q-F=(8\,000-2\,000)\times4\,000-9\,000\,000=15\,000\,000$（元）

总之，量本利分析在企业经营决策中应用非常广泛，选择生产经营方式、开发新产品、调整产品结构、购置新设备等模式都需借助于这一分析方法。

3. 贡献分析法

（1）贡献分析法的基本原理。贡献就是增量利润，它等于由决策引起的增量收入减去由决策引起的增量成本，即贡献（增量利润）＝增量收入-增量成本。通过贡献的计算和比较，来判断一个方案是否可以被接受的方法，称为贡献分析法。如果贡献大于零，说明这一决策能使利润增加，因而是可以接受的。如果有两个以上的方案，则贡献大的方案为较优方案。

在产量决策中，常常使用单位产品贡献的概念，即增加一个单位产量能给企业增加多少利润。如果产品价格不变，增加单位产量的增量收入就等于价格，增加单位产量的增量成本就等于单位变动成本。所以，单位产品贡献就等于价格减去单位变动成本，即单位产品贡献＝价格–单位变动成本。由于价格由变动成本、固定成本和利润三部分组成，所以，贡献也等于固定成本加利润，这意味着企业得到的贡献，首先要用来补偿固定成本支出，剩下部分才是企业利润。当企业不盈不亏（利润为零）时，贡献等于固定成本。

贡献分析法主要用于企业的短期决策。所谓短期决策是指在一个已经建立起来并正在运营的企业中进行经营决策。即使企业不生产，设备、厂房、管理人员工资等固定成本也仍然要支出，所以属于沉没成本，在决策时不应加以考虑。正因为这样，在短期决策中，决策的准则应是贡献（增量利润），而不是利润。

（2）贡献分析法的应用。贡献分析法在企业短期业务决策中应用甚广，主要是在订货决策、自制还是外购决策、新产品开发选择决策、亏损产品是否停产或转产决策、有限资源在多种产品之间的配置决策、企业内外采购决策等方面应用。

（3）举例。

【例3-3】某企业单位产品的变动成本为4元，总固定成本为28 000元，产品价格为6元。现有人以5元的价格订货10 000件。如不接受这笔订货，企业将处于停产状态。企业应否承接此项订货？

解：如果接受订货，则接受订货后的利润和贡献分别为

利润＝销售收入－（总变动成本+总固定成本）

＝5×10 000－（4×10 000+28 000）＝－18 000（元）

贡献＝单位产品贡献×产量＝（5–4）×10 000＝10 000（元）

如果根据利润进行决策，企业接受订货后要亏损18 000元，因而不应接受此项订货。但这是错误的，因为在计算中，把属于沉没成本的固定成本考虑进去了。而根据贡献，接受订货企业可以使利润增加（本案例中为亏损减少）10 000元，所以应接受此项订货。

（三）风险型决策方法

风险型决策是研究环境条件不确定，但能以某种概率出现的决策。风险型决策准则有期望收益最大和期望机会损失最小准则。风险型决策一般有如下五个条件：一是明确的决策目标；二是存在着决策者可以选择的两个以上的可行方案；三是存在着不以决策者主观意志为转移的两种以上的自然状态；四是各种自然状态发生的概率是已知或可预测的；五是不同可行方案在各种自然状态下的损益值是已知或可计算的。

风险型决策方法很多，这里只介绍决策树和决策表两种方法。

1. 决策树法

决策树法是将构成决策方案的有关因素以树状图的方式表现出来，并据以分析和决策的一种系统分析方法。这种方法以损益值为依据，通过比较不同方案的期望损益值决定方案的取舍，适用于分析比较复杂的问题。

决策树的结构包括决策节点、方案枝、自然状态节点、状态枝和结果节点。决策节点在决策树中用方块表示，代表一个决策问题；由决策节点引出若干条直线，每条直线代表一个决策方案，称为方案枝；自然状态节点在决策树中用圆圈表示，由决策节点引出若干条直线，表示不同备选方案可能出现的自然状态，称为状态枝；结果节点用三角形表示，代表每

个方案在自然状态下的损益值。在状态枝上标明对应的自然状态名称及其出现的概率，状态枝末端标明方案在该自然状态下的损益值或效益值，某一个方案的综合期望损益值标在自然状态节点上方，决策结果的决策目标值标于决策节点上方。决策树的模型如图3-2所示。

应用决策树法，首先要绘制树形图；然后计算各节点的期望收益值及各方案的最终期望收益值，状态节点的期望收益值=∑（损益值×概率值）×经营年限，方案的最终期望收益值=该方案状态节点的期望收益值−该方案投资额；最后剪枝即根据期望收益值最大准则或期望机会损失最小准则进行方案优选。

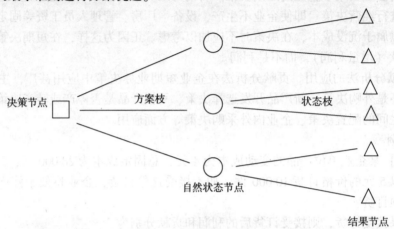

图3-2　决策树的模型

决策树的画法是从左至右分阶段展开的。画图时先分析决策点的起点、备选方案、各方案所面临的自然状态及其概率，以及各方案在不同自然态下的损益值（损失或收益值），然后分别按照决策树的绘制要求绘制决策树模型，并将有关数据填入图中。如果是多级决策，则要确定是哪几个阶段，并逐段展开其方案、自然状态节点、状态枝及结果节点。最后将决策点、状态点自左向右按顺序分别编号。

用决策树法进行决策，可以根据决策点是单个还是多个分为单级决策和多级决策两种，下面以例子说明其具体步骤。

【例3-4】某企业为了扩大某产品的生产，拟建设新厂，据市场预测，产品销路好的概率为0.7，销路差的概率为0.3。有以下两种方案可供企业选择，各种状况下的发生率，如表3-2所示。

表3-2　各种状况下的发生率

方案的自然状态		年获利/万元	概率/%	投资额/万元	服务期/年
方案1新建大厂	销路好	100	0.7	300	10
	销路差	−20	0.3		
方案2新建小厂	销路好	40	0.7	140	10
	销路差	30	0.3		

方案1：新建大厂，需投资300万元。据初步估计，销路好时，每年可获利100万元；销路差时，每年亏损20万元。服务期为10年。

方案2：新建小厂，需投资140万元。据初步估计，销路好时，每年可获利40万元；销路差时，每年仍可获利 30 万元。服务期为 10 年。

问哪种方案最好？

解：（1）绘制决策树。

（2）计算净收益。

方案 1（结点①）的期望收益 = ［0.7×100+0.3×（-20）］×10-300＝340（万元）

方案 2（结点②）的期望收益 = ［（0.7×40+0.3×30）］×10-140＝230（万元）

（3）结果分析。

计算结果表明，在两种方案中，方案 1 较好。

需要说明的是，在上面的计算过程中，我们没有考虑货币的时间价值，这是为了使问题简化。但在实际中，多阶段决策通常要考虑货币的时间价值。

2. 决策表法

决策表法是将方案中可能出现的自然状态和相对应的收益值列于一个表中，以不可控因素的概率与其出现的后果的乘积总和作为选择方案的标准。

【例 3-5】某公司拟销售一种新产品，每箱售价 180 元，成本 130 元，利润 50 元；如销售量不佳，每滞销一箱，损失 30 元。根据预测，今年第一季度市场需求量与去年同期无大变化，如表 3-3 所示。该公司怎样决定日产计划，以使期望利润最大？

表 3-3 需求预测

日销售量/箱	完成该销售量天数/天	概率/%
100	18	0.2
110	36	0.4
120	27	0.3
130	9	0.1
Σ	90	1.0

解 根据表 3-3，编制收益表并计算期望利润，结果如表 3-4 所示。

表 3-4 期望利润

自然状态概率方案/%	日销售量/箱				期望利润/元
	100	110	120	130	
	0.2	0.4	0.3	0.1	
100	5 000	5 000	5 000	5 000	5 000
110	4 700	5 500	5 500	5 500	5 340
120	4 400	5 200	6 000	6 000	5 360
130	4 100	4 900	5 700	6 500	5 140

表 3-4 中的数字为收益值，计算方法为

收益值＝日销售量×每箱利润-（日产量-日销售量）×滞销损失

各方案期望利润的计算方法为

期望利润＝Σ不同状态下收益值×相应概率

以期望收益为最大准则，本案例产量 120 箱的方案为最优。

（四）不确定型决策方法

各种自然状态出现的概率事先无法预测时的决策就是不确定型决策，在不确定性情况下，主要有以下几种决策方法。

1. 悲观法

悲观法也称最大最小收益法、小中取大法，即先在每个方案中选取最小收益值，而后在选取的最小收益值中选取最大收益值所在的方案，作为采用方案。

2. 乐观法

乐观法也称最大收益法、大中取大法，即先在每个方案中选取最大收益值，而后选取最大收益值所在的方案，作为采用方案。

3. 折中法

折中法就是在上述两种方法之间进行折中。此方法的前提是最好的自然状态和最差的自然状态均有可能出现，因此在运用此方法时，决策者应该首先给最好的自然状态一个乐观系数，给最差的自然状态一个悲观系数，两者之和为1，然后用好的自然状态下的期望收益值（收益乘以乐观系数）加上最差的状态下的期望收益值（收益乘以悲观系数），得出各方案的期望收益值，期望收益最大的方案就是决策所选择的方案。

4. 最小遗憾法

最小遗憾法也称大中取小法，即当某一状态出现时，将会明确哪个方案是收益值最大的方案，如果决策人当初并未采取这一方案，就会感到后悔，则最大收益值与所采取的方案收益值之差就称为后悔值。从这个方案的最大后悔值中找出一个最小的后悔值，后悔值最小的方案就是被选中的方案。

5. 平均法

平均法也称等可能法，此方法的前提是各种自然状态发生的可能性相同，通过比较各个方案的损益值的平均值进行方案选择，如在利润最大化目标下，选择平均利润最大的方案；在成本最小化目标下，选择平均成本最小的方案。

上述决策方法都是从不同角度考察问题，因此所得的结果不完全一致，这需要决策者根据自己的判断来选用。

【例3-6】 某企业拟开发一种新产品，预计新产品投入市场后有可能出现需求量较高（S1）、需求量一般（S2）、需求量较低（S3）、需求量很低（S4）四种需求状态，各种状态出现的概率是无法预计的；对于新产品的生产，企业设计出三种方案，分别是沿用原有的生产技术和设备（A1）、改进原有的技术和设备（A2）、采用新技术和新设备（A3），各种方案的损益值如表3-5所示。（乐观系数=0.2，悲观系数=0.8）

表3-5　各种方案的损益值　　　　　　　　　　　　　　　　万元

方案	需求状态			
	S1	S2	S3	S4
A1	300	200	-100	-200
A2	400	240	-150	-300
A3	200	180	50	-110

解：（1）悲观法决策，如表3-6所示。

表3-6　悲观法决策　　　　　　　　　　　　万元

方案	需求状态				最小值	决策结果
	S1	S2	S3	S4		
A1	300	200	−100	−200	−200	A3 最优
A2	400	240	−150	−300	−300	
A3	200	180	50	−110	−110	

（2）乐观法决策，如表3-7所示。

表3-7　乐观法决策　　　　　　　　　　　　万元

方案	需求状态				最大值	决策结果
	S1	S2	S3	S4		
A1	300	200	−100	−200	300	A2 最优
A2	400	240	−150	−300	400	
A3	200	180	50	−110	200	

（3）折中法决策，如表3-8所示。

表3-8　折中法决策　　　　　　　　　　　　万元

方案	需求状态				最大值	决策结果
	S1	S2	S3	S4		
A1	300	200	−100	−200	−100	A3 最优
A2	400	240	−150	−300	−160	
A3	200	180	50	−110	−48	

（4）最小遗憾法决策，如表3-9所示。

表3-9　最小遗憾法决策　　　　　　　　　　万元

方案	需求状态				最大值	决策结果
	S1	S2	S3	S4		
A1	100	40	150	90	150	A1 最优
A2	0	0	200	190	200	
A3	200	60	0	0	200	

（5）平均法决策，如表3-10所示。

表3-10　平均法决策　　　　　　　　　　　　万元

方案	需求状态				最大值	决策结果
	S1	S2	S3	S4		
A1	300	200	−100	−200	50	A3 最优
A2	400	240	−150	−300	47.5	
A3	200	180	50	−110	80	

本章小结

1. 管理实际上是由一连串的决策组成的，美国管理学家西蒙说过："管理就是决策。"决策是管理的核心内容，贯穿于管理工作过程的始终。

2. 狭义的决策是指对行动目标和手段的一种选择或抉择。广义的决策则是一个全过程的概念，不仅指选定方案的抉择活动，还包括了抉择前的情报活动、设计活动等一系列决策准备工作，以及决策以后的执行及审查活动。

3. 一项决策通常都由决策者、决策目标和决策准则、备选方案、决策的自然状态和决策后果等要素构成。根据这些构成要素的性质和表现不同，决策可分为各种不同的类型。

4. 组织中做出决策的人，可以是个体，也可能是群体。个体决策在效率性方面要优于群体决策，但相对而言，由群体做出决策会使决策的准确性和可接受性得到提高。

5. 任何理性的决策都需要遵循一定的决策目标，并使决策行动最终达到所期望目标的要求。所以，决策目标的确定是决策过程中的一个重要环节。现实中的企业经营决策往往是多目标决策，需要注意处理好多目标冲突问题。

6. 现实中力图实现组织所期望目标的决策者，很难做到完全的理性，而只会是有限度的理性。因此，在现实中满意化决策准则比最优化决策准则更具代表性。

7. 确定型的决策问题不论多么复杂，从理论上说可通过开发和使用科学的决策方法与手段而达到该项决策的最优化。但对于风险型决策和不确定型决策来说，它们根本上就只是一种满意化决策。因为不同的决策者出于其个性和风险偏好的不同，在选择方案时可能会有不同的评判标准，这样做出的决策只是就其立场而言的相对最满意的决策。

8. 优秀的管理者不仅要掌握决策的科学过程和方法，还要注意对决策的心理和行为方面的分析研究，以全面提高其管理决策的水平。

重要概念

决策　决策过程　决策特点　确定型决策　风险型决策　盈亏平衡分析法　决策树分析法　不确定型决策

复习思考题

1. 什么是决策？决策的特点有哪些？
2. 战略决策与战术决策之间有何联系？程序化决策与非程序化决策之间有何关系？
3. 决策过程包括哪几个阶段？决策过程要受到哪些因素的影响？
4. 简述定性决策的方法。
5. 确定型决策方法、风险型决策方法和不确定型决策方法各有哪些？
6. 管理与决策之间究竟是一种什么样的关系？你认为应该怎样去理解"管理就是决策"这种说法？

案例分析

案例一　大众汽车进入中国市场的决策

大众汽车如今已经深耕中国市场近40年，其在中国市场的影响力甚至超过了它的大本营德国市场。数据显示，大众汽车2019年售出了1 097万辆汽车，销量排名世界第一。中国是大众最大的汽车市场，2019年大众汽车在中国销售了423.36万辆。大众汽车已经连续多年登顶世界销量第一的宝座，中国市场功不可没。

那么为什么大众汽车在中国市场能够如此风光呢？这还要从大众汽车选择进入中国市场说起。20世纪70年代末，中国本土轿车产业基础薄弱，而市场上的轿车消费开始释放。当时以进口的日本车居多，需要非常多的外汇，所以国家就产生了与国际上成熟的汽车厂家合作在中国生产轿车的想法。在与美国、日本、英国、德国等很多厂家联系时，中国方面明确提出需要一个年产3万辆的轿车厂，需要技术转让、到中国来生产、有现金投资等，最终只有大众答应了中国方面的全部要求。当时参与谈判的大众董事长卡尔·哈恩博士说，我们知道整个中国汽车工业爆发性的增长是在更晚的时候出现，但是我们早期确定的这样一套基础设施，为后来爆发式的增长奠定了良好的基础。

曾任中国汽车工业公司总经理、中国汽车工业联合会理事长的陈祖涛，在他写的《我的汽车生涯》这本书中，曾经多次提到哈恩"有抢先进入中国市场的战略眼光"。他回忆：那时候，西方汽车大国没有几个看得起我们，不是不愿意合作就是漫天要价。几经周折，我们和德国大众汽车公司取得了联系。德国大众内部对于与中国合作的意见也不统一。一派意见认为，中国的经济基础太差，合作生产的批量又不大，无利可图，不搞。以董事长哈恩为首的另一派认为，中国的经济会不断发展，可以和中国合作，眼前虽然无利可图，但将来一定会有收获的。而这样的判断是他持有的一种信念：像中国这么一个幅员广阔、人口众多、有着自己独特的传统和历史的国家，作为一个外来的汽车厂商也好、其他厂商也好，不可能单纯地出口产品到这个市场。必须要进入这个市场、进入这个国家，扎根在这个国家，成为这个国家的组成部分，只有这样，才能够真正地为这个市场提供最好的产品与服务。

彼时欧洲汽车市场已近饱和，大众汽车正在为了未来发展寻找新的市场，所以在经过六年多的接触和谈判之后，1985年，中国第一个轿车合资企业上海大众成立，标志着中国现代化轿车工业的开端。当年大众集团几乎是全球唯一一家愿意为入华合资提供资本和技术的外国车企，帮助当时基本上处于空白的中国乘用车行业从零起步，而中国汽车市场也以出乎意料的速度成长壮大，并助力大众集团登顶全球汽车销量冠军的宝座。

启示：大众选择进入中国市场的决策表明，管理者的决策不一定每次都基于理性的分析，有时也需要管理者的直觉和魄力，虽然决策的结果也可能达不成目标，但面对市场机会必须果断决策，否则机会稍纵即逝。

案例二　微软错失手机操作市场

即便多次蝉联世界首富，比尔·盖茨依然有难以释怀的懊恼。这位微软创始人曾在某次活动中发表讲话称，让谷歌有机会推出安卓系统，即"非苹果的标准手机平台"，是自己犯下的"最大错误"，他在这次讲话中坦承，因为自己的决策失误，让微软错失了4 000亿美元的蛋糕。如果不是比尔·盖茨的再次提及，人们或许已经忘了微软Windows Phone（下称WP）手机操作系统的存在。2010年10月21日，微软正式发布了自己的手机操作系统WP。在这一领域，微软曾有过机会。这家拥有全球最大PC（Personal Computer，个人计算机）操作系统的公司对智能手机的觊觎和预测，远远早于苹果和谷歌。而无论是在用户还是这家公司的员工和股东看来，微软都应该顺理成章地获得成功。

但是一次误判，一个错误，代价高达4 000亿美元。比尔·盖茨开始反思了，而这个损失只是目前的价值，如果从更长远的未来发展看，微软错失移动操作系统的代价可能要远远超过 4 000 亿美元，因为微软由于自己的错误，失去的不仅仅是一套操作系统，还有移动互联网生态系统的领导地位，这个损失很难用现金衡量。想当初，谁最有能力把握住操作系统的机会？从技术领先角度来看，恐怕非微软莫属。当时，互联网线下向互联网线上转移已是大势所趋，PC 端向移动端转移将不可抗拒。但可惜的是，微软却因为误判，眼睁睁地失去了这个机会。作为全球最大 PC 操作系统的企业，微软为何会错失移动操作系统的领导地位？在 2007 年乔布斯推出那部黑色苹果智能手机及移动端苹果操作系统之时，比尔·盖茨掌舵的微软表现得很淡定，认为其成不了太大气候。作为垄断 PC 端全球市场的微软，似乎并没有把移动智能手机操作系统放在眼里。而这一错判，导致微软错失了主导移动操作系统的机会，也因此失去了争霸移动互联网生态的先机。多年的 PC 垄断地位，似乎让微软失去了警惕和进取之心。与免费开源的安卓系统不同，微软采用收取授权费的方式，这一点微软明显太过于拘束，因为想要构建良好的生态系统，那就要放开来与众多开发商一起合作，做到双赢才是最佳的结果。虽然后来微软也做出改变，向安卓学习，开放了源码，后面才有了一点生机，不过机会错过就是错过了，很难发展起来了。

思考题

微软在 PC 操作系统市场的成功经历能为开发手机操作系统提供决策的帮助吗？这个不成功的决策带给我们的教训有哪些？

实践训练

实训项目

了解某企业的决策方法和决策实践。

实训目的

1. 通过对某企业的调查，能够让学生了解决策的内容、过程和决策方法在企业生产经营中的应用。

2. 在调查的基础上要求学生进行具体的企业决策分析，从而提高学生分析问题、解决问题的能力。

实训内容

1. 通过对某企业的调查，了解该企业在生产经营中是如何进行决策的。

2. 通过对该企业产品在市场的销售状况来判断企业决策的有效性。

实训考核

1. 该企业采用了哪些决策方法？

2. 能否了解该企业进行决策时的程序？

3. 如何通过对该企业产品在市场上的销售来判断企业决策的有效性？

4. 决策方法在企业决策时各有哪些特点和作用？

5. 根据该企业的决策状况，写一份 800 字的决策计划书。

第四章

计 划

1. 理解计划的概念、内容与作用。
2. 认识计划的影响因素及计划的类型。
3. 系统掌握计划的编制程序。
4. 理解滚动计划法、投入产出分析法的原理及编制方法。
5. 掌握目标管理的特点和基本程序。
6. 运用目标管理法解决实际问题。

▰▰▱ 案例导入 ╍╍╍╍

穿越库布齐沙漠的悲剧

2006 年 5 月 2 日，一则游客遇难的消息令全国震惊。有一个由 40 多人自发组成的旅游探险队在库布齐沙漠被困。这是一帮在网络上联系的"驴友"，准备利用 7 天长假穿越内蒙古的库布齐沙漠，他们于 5 月 1 日出发，5 月 2 日入了沙漠腹地，随后被困，情况非常紧急。后经多方力量近 15 小时的搜救，最终在沙漠深处找到了这支遇险队伍。然而，其中一名叫小倩的女孩还是不幸遇难，究竟是什么原因导致这次不幸事件的发生呢？

事后专家总结，悲剧发生的主要原因是准备不足，计划不周。第一，对沙漠缺乏了解，不熟悉地理环境和气候规律。一般在沙漠中是昼伏夜行，但他们却在白天气温最高的时候行走，导致小倩中暑身亡。他们认为探险是考验自己毅力的方式，只是凭着一腔热情，认为人定胜天，不尊重客观规律。第二，过高地估计了自身条件。小倩之所以遇难，主要是平时缺乏锻炼，体力不行，不适合在这种恶劣的环境下长途跋涉。第三，在计划执行中不善于借助外力。为了节约开支，把请来的向导和租用的骆驼辞退了，自己背水和行李，小倩的体重才 90 斤，她却背负着 40 斤的东西。第四，团队成员只是"五一"前夕才通过网络认识的，相互不了解。而探险活动往往要组成一个团队来进行，要依靠大家的力量来应对困难。

启示：从这个真实的案例中我们可以体会到计划是多么的重要。如果探险的组织者和参加者能够在行动前有周密的计划，对要做什么、如何去做、会出现哪些情况、如何应对突发事件等都能心中有数的话，那么，这个悲剧或许可以避免。

第一节 计划概述

在组织中，计划是管理职能中首要的最基本的职能，其他工作都只有在确定了目标、制订了计划以后才能开始，并围绕着计划的变化而变化。在组织运行过程中，管理人员最主要的任务就是努力使每个人理解组织目标及实现目标的方法，以使每个人有效地完成任务。

一、计划的概念、任务和内容

（一）计划的概念

计划有广义和狭义之分，广义的计划是拟定计划、执行计划和检查计划的执行情况三个紧密衔接的过程。狭义的计划是指拟定计划，这里又可分为动态和静态两层含义。从动态来看，它是在科学预测的基础上对未来某一活动预先作出的安排，包括确定行动的时间、方法、步骤和手段等，通常称之为"计划工作"。从静态来看，就是指规划好的行动方案或蓝图，通常指狭义的计划，即根据实际情况，通过科学的预测，权衡客观需要和主观条件，提出在未来一定时期内要达到的目标，以及实现目标的途径。它是使组织中各种活动有条不紊地进行的保证。

拟定计划即在时间和空间两个维度进一步分解任务和目标；执行计划包括实现任务和目标的方式、进度的规定；检查计划是对行为结果的检查和控制。切实可行的计划应当满足以下几个方面的要求：第一，应当具有明确的目标；第二，计划工作必须先于其他各项管理活动而展开；第三，计划必须是准备付诸实施的、切实可行的方案；第四，计划必须有益于在总体上提高管理效益。

管理大师孔茨曾形象比喻："计划工作是一座桥梁，它是把我们所处的此岸和我们要去的彼岸连接起来，以克服这一天堑。"

（二）计划与决策的关系

自从以西蒙为代表的决策理论学派提出"管理就是决策"这个论断后，就开始出现对计划和决策关系的讨论：计划与决策是何关系？两者中谁先谁后？要理解计划，有必要先搞清这一关系。

有人认为，计划是个较为广泛的概念：作为管理的首要工作，计划是一个包括环境分析和预测、目标确定、方案选择的过程，决策只是这一过程中某阶段的工作内容。

而以西蒙为代表的决策理论学派则强调，管理就是决策，决策是管理的核心，贯穿于整个管理过程。确定目标、制订计划、选择方案，是目标及计划决策；机构设置、人事安排，权限分配，是组织决策；计划执行活动的检查及检查的时间、检查手段的选择，是控制决策。因此，决策不仅包括了计划而且包含了整个管理决策，可以说就是管理本身。

实际上，两种观点各有合理的成分，如果把两者结合起来看，两种观点并不矛盾。计划与决策是"你中有我，我中有你"的关系，这种关系体现在：在决策的确定过程中，不论是对内部能力优势或劣势的分析，还是在方案选择时关于各个方案执行效果或要求的评价，实际上都已经开始孕育着拟定计划。反过来，计划的编制过程，既是决策的组织落实过程，也是决策的更为详细的检查和修订的过程。无法落实的决策，或者说决策选择的活动中部分任务的无法安排，必然会导致该计划进行一定的调整。

因此，可以说决策是计划的基础，为计划提供依据。计划是决策的逻辑延续，为决策所选择目标的实施提供组织保证。在实际工作中，决策和计划互相渗透，有时甚至是不可分割地交织在一起的。

（三）计划的任务

计划的任务就是根据社会的需要及组织自身能力，确定出组织在一定时期内的奋斗目标，通过计划的编制、执行和检查，协调和合理安排组织中各部门和人员的活动，有效地利用组织的资源，取得最佳的经济效益和社会效益。

（四）计划的内容

计划工作的任务是通过计划的内容来实现，计划的内容可以简要地概括为5W2H，即What to do（做什么），Why to do（为什么做），When to do（何时做），Where to do（何地做），Who to do（谁去做），How to do（如何做），How much（需要多少成本）。这七个方面的具体含义如下。

1. 做什么

"做什么"是指明确一定时期的计划的目标和内容。例如，由于激烈的市场竞争，企业的原有产品已经慢慢失去了优势，经过市场调研和预测，企业决定迅速推出新产品，那么近期计划的目标和内容就是筹集资金，组织相关科研技术人员进行技术研发，在短时期内推出换代产品。

2. 为什么做

"为什么做"是指明确计划的宗旨目标和战略，并论证可行性。这一步骤非常重要，这个步骤上没有做好，就会发生方向性的错误，即使后续工作再完美，行动肯定还会失败，同时计划者对计划的宗旨、战略和目标越清晰，越有助于他们在计划工作中发挥积极性、主动性和创造性。因此，计划者在分析和预测市场的基础上，进一步认识到市场竞争的残酷，为了企业盈利必须选择开发新产品的战略，主动淘汰原有的旧产品；同时结合自身的条件，对计划的可行性进行论证。

3. 何时做

"何时做"是指规定计划中的各项工作开始和结束的时间，以提高资源的调拨、提高工作效率和进行有效的控制。在企业中，尤其注重时间效率，因为时间就是金钱。哪个企业先推出新产品，哪个企业就可以先抢占商机，抢占市场份额。

4. 何地做

"何地做"是指确定计划的实施地点、场所，了解计划实施的环境条件有何限制，以便合理安排计划的实施。

5. 谁去做

"谁去做"是指计划实施中哪些工作由哪些部门或人员负责执行。只有明确责任人，才能把计划落到实处。

6. 如何做

"如何做"是指确定实现计划的具体措施。

7. 需要多少成本

"需要多少成本"是指计划的完成所需的成本，这关系到成本和效益的平衡，要作好计划执行的预算。

◢◣ **链接 4-1**

5W2H 法

5W2H 法由美国陆军兵器修理部首创，诞生于第二次世界大战期间，由于它易记、应用方便，曾被广泛用于企业管理和各项工作中。5W2H 通过设问来诱发人们的创造性设想，发问的具体内容可根据对象灵活应用。

（1）Why? 为什么需要新的计划？为什么非做不可？

（2）What? 目的是什么？做哪一部分工作？

（3）Where? 从何入手？何处最适宜？

（4）When? 何时完成？何时最适宜？

（5）Who? 谁来承担？谁去完成？谁最适合？

（6）How? 怎样去做？怎样做效率最高？怎样实施？

（7）How much? 要完成多少数量？成本多少？利润多少？

这七问概括得比较全面，实际上把要做的事情和可能遇到的问题全部包括进去了。我国教育学家陶行知先生曾对 5W2H 法给予了高度评价，他认为 5W2H 法是指导我们工作的"好老师"，并作诗曰："我有八位好朋友，肯把万事指导我。你若想问真名姓，名字不同都姓何：何事、何故、何人、何如、何时、何地、何去，好像弟弟与哥哥。还有一个西洋派，姓名颠倒叫几何。若向八贤常请教，虽是笨人不会错。"

二、计划的特点和作用

（一）计划的特点

计划的特点具体体现在以下几个方面。

1. 目标性

任何组织和个人拟定计划都是为了有效地达到某种目标。目标是计划工作的核心，没有目标的计划是盲目的。在计划过程的最初阶段，首要任务就是确定具体明确的目标，其后的所有工作都是围绕目标进行的，目标性是计划的出发点和归宿点。

2. 首要性

计划处于管理职能的首要地位，组织、领导、控制、创新等管理的其他职能只有在计划工作确定了目标之后才能进行，并且都随着计划和目标的改变而改变。只有在确定了目标和途径之后，人们才能确定要建立何种组织结构、需要何种人员、领导下属走向何方及何时需要何种纠偏。

3. 普遍性

计划是普遍存在的，计划的普遍性表现在两个方面。一是组织的任何活动都需要计划。由于资源的有限性，人们在从事各种活动时，都需要事先进行计划，只有这样，才能有效地利用资源。二是组织中各级管理人员都需要计划。所不同的是，不同管理层次的管理者拟定的计划类型不同，高层管理人员负责拟定战略计划，而中基层管理人员负责拟定战术计划或生产作业计划。

4. 时效性

时效性是指任何计划都有时间的限制。主要表现在两个方面：一是计划工作必须在计划期开始之前完成计划的拟定工作；二是任何计划必须慎重选择计划的开始和截止时间。例如，我国确定的"十一五规划"从 2006 年开始，到 2010 年结束；再如，随着我国物流业的兴起，南昌市针对本地实际情况及发展目标，在 2007 年以前就提前确定了 2007 年至 2020 年的物流发展规划。

5. 动态性

动态性是指任何计划都不是一成不变的。由于任何人都不可能对未来作出全面而准确的判断，因此任何计划在执行的过程中，都会受到环境条件的影响，当外部环境发生变化时，计划就必须及时地调整。但调整不是盲目的，不是领导拍脑瓜随意拍出来的，应适合实际。例如，在金融危机来临之际，国内许多企业纷纷将目光从原来海外市场转向国内市场，调整原有的经营计划，成功地规避了风险。

6. 创造性

计划是对管理活动的设计。管理活动中的环境可能会发生变化，管理活动中会不断出现新问题、新变化，要应对这些变化，计划就需要打破原有的模式，体现出创造性。同时，管理是一个不断上升的过程，原来计划完成后，会有新的计划产生，这一计划不是原来计划的重复，而是一个创造的过程，这更是计划创造性的体现。

（二）计划的作用

无论是大型组织还是小型组织，都离不开计划。计划在管理中的作用是不言而喻的，良好的计划作用具体表现在以下几个方面。

1. 计划是管理者指挥的依据

计划确定了组织发展的方向。计划的编制将组织的目标活动在时间和空间上进行详细分解，从而为科学分工提供了依据。管理者在计划拟定之后要根据计划分派任务，确定下级的权利和责任，要促使组织中的全体人员的活动方向趋于一致，形成一种复合的、巨大的组织行为，以保证达到计划所设定的目标。

2. 计划是降低风险、掌握主动的手段

未来的情况是不断变化的，特别是当今世界正处于剧烈变化之中，社会、科技、价值观念都在不断地变化。计划是预期这种变化并设法消除变化对组织造成不良影响的一种有效手段。计划是针对未来的，这就使计划制订者不得不对将来的变化进行预测，根据国情和现在的信息来推测将来可能出现的变化对达成组织目标产生何种影响，在变化发生时应采取什么对策，并确定出一系列的备选方案。在实际中，有些变化是无法事先预测，而且随着计划期的延长，这种不确定性也就相应增大，但通过计划工作，进行科学的预测可以把将来的风险减少到最低程度。

3. 计划是减少浪费、提高效益的方法

计划工作的一项重要任务就是要使未来的组织活动均衡发展。预先对此进行认真的研究，能够消除不必要活动带来的浪费，能够避免在今后的活动中由于缺乏依据而进行轻率判断所造成的损失。

（1）计划工作要对各种方案进行技术分析，选择最适当的、最有效的方案来达到组织目标。

（2）由于有了计划，组织中成员的努力将形成一种组织效应，这将大大提高工作效率从而带来经济效益。

（3）计划工作还有助于用最短的时间完成工作，减少迟滞和等待的时间，减少因盲目性造成的浪费，促使各项工作能够均衡稳定地发展。

（4）计划将组织活动在时空进行分解来对现有资源的使用进行合理的分配，通过规定组织的不同部门在不同时间应从事何种活动、告诉人们何地需要多少数量的何种资源，从而为组织资源筹集和供应提供依据，使组织的资源充分发挥作用，并降低成本。

4. 计划是管理者进行控制的标准

计划工作包括建立目标和确定指标，这些目标和指标将被用来进行控制。

计划是控制的基础，它为有效控制提供了标准和尺度。没有计划，控制工作也就不存在。

（1）组织成功与否在于是否运用计划。如果一个组织将计划放在首位，那么工作将得到有效的协调且能够按时完成，员工的努力就会避免重复，或者将重复率降到最低，部门之间可以实现有效的合作与协调，员工的技能与潜力得到充分的运用，成本得到控制，最终将提高工作质量。

（2）计划是连接现在与将来的桥梁。计划是一个智慧的过程，拟订可供选择的方案并根据目标和事实进行决策。"三思而后行"就是这个道理。如果没有事先的考虑，那么很难避免犯错误。

总的来说，计划就是预测未来，是未来行动的具体化，并决定未来的行动方案，以达到既定的目标。

三、影响计划有效性的权变因素

（一）组织层次

组织的管理层次与计划及决策类型有着密切的联系。在大多数情况下，基层管理者的计划活动主要是拟定作业计划，当管理者在组织中的等级上升时，他的计划角色就更具有战略导向性。对于大型组织的最高管理者，他的计划任务基本上都是战略性的。而在小企业中，所有者兼管理者的计划角色兼有战略和作业两方面的性质。

（二）组织的生命周期

组织都要经历一个生命周期，开始是幼年期，然后是成长期、成熟期，最后是衰退期。在组织生命周期的各个阶段上，计划的类型并非都具有相同的性质，计划的时间长短和明确性应当在不同的阶段上有相应的调整。

1. 幼年期

在这个时期管理者应当更多地依赖指导性计划。因为这一阶段要求组织具有很高的灵活性。在这个阶段，目标是尝试性的，资源的获取具有不确定性，辨认目标顾客很难，而指导性计划使管理者可以随时按需要进行调整。

2. 成长期

在这个时期，管理者应当拟定短期的、更具体的计划。随着目标更确定、资源更容易获取和顾客的忠诚度的提高，计划也更具有明确性。

3. 成熟期

在这个时期，管理者应当拟定长期的计划。这一时期相对稳定，可预见性最大。

4. 衰退期

在这个时期，管理者应当拟定短期的、更具指导性的计划。因为这时目标要重新考虑，资源要重新分配，计划也从具体性转入指导性。

（三）环境的不确定性程度

环境的不确定性越大，计划越应当是指导性的，计划期限也应越短。如果组织正在面临迅速发展或重要的技术、社会、经济、法律和其他方面的变化，那么，精确规定的计划反而会成为组织取得绩效的障碍。环境变化越大，计划就越不需要精确，管理就越应当具有灵活性。

总之，由于环境变化的动态性和不确定性，人们不可能准确地预测未来，因此计划必须是灵活的。一个管理良好的组织很少在非常详细的、定量化的计划上花费时间，而是开发面向未来的多种方案。

第二节　计划的类型

组织中的计划有各种各样，不同的时期、不同的管理层次存在不同类型的计划。各种类型的计划不是彼此割裂的，分别适用于不同条件下的计划组成一个计划体系。通常可以依据计划的期限、计划的层次、计划的明确程度、计划的职能和计划的程序化等对计划进行分类，如表4-1所示。

表4-1　计划的分类

分类标准	类型
按计划的期限划分	短期计划、中期计划和长期计划
按计划的层次划分	战略计划、战术计划和运营计划
按计划的明确性程度划分	指导性计划和指令性计划
按计划的职能标准划分	业务计划、财务计划和人事计划
按计划的程序化程度划分	程序性计划和非程序性计划

（一）按计划的期限划分，可分为短期计划、中期计划和长期计划

一般将一年及一年以内的计划称为短期计划，一年以上五年以内的计划称为中期计划，

五年以上（含五年）的计划称为长期计划。当然，这个划分标准并非绝对，在某些情况下，它还受计划的其他方面因素的影响，比如对一些环境条件变化很快、本身节奏也很快的组织来说，一年计划就是长期计划，季度计划就是中期计划，而月计划就是短期计划。

这三种计划中，长期计划描述了组织在较长时期内的发展目标和方针，规定了组织的各个部门在较长时期内从事某种活动应达到的目标和要求，绘制了组织长期发展的蓝图，是企业长期发展的纲领性文件。中期计划是根据长期计划拟定的，它比长期计划要详细具体，是考虑了组织内部和外部的条件与环境变化情况后拟定的可执行计划。短期计划则比中期计划更详细具体，它是指导组织具体活动的行动计划，具体规定组织各部门在最近阶段中，应该从事何种活动及相应的要求，从而为组织成员在近期内的行动提供依据，它一般是中期计划的分解和落实。

在管理实践中，长期、中期和短期计划必须有机地衔接起来，长期的计划要对中期、短期计划具有指导作用，而中期、短期计划的实施要有助于长期计划的实现。

（二）按计划的层次分，可分为战略计划、战术计划和运营计划

在这三种计划中，战略计划是由高层管理者拟定的，对组织全部活动进行的战略安排，是为组织设立总体目标和寻求组织在所对应的环境中的地位的计划，通常具有长远性、单值性和较大的弹性。战略计划需要全盘考虑各种确定性与不确定性的情况，谨慎确定以指导组织的全面工作。

战术计划也叫管理计划，是由中层管理者拟定的，一般是一种局部性阶段性的计划，它多用于指导组织内部某些部门的共同行动，以完成具体的任务，实现阶段性的目标。

运营计划是由基层管理者拟定的细节计划，是特定部门或个人的具体行动计划，运营计划通常具有个体性、可重复性和较大的刚性，一般情况下是必须执行的命令性计划。

战略、战术和运营计划强调的是组织纵向层次的指导和衔接，战略计划对战术、运营计划具有指导作用，而战术和运营计划的实施要确保战略计划的实施。

战略计划与运营计划在时间跨度上、范围上和是否包含已知的一套组织目标方面是不同的。运营计划趋向于覆盖较短的时间间隔，如月度计划、周计划、日计划就属于运营计划；战略计划趋向于包含持久的时间间隔，通常为五年或更长时间，它覆盖较广的领域。就确立目标而言，两者完全不同。设立目标是战略计划的一个重要任务，而运营计划是在目标已经确定的条件下拟定的，它只是提供实现目标的方法。

（三）按计划的明确性程度可分为指导性计划和指令性计划

指导性计划只规定了一些重大方针，而不局限于明确的特定目标或特定的活动方案，这种计划可为组织指明方向、统一认识，但并不提供实际操作指南。

指令性计划恰恰相反，要求必须具有明确的可衡量目标及一套可操作的行动方案。指令性计划不存在模棱两可，不会存在引起误解的问题。

指导性计划具有内在的灵活性，而指令性计划可以及时有效地完成特定的程序、方案和各类活动目标。组织通常面临环境的不确定性，可选择拟定这两种不同类型的计划。

（四）按计划的职能标准，可分为业务计划、财务计划和人事计划

业务计划是组织的主要计划。长期业务计划主要涉及业务方面的调整或业务规模的发展，短期业务计划则主要涉及业务活动的具体安排。比如，企业业务计划包括产品开发、生产运营及销售促进等内容，进一步划分，产品计划又涉及新产品的开发和现有产品的结构调整、功能完善等生产计划，安排了企业生产规模的扩张及实施步骤，不同车间、班组的季、月乃至周的运营进度安排；销售计划关系到销售渠道和销售手段的选择与建立等。

财务计划和人事计划是为业务计划服务的，也是围绕着业务计划而展开的。财务计划研究如何从资金的提供和利用上促进业务活动的有效进行；人事计划则分析如何为业务规模的维持或扩展提供人力资源的保证。

（五）按计划的程序化程度分为程序性计划和非程序性计划

西蒙把组织活动分为两类：一类是例行活动，指一些重复出现的工作，如报账、订货、材料的出入库等，有关这类活动的决策是经常反复的，而且具有一定的结构，因此，可以建立一定的决策程序。每当出现这类工作或问题时，就利用既定的程序来解决，而不需要重新研究，这类决策叫程序化决策，与此对应的计划是程序性计划。另一类非例行活动，不重复出现。比如新产品的开发、生产规模的扩大、品种结构的调整、工资制度的改革等，处理这类问题没有一成不变的方法和程序，因为这类问题或在过去尚未发生过，或者极为复杂，或者因为其十分重要而需用个别方法加以处理，解决这类问题的决策叫非程序化决策，与之对应的计划是非程序性计划。

第三节 计划的原则与编制程序

一、计划的原则

计划工作是重要的，要做好计划也不是一件容易的事情，但在实际工作中还是有可以遵守的原则，这些原则主要有限定因素原则、许诺原则、灵活性原则和改变航道原则。

（一）限定因素原则

所谓限定因素，是指在组织目标过程中的影响因素。也就是说，在其他因素不变的情况下，仅仅改变这些因素，就可以影响组织目标的实现程度。限定因素原则可以表述如下：管理人员越是能够明确达到目标过程中的主要限制因素，在拟定计划时便更有针对性，更有利于有效拟定各种行动方案。限定因素原则有时又被形象地称作"木桶原则"，其含义是木桶能盛多少水，取决于桶壁最短的那块木板。限定因素原则表明，在拟定计划时，必须全力找出影响计划目标实现的主要限定因素或战略因素，有针对性地采取措施，规避风险。

（二）许诺原则

所谓许诺原则是指计划的本质是决策者对完成各项工作所做出的许诺，所以，许诺越大，执行的时间越长，实现许诺的可能性就越小。这一原则关系到计划的期限问题。计划必须确定一个合理的期限，在确定合理期限时，就可以遵循许诺原则，即合理计划工作必须确定一个未来的时期，其长短取决于实现决策中所许诺的任务必需的时间。如，某公司投资 1 亿元建设一个新厂，经过分析论证，这项投资大约经过 5 年就能收回，那么这项计划应该以 5 年的业务计划为基础。

（三）灵活性原则

在实施计划的过程中，常前会遇到"计划赶不上变化"的情况，对计划进行适当的修改是否就否定了计划的严肃性了呢？当然不是，在计划中应该遵循灵活性原则。

一般情况下，拟定正式计划往往和更高的利润、更好的绩效相联系，凡是有计划未能达到高绩效的情况，一般就是因为不确定的环境的变化。所以，计划工作必须随机应变，因地制宜，而不能够僵化、教条。在某些情况下，具有明确性的具体计划可能更适宜，而在其他情况下也许正好相反，仅给行动施以宽松的指向性可能会比具体计划更为有效。计划工作本身与灵活性并不矛盾。

首先，计划并不是为了消灭变化，而是基于对未来所可能发生变化的预见来对组织活动作出安排。其次，管理者拟定计划的目的和拟定计划的方式，应该是预测变化并拟定最有效应变措施。最后，备选计划方案的拟定，就是对灵活性的保证。所以，在计划中应该遵循灵活性原则，计划中体现的灵活性越大，因未来意外事件引起损失的风险越小。

（四）改变航道原则

计划拟定出来后，计划工作者就要管理计划，促使计划得以实施，但在计划实施过程中不能被计划所"限制"，不能被计划束缚，必要时可以根据实际情况进行必要的修订。这就像航海家一样，经常检查航线，一旦遇到障碍就绕道而行。因此，在计划实施时应遵循改变航道原则，即计划的总目标不变，但实现目标的过程可以因情况的变化而改变。

二、计划的编制程序

计划本身也是一个过程。虽然计划的类型和表现形式各种各样，但科学编制计划所遵循的步骤却具有普遍性。随着条件的改变、目标的更新及新方法的出现，计划是无限的过程。即使在编制一些简单计划时，计划编制过程中也必须采取科学的方法。

（一）描述组织的宗旨与使命

计划工作过程起源于组织的宗旨和使命。

1. 描述

这里存在两种情况：一是组织并不存在明确的使命和宗旨，界定并描述组织的使命和宗旨便成为计划工作的重要内容，一般新创办的组织和处于重大变革时期的组织属于这种情况；二是存在明确的组织使命和宗旨，需要正确地理解组织的使命和宗旨，并将其贯彻到计划的拟定与实施工作中。

2. 沟通

在正确理解组织的使命和宗旨的基础上，还要把组织使命和宗旨传播给组织成员及各种各样的相关利益群体，让参与计划拟定与实施工作有关的人员了解并接受组织的使命和宗旨，这将十分有利于计划的快速实施。

（二）评估组织的当前状态

计划是连接我们所处的此岸和彼岸的一座桥梁。拟定计划的第二步就是认清组织所处的此岸，即认清现在。

1. 认清现在的目标

认清现在的目标在于寻求合理、有效的通向彼岸的路径，即实现目标的途径。认清现在不仅需要有开发的精神，将组织、部门置于更大的系统中，而且要有动态的精神，考察环境、对手与组织自身随时间的变化与相互间的动态反应。

2. 认清现在的分析法（SWOT）

当前状况的评估工作要对组织自身优势、劣势及来自外部环境的机会和危险进行分析，即 SWOT 分析法。

（1）SWOT 分析法的定义。SWOT 分析法又称道斯矩阵，是由美国哈佛商学院率先采用的一种经典方法，它综合考虑企业内部条件和外部环境的各种因素，是一种对外部环境的威胁 T（Threats）、机会 O（Opportunities）进行分析辨别，同时评估组织自身的特点劣势 W（Weaknesses）与优势 S（Strengths），拟定有效战略计划的方法。

（2）内涵。具体而言，包括以下三点。

①企业外部的威胁是指环境中对企业不利的因素或剧变带来的不确定性，如新竞争对手的出现、市场增长率缓慢、购买者和供应商的讨价还价能力增强、技术老化或过时等。这些是影响企业当前竞争地位或影响企业未来竞争地位的主要障碍。

②企业外部的机会是指现在或将来组织所面临的、比竞争对手更为有利的环境和条件。例如，政府支持，组织产品的市场需求上升，组织的新技术、新产品受到市场普遍欢迎等。

③企业内部的优势和劣势。这是相对于竞争对手而言的，一般表现在企业的流动资金、先进技术设备、职工素质、产品研发、市场拓展能力、物流掌控能力等方面。判断企业内部的优势和劣势一般有两项标准。一是单项的优势和劣势。例如，企业资金雄厚，在资金上占优势；市场占有率低，在市场上呈劣势。二是综合的优势和劣势。例如，对沃尔玛（Wal-Mart）进行 SWOT 分析。优势：沃尔玛是著名的零售业品牌，它以物美价廉、货物繁多和一站式购物而闻名。劣势：虽然沃尔玛拥有领先的 1T 技术，但是由于它的店铺布满全球，这种跨度会导致某些方面的控制力不够强。机会：以果敢收购、合并或战略联盟的方式与其他国际零售巨头合作，专注于欧洲或大中华区等特定市场。威胁：所有竞争对手的赶超目标。

（三）拟定计划目标

为整个企业及其所属的下级单位拟定计划工作目标，包括长期目标和短期目标。目标设定预期结果，指明要达到的终点和主要重点。

（四）目标分解与结构分析

1. 目标或任务的分解

将决策确定的组织总目标分解落实到各个部门、各个活动环节，将长期目标分解为各个阶段的分目标。

2. 目标分解的目的

（1）通过分解，确定组织的各个部分在未来各个时期的具体任务及完成这些任务应达到的具体要求。

（2）通过分解形成组织的目标结构，包括目标的时间结构和空间结构。目标结构描述了组织的目标中较高层次的目标与较低层次的目标以及相互间的指导与保证关系。

（3）目标结构的分析是研究较低层次的目标对较高层次目标的保证能否落实。进行时间结构的分析是指分析组织在各个时期的具体目标能否实现，从而能否保证长期目标的达成；进行空间结构的分析是指组织的各个部分的具体目标能否实现，从而能否保证整体目标的达成。如果较低层次的某个具体目标不能充分实现，则应考虑是否采取有关补救措施，否则就应调整较高层次的目标要求，有时甚至可能导致重要决策的重新修订。

（五）预测未来情况

预测是计划最重要的基本假设和前提。预测是指对不确定的或不知道的事情作出叙述。在多数情况下，这些事件是未来事件。进行预测的主要目的是要弄清对当前决策至关重要的那些不确定事件的情况。预测未来的事件或多或少都带有风险，也就是说，未来发生的事件与我们预测的不会完全相同。预测工作的任务就是要尽量缩小这个差距，使我们的预测接近未来发生的事件。

（六）综合平衡

分析不同环节在不同时间的任务与能力之间是否平衡；研究组织的各个部分是否能够保证在任何时间都有足够的能力去完成任务。

1. 目标构成任务的时间平衡和空间平衡

分析由目标结构决定的或与目标结构对应的组织各部分在各时期的任务是否相互衔接和协调，包括任务的时间平衡和空间平衡。

时间平衡是要分析组织在各时期的任务是否相互衔接，从而能否保证组织活动顺利进行；空间平衡是要研究组织各个部分的任务是否保持相应的比例关系，从而能否保证组织的整体活动协调进行。

2. 研究组织活动的进行与资源供应的关系

分析组织能否在适当的时间筹集到适当品种和数量的资源，从而能否保证组织活动的连续性。

3. 分析不同环节在不同时间的任务与能力之间是否平衡

研究组织的各个部分是否能够保证在任何时间都有足够的能力去完成规定的任务。由于组织的内、外环境和活动条件经常发生变化，从而可能导致任务的调整，因此在任务与能力平衡的同时还需留有一定的余地，以保证这种将会产生的调整在必要时进行。

（七）拟定并下达执行计划

在上述各阶段任务完成之后，接下来应拟定具体的计划方案。

1. 拟定具体的计划方案

计划方案类似于行动路线图，是指挥和协调组织活动的工作文件，要清楚地告诉人们：做什么、何时做、由谁做、何地做及如何做等问题。

2. 计划方案的内容

拟定计划方案包括提出方案、比较方案和选择方案等工作，这与前面讲的决策方案的选择是一样的道理。

3. 计划方案的要求

（1）计划方案应有灵活性。计划是面向未来的管理活动，未来是不确定的，不管计划多么周密，在实施过程中可能因为内、外部环境的变化而无法顺利开展，在有的情况下甚至需要对预先制订的计划予以调整，僵化的计划有时比没有计划更糟。

（2）拟定多套备用方案。在拟定计划方案的同时，还应该拟定应急计划，即事先估计实施过程中可能出现的问题，预先拟定一套甚至几套备选方案，这样可以加大计划工作的弹性，使之更好地适应未来环境。

（3）实施全面计划管理，确保计划目标的顺利实施。选择、确定出计划方案之后，计划工作并未完成。因为，如果计划不能转化为实际行动和业绩，再好的计划也没有用处。

因此，组织要实施全面计划管理，把实施计划包括在计划工作中，组织中的计划部门应参与计划的实施过程，了解和检查计划的实施情况，与计划实施部门共同分析问题，采取对策确保计划目标的顺利实现。

（八）实施结果评估

计划工作最后还有非常重要的内容，即评估结果。实际上，计划的每一个阶段，都应将实际产出结果与计划进行比较，组织通过这个过程不断发现问题调整后续程序，这些程序和控制机制能够纠正偏差，从而大大增强计划的有效性，使组织自身不断得到发展。

第四节　计划的实施方法

计划实施的方法很多，计划工作效率的高低和质量的好坏很大程度上取决于采用的计划方法。下面简要介绍几种常用的现代计划方法。

一、滚动计划法

滚动计划法是一种具有编制灵活、能够适应环境变化的长期计划方法，是保证计划在执行过程中能够根据情况变化适时修正和调整的一种现代计划方法。它的编制方法是：在已编制出的计划的基础上每经过一段固定时期，如一年或一个季度等（这段时期称为滚动期），便根据组织内外部的环境变化和计划的实际执行情况，从确保实现计划目标出发对原计划进行修改、调整，使计划不断延伸，滚动向前，即每次调整时，保持原计划期限不变，而将计划期限顺序向前推进一个滚动期。某企业滚动计划示意如图 4-1 所示。

图 4-1　某企业滚动计划示意

由于长期计划的计划期较长，很难准确地预测到各种影响因素的变化，因而很难确保长期计划的成功实施。而采用滚动计划法则可以根据环境变化和实际完成目标情况，定期进行计划修订，使组织始终有一个切合实际的长期计划作指导，各阶段、各部门均能灵活将长期计划与短期计划相结合，即能有详细的 5W2H 指导内容，又具备长期战略的方向指引，非常适合大企业、大集团在拟定长期发展规划时使用。我国为确保国民经济和社会稳步健康地发展，而拟定的五年发展规划纲要，就充分利用了滚动计划法的原理，根据目标实现的具体情况及外部环境的变化及时调整、校正、修复，如"十三五规划（2016—2020 年）"，上一个五年规划是下一个五年规划的基础，下一个五年规划是上一个的延续，事实证明，该法效果显著。

二、投入产出分析法

投入产出分析法是 20 世纪 40 年代美国经济学家华西里·列昂惕夫首先提出的，其原理是各部门经济活动的投入和产出之间的数量关系。投入指的是完成任务所需要的资源，即将人力、物力投入生产过程或转化过程，在其中被消耗；产出指的是生产（或转化）出的有形或无形的产品。

投入产出法是一种综合的计划方法，在企业常用。企业首先要根据某一年度的实际统计资料了解各部门之间的需求比例，编制投入产出表，然后计算各部门之间的直接消耗系数和间接消耗系数（两者合计即完成消耗系数），最后根据某些部门对最终产品的要求，计算出各部门应达到的状况，据此编制综合计划。这种方法的主要特点如下。

（1）反映了各部门的技术经济结构，可合理安排各种比例关系，是进行综合平衡的一种有效手段。

（2）在编制过程中不仅充分利用现有统计资料，而且能建立各种统计指标之间的内在关系，使统计资料系统化，编制完成的投入产出表能比较全面反映经济过程的数据，可以用来进行多种经济分析和预测，且一目了然。

（3）通过表格形式反映经济现象，直观、易于理解，容易为计划工作者接受。

三、网络计划法

网络计划法于 20 世纪 50 年代后期在美国产生和发展起来。这种方法包括各种以网络为基础制订计划的方法，运用很广泛。

（一）网络计划技术

网络计划技术的基本思路是，运用网络图的形式表达一个计划项目中各种活动（作业、工序）之间的先后次序和相互关系，在此基础上进行网络分析，计算网络时间，确定关键活动和关键路线；然后利用时差，对网络进行工期、资源和成本的优化，在实施过程中，通过信息反馈进行监督和控制，以确定计划目标的实现。

对网络计划技术的评价有以下几点。

（1）网络计划技术能清晰地表明整个工程的各个活动的时间顺序和相互关系，并指出完成任务的关键环节和路线。

（2）可对工程的时间进度与资源利用实施优化。

（3）可事先评价达到目标的可能性。

（4）便于组织和控制。

（5）易于操作，并有广泛的应用范围。

（二）网络图

网络图是网络计划技术的基础，网络图的绘制如图 4-2 所示，从中可看出以下几点内容。

1. 网络图的构成

（1）活动（或作业或工序）。活动是一项需要消耗资源，经过一定时间才能完成的具体工作，网络图上用箭头"→"表示；箭线前后的结点进行编号，分别表示活动开始和结束。活动名称或代号一般写在箭线上方，而活动所消耗的时间或其他资源一般置于箭线下方。相邻排列的活动，前活动是后活动的近前（紧前）活动。

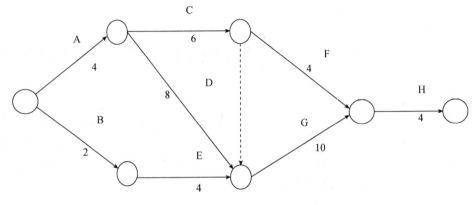

图 4-2　网络图示意

（2）事项（或事件或结点）。事项表示两项活动的连接点，既不消耗资源，也不占用时间，只表示前一活动的开始、后一活动的结束的瞬间。

（3）路线。路线是网络图中由始点活动出发，沿箭线方向前进，连续不断地到达终点活动的一条通道，表示一个独立的工作流程。网络图中一般有多条路线，其中消耗时间最长的一条称为关键路线（用双箭线表示），它决定总工期。

2. 网络图绘制的规则

（1）箭线般均指向右边，不允许出现反向箭头。

（2）任一箭线的箭尾结点编号必须小于箭头结点编号；整个网络图中的编号不能重复，编号可以不连续。

（3）两个结点之间只能有一条箭线，如果有两项平行活动，则应用虚箭线保证此规则不被破坏。

（4）箭线不可交叉。

（5）网络图应只有一个起点和一个终点。

3. 网络图的绘制步骤

（1）任务分解与分析：确定完成项目必须进行的每一项活动，并确定活动之间的逻辑关系。

（2）根据活动之间的关系绘制网络图（草图、美化图、结点编号）。

（3）估计和计算每项活动的完成时间。

（4）计算网络图的时间参数并确定关键路线。

（5）进行网络图优化。

4. 网络图的优化

网络图优化包括三方面：时间优化，时间—成本优化；时间—资源优化。

（1）时间优化。

时间优化指在人力、物力、财力等基本条件有保证的前提下，满足最短工期要求——向关键工序要时间，向非关键工序要资源。可采取技术措施和管理措施达到时间优化的目的。可采取的技术措施有：流程再造、优化、规范，增加高效率设备，原有设备采用新工艺，以及提高自动化程度等。可采取的管理措施是将非关键工序的部分人力、物力抽调到关键工序。

（2）时间—成本优化。

时间—成本优化指缩短整个工期后，使相对成本最低。关键在于缩短费用率最低的工序时间。

（3）时间—资源优化。

时间—资源优化指整个工期时间的分配。要想实现目标，就要使用各种资源，包括时间资源、资金、人员、设备等，但资源总是有限的，而且资源是要占有成本的，因此如何合理地分配资源就成了计划工作的一件大事。这也是优化网络图的重要内容，在瞬息万变的当今社会，利用好了时间、资源，就可以抓住机会。

第五节　目标管理

计划实施的方法很多，除了上述几种常用的方法外，本书着重介绍的是另一方法——目标管理。目标管理是一种系统管理方法，它与计划和控制工作有很大的关系。目标管理是具有活力的管理方法，下级人员通过设置目标来承担自己的义务，目标管理实际上是一种许诺管理方法。

目标管理的概念是美国管理学家德鲁克提出来的，他认为为了充分发挥不同组织成员在计划执行中的作用，协调这些组织成员的工作，必须把组织任务转化为总目标，并分解为各个层次的分目标，组织的各级管理者根据分目标的要求对下层的工作进行指导和控制。

链接 4-2

同途殊归

有这样一个试验，安排三组人，让他们分别向 20 千米外的一个村子步行。第一组人对村庄的名称和路程一无所知，他们只知道跟着向导走就行了。刚走了四五千米就有人叫苦，走了一半时有人几乎愤怒了，他们抱怨为什么要走这么远，何时才能走到。又走了几千米，这时离终点只剩三四千米路程，有人坐在路边不愿走了。坚持走到终点的只有一半人。

第二组的人知道村庄的名字和路程，但路边没有里程碑，他们只能凭借经验估计行程的时间和距离。走到一半时，大多数人想知道他们已经走了多远，比较有经验的人说："大概走了一半。"于是大家又簇拥着向前走。当走到全程的 3/4 时，大家情绪低落，觉得疲惫不堪，而路程似乎还很长。有人说："快到了。"大家又振作起来加快了步伐。

第三组人不仅知道村子的名字、里程，而且沿路每一千米就有一块里程碑。人们边走边看里程碑，路程每缩短一千米大家便有一小阵的快乐。行程中他们用歌声和笑声来消除疲劳，情绪一直高涨，所以很快就到达了目的地。

启示：当人们的行动有明确的目标，并且把自己的行动与目标不断加以对照，清楚知道自己的行进速度和与目标的距离时，行动的动机就会得到维持和加强，人们就会自觉地克服困难，努力达到目标。因此，对组织来说，应该有明确的目标，并尽可能科学地将目标量化成各种指标，用来衡量目标实现的进度，即对目标进行科学的管理。

一、目标的含义、作用和特征

（一）目标的含义

目标是根据组织宗旨（社会对组织的要求）而提出的组织在一定时期内通过努力要达到的理想状态或希望获得的成果。简而言之，目标就是关于组织未来的理想状态。目标是期望的成果。这些成果可能是个人的、部门的或整个组织的努力方向。而宗旨规定了组织生存的目的和使命，反映了社会对组织的要求。

企业目标是在分析企业外部环境和内部条件的基础上确定的企业各项经济活动的发展方向和奋斗目标，是企业经营思想的具体化。

彼得·德鲁克提出，企业目标唯一有效的定义就是创造顾客。因为强调利润会使经理人迷失方向，以至于危及企业的生存。

◢◢◢ 链接 4-3

国家目标——两个 100 年目标

改革开放之后，我党对我国社会主义现代化建设作出战略安排，提出"三步走"战略目标。2002 年党的十六大正式宣布人民生活总体达到小康水平。

党的十七大、十八大对全面建成小康社会提出了新的要求，作出了新的部署。这就是"两个一百年"的奋斗目标，即到建党 100 年时建成惠及十几亿人口的更高水平的小康社会；到新中国成立 100 年时基本实现现代化，建成社会主义现代化国家。

习近平在党的十九大报告中提出，我们要全面建成小康社会、实现第一个百年奋斗目标，向第二个百年奋斗目标进军。

"综合分析国际国内形势和我国发展条件，从 2020 年到本世纪中叶可以分两个阶段来安排。第一个阶段，从 2020 年到 2035 年，在全面建成小康社会的基础上，再奋斗 15 年，基本实现社会主义现代化。……第二个阶段，从 2035 年到本世纪中叶，在基本实现现代化的基础上，再奋斗 15 年，把我国建成富强民主文明和谐美丽的社会主义现代化强国。"

从全面建成小康社会到基本实现现代化，再到全面建成社会主义现代化强国，是新时代中国特色社会主义发展的战略安排。这一战略安排，是我党适应我国发展实际作出的必然选择，对动员全党全国各族人民万众一心实现中华民族伟大复兴的中国梦具有重大意义。

（二）目标的作用

1. 方向作用

（1）目标指出和规定了组织的发展方向，指导有组织的行动。

（2）管理的起点是确定和选择目标；管理的终点是实现目标。没有明确的目标，管理就是杂乱无章的。

2. 激励作用

（1）对集体的激励作用，组织可以充分调动各种资源和全部力量，用最少的投入实现组织的目标。

（2）对成员的激励作用，组织的总目标通过层层分解，使组织内每个成员都了解具体目标，并将自己的期望目标与组织目标相联系，两者达成一致时，就会使成员产生努力实现组织目标的巨大动力。

（三）目标的特征

目标是组织经营思想的集中体现。

1. 目标的多元性

不同的组织会有不同的目标，在同一个组织内部，不同的部门也会有不同性质的多个目标。

组织目标是多重的、多方面的。从目标的具体内容及其相互关系分析，可以把组织的目标分为总目标、中间目标和具体目标。总目标是组织一切活动的立足点和出发点，决定着组织长期的发展方向、规模和速度。例如，某企业的总目标包括海外经营发展水平、国内市场占有率、销售额和利润增长幅度几个重点。总目标又分为若干个中间目标，中间目标是实现总目标的措施和手段，是为实现总目标服务的。如该企业为实现上述总目标，分别拟定了质量升级目标、品种开发目标、市场营销目标、成本降低目标等。中间目标又进一步划分为若干个具体目标。如该公司为实现质量升级目标，具体规定了产品质量目标、工作质量目标、服务质量目标等；为实现成本降低目标，具体规定了产品成本降低率和降低额、原材料和燃料等物耗节约指标、劳动生产率提高指标、产量增长指示、节约开支压缩费用指标、废品率降低指标等。

拉·柯·戴维斯认为："企业目标可分为主要目标、并行目标、次要目标。主要目标由企业性质决定，是贡献给企业顾客的目标；并行目标可分为个人目标、社会目标，是为企业的关系人服务的目标；次要目标是贡献给企业本身的目标。"

彼得·德鲁克认为："企业的性质本身需要多重目标。在每一个领域中，只要企业绩效和成果对企业的自下而上和兴盛有直接和利害关系，就需要制订出目标来。"

2. 目标的层次性

企业管理层次的差异决定目标体系的垂直高度。企业目标是一个有层次的体系和网络。

目标的层次性，与组织的层次性有关。与目标的层次体系相对应，不同等级的管理人员关注不同的目标。董事会关注的是企业的宗旨、任务和总目标。中层干部主要负责确立关键成果领域的目标、分公司目标及部门目标。基层管理人员关心的是部门或小组的目标及工作人员的个人目标，组织是在一定环境中为达到整体目标而存在的有机整体，总目标的实现需要子目标的支持，这就是目标的层次性，目标管理法的目标体系示意如图4-3所示。

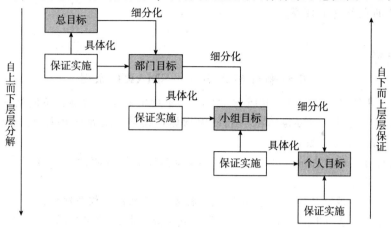

图4-3 目标管理法的目标体系示意

组织目标的层次性的分解有两种方式：一种是自上而下的方法，另一种是自下而上的方法。自上而下的方法是指由组织的高层管理者根据组织的宗旨确定总目标，然后为其下一级确定目标，这些目标就是组织总目标的分解。每一级在得知自己的目标后再为自己的下级确定具体的目标来保证自己这一层次目标的实现。自下而上的方法则是指先由每个组织成员根据总任务确定自己的目标，上报给自己的上级；上级归纳起来形成本层次或部门的目标，再上报给更高一级，这样层层上报，最后形成组织的总目标。这两种目标形成体系、形成的方法各有优缺点，从实践来看，自下而上方法用得不多，但单独使用两者中的任一方法效果都不好。

3. 目标的网络性

目标的网络性是指为了保证组织目标实现，组织内部各部门、各单位的目标之间形成一个相互联系的网络。一个组织的总目标通常可以分解为许多分目标，这些分目标之间左右联系、上下贯通彼此呼应，融汇成一个网络体系。

在这个网络中，各部门、各单位的目标要相互支持、相互协调，部门目标的制订与实现部门目标的措施以是否有利于总目标的实现作为判断的标准。

4. 目标的变动性

企业目标的内容和重点是随着外界环境、企业经营思想、自身优势的变化而变化的。

链接 4-4

登山还是救人？

有一个登山队在攀登喜马拉雅山，登到一半的时候，发现前一个登山队遗留下的一名奄奄一息的队员，这时这个登山队长要决策：我们这十几人走到半山腰了，是把这个人抬下去，破坏我们登山队的计划，还是把这个人放在这儿？因为这个人又不是我们队的。

这个故事非常形象，一个企业往前冲的时候，必然要遇到一些道德和社会责任问题，作为总裁，你该怎么决策？你可以说我牺牲团队的目标来拯救这个队员，把他抬到山下，咱们从头再来。

这是哈佛商学院一个经典故事，每一届的学生在第一个学期要听这个故事，每个新生第一个星期要谈的也是这个故事。

▰▰\ **小知识** ----

目标制订的方法——SMART 原则

S——代表具体（Specific），指绩效考核要切中特定的工作指标，不能笼统；

M——代表可度量（Measurable），指绩效指标是数量化或者行为化的，验证这些绩效指标的数据或者信息是可以获得的；

A——代表可实现（Attainable），指绩效指标在付出努力的情况下可以实现，避免设立过高或过低的目标；

R——代表相关性（Relevant），指绩效指标是与其他目标相关联的；

T——代表有时限（Time-bound），注重完成绩效指标的特定期限。

启示：人们在制订工作目标或者任务目标时，考虑一下目标与计划是不是 SMART 化的。只有 SMART 化的计划才具有良好的可实施性，也才能指导保证计划得以实现。

二、目标制订的步骤

目标确定的步骤如下。

第一步，进行内外部环境与条件分析。

第二步，明确组织自身的愿景与价值观。即明确管理者的价值观、人生观，组织成员的追求，以及组织群体的价值观。也就是要了解组织成员愿意做什么、愿意做到什么程度。这是进行目标设定的人的意识形态体现。

第三步，提出总体目标方案。通过外部环境给予我们的"可以做什么"，内部条件提供的"能够做什么"以及组织成员潜意识的"愿意做什么"来接近组织目标，制订目标方案。

第四步，评估各可行方案并确定一个满意方案。按照科学决策的过程进行多方案选择，并确定一个最满意方案作为最终目标。

第五步，分解总目标，使其具体化。

三、目标管理

（一）目标管理的概念

目标管理（Management By Objective，MBO）是一种综合的以工作为中心和以人为中心的系统管理方式。目标管理的概念可详细地表述为：组织的最高领导层根据组织所面临的形势和社会需要，制订出一定时期内组织经营活动所要达到的总目标，然后层层落实，要求下属各部门管理者及每个员工根据上级的目标制订自己的工作目标和相应的保证措施，形成一个目标体系，并把目标完成的情况作为各部门或个人工作绩效评定的依据。这就是常说的目标管理法。

（二）目标管理的产生和发展

目标管理 20 世纪 50 年代中期出现于美国，是以泰勒的科学管理和行为管理论为基础的一套管理制度。这一概念是管理专家彼得·德鲁克在《管理实践》一书中提出的。他认为，并不是有了工作才有目标，而是相反，有了目标才能确定每个人的工作。所以"企业的使命和任务必须转化为目标"。1954年通用电气（GE）提出用具体的客观目标和对目标实施进程的客观计量来代替主观的评价和个人的监督。1957年麦格雷戈批评传统的主观评价法，主张应该在目标的基础上进行客观的工作评价。

目标管理把以工作为中心、以人为中心的两种管理思想统一起来。

（三）目标管理的实质

1. 重视人的因素

目标管理是一种参与的、民主的、自我控制的管理制度，也是把个人需求与组织目标结合起来的管理制度。在这一制度下，上下级的关系是平等、尊重、依靠、支持，下级在承诺目标和被授权之后是自觉、自治和自主的。

2. 建立目标体系

目标管理通过专门设计的过程，将组织的整体目标逐级分解转换为各单位、各成员的分目标。从组织目标到经营目标，再到部门目标，最后到个人目标。在目标分解过程中，权、责、利三者已经明确，而且相互对称。这些目标一致，环环相扣，相互配合，形成协调统一的目标体系。只有每个人完成了自己的分目标，整个企业的总目标才有完成的希望。

3. 重视成果

目标管理以拟定目标为起点，以目标完成情况的考核为终点。工作成果是评定目标完成程度的标准，也是人事考核和奖评的依据，成为评价管理工作绩效的唯一标准。至于实现目标的具体过程、途径和方法，上级并不过多干预。所以，在目标管理制度下，监督的成分很少，而控制目标实现的能力却很强。

4. 自我控制、自我评估观念的应用

在实施目标管理的过程中，对于目标的实施执行情况，可由自己对其实施业绩进行评估，并自我提出改进工作的意见。因此，可将目标管理称为以绩效评估为中心的目标管理。

（四）目标管理的基本程序

目标管理的具体做法分三个阶段，即目标的设置阶段、目标的实施阶段和成果评价阶段。

（1）目标的设置阶段。

它是指目标管理实施的第一阶段，主要是指企业的目标制订、分解过程。

链接 4-5

制订目标体系的技巧

在实际工作中，建议你可以采用如下技巧制订合理的目标体系。

1. 确保目标管理被全体员工理解，并真正得到上级的全力支持。

2. 确保上下级共同参与制订目标，并达成一致意见。

下级的参与体现了目标管理的实质，有利于调动员工的主动性和积极性。

3. 确保目标的制订是一个动态反复的过程。

目标的制订是相互作用的过程，由高层设计的目标是初级的，在逐级拟定出可考核的目标系列时，起初的设想必定要根据逐步细化的目标而有所调整与修改，直至部门中每项工作都制订出合适的目标。

4. 确保最终形成的目标体系既有自上而下的目标分解体系，又有自下而上的目标保证

体系，从而保证总目标的实现。

（2）目标的实施阶段。目标实施阶段主要包括以下工作内容：对下级按照目标体系的要求进行授权，以保证每个部门和职工能独立地实现各自的目标；加强与下属的交流，进行必要的指导，最大限度地发挥下属的积极性和创造性，定期或不定期进行检查；严格按照目标及保证措施的要求从事工作，定期或不定期进行检查。

在目标管理过程中，必须做到以下两点：一是要权责明确。要充分授权，若承担一定的任务，就必须拥有完成这一任务所需要的权力。二是虽然权力交给下级成员使其具有独立性，但也必须讲求协调，即各部门，各单位为了整个组织目标的实现必须合作。

（3）成果评价阶段。目标管理注重结果，因此必须对部门、个人的目标进行自我评定、群众评议、领导评审。在达到预定的期限之后，由下级提出书面报告，上、下级一起对目标完成情况进行考核，决定奖惩。

▶▲\ 链接 4-6

考核和评价阶段的关键点

1. 严格兑现奖惩。根据考核结果，按照预先的规定给予一定的奖罚。对于完成好的，要充分肯定成绩，这样有利于调动员工的积极性。

2. 考核的重点应放在总结经验教训上。如果目标没有完成，应分析原因，总结经验，切忌相互指责，以保持相互信任的气氛。同时，坚持具体问题具体分析，对于非个人原因造成的问题，一般不要采用惩罚措施。

（五）对目标管理的评价

目标管理最大的优点是将目标的制订和个人的激励联系起来，有利于调动人的积极性、创造性和责任感，提高管理水平，加强组织的控制能力。但它也有一些缺陷，如目标的设置困难；目标一般为短期的；目标的确定较费时；目标面临不灵活的危险；目标间的逻辑关系强，联系紧密，某一目标没有完成必然影响后面一系列任务的完成等。

四、目标管理理论的应用

最早应用目标管理理论的是日本。1956 年以后，美国企业中目标管理法迅速普及。目前，目标管理已成为一种被广泛采用的管理制度。

目标管理的应用有如下特点。

1. 应用广泛

应用范围广泛，除应用于工业、金融、商业等企业外，许多非营利性组织也引入了目标管理的制度。

2. 方式灵活

在许多大型企业，目标管理作为企业系统管理的形式加以应用，通过目标管理对企业各个管理层实施全面管理。在规模较小的企业中目标管理一般应用于生产作业方面。

3. 财务领域使用最多

目标管理在目标量化比较容易的财务领域应用最为广泛。如：成本、利润、投资收益率管理等。

本章小结

1. 计划是管理者未来达成既定的目标而制定行动方针的过程，为了提高计划的编制质量，在计划编制时事先需要确定一个统一的标准和编制原理。特点有目标性、首要性、普遍性、时效性、动态性、创造性。影响计划有效性的权变因素：组织层次、组织的生命周期和环境的不确定性程度。

2. 计划工作的原理有限定因素原理、许诺原理、灵活性原理和改变航道原理。

3. 计划的分类：按计划的期限划分，可分为长期、中期和短期计划；按计划的层次分，可分为战略计划、战术计划和运营计划；按计划的明确性程度可分为指导性计划和指令性计划；按计划的职能标准，可分为业务计划、财务计划和人事计划；按计划的程序化程度分为程序性计划和非程序性计划。

4. 计划编制的程序包括：描述组织的宗旨与使命、评估组织的当前状态、拟定计划目标、目标分解与结构分析、预测未来情况、综合平衡、拟定并下达执行计划、实施结果评估。

5. 制订一份完美的计划，必须加强企业外部采用科学的计划方法，如滚动计划法、网络计划法等。

6. 目标制订的步骤：进行内外部环境与条件分析；明确组织自身的远景与价值观；提出总体目标方案；评估各可行方案并确定一个满意方案；分解总目标，使其具体化。

7. 目标管理，是一种程序或方法，它强调对工作的关心与对人的关心的结合，它首先由组织中的管理人员与员工一起，根据组织的使命确定一定时期内组织的总体目标，再层层落实，制订各自的分目标，并以此形成组织中所有成员的责任和分目标以及其职责范围，最终用这些目标作为组织进行管理、评估和奖惩的依据。目标管理的具体做法分三个阶段，即目标的设置、目标的实施和成果评价。

重要概念

计划 长期计划 短期计划 SWOT分析法 战略性计划 目标管理 目标 滚动计划法 网络计划法

复习思考题

1. 简述计划的含义及特征。
2. 简述制订计划的意义。
3. 计划有哪些类型？
4. 制订计划一般应遵循哪些原则？
5. 详细说明计划的编制实施的方法。
6. 简述目标管理的过程。

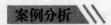

案例分析

科宁公司的计划

科宁公司历史悠久，曾成功制造了第一个电灯泡，公司一直以制造和加工玻璃为重点。

科宁的灯泡生产在30年前曾占领1/3的美国灯泡市场，而今天却丧失了大部分市场；电视显像管的生产也因面临剧烈的竞争而陷入困境。这两条主要产品线都无法再为公司获取利润。面对这种情况，公司既希望开辟新的市场，但又不愿意放弃传统的玻璃生产和加工业务。至此，公司最高层领导制订了一个新的战略计划，计划包括三个主要方面：第一，缩小类似灯泡和电视显像管这样低产的部门；第二，减少因市场周期性急剧变化而浮动的产品生产；第三，开辟具有挑战性又具有巨大潜在市场的产品。

第三个战略又包括以下三个新的领域。第一领域是开辟光波导器生产——用于电话和电缆电视方面的光波导器和网络系统以及高级而复杂的医疗设备等，希望这一领域的年销售量能达到40亿美元。第二领域是开辟生物工艺技术，这种技术在食品行业方面大有前途。第三领域是利用原来的优势，继续制造医疗用玻璃杯和试管等，并开拓电子医疗诊断设备，希望在这方面能达到全国同行业中第一或第二的地位。

科宁公司还有下一级的目标。例如，目前这个公司正在搞一条较复杂的玻璃用具生产线，并计划向不发达国家扩展业务。很明显，科宁在进行一个雄心勃勃的发展计划。公司希望通过提高技术、提高效率，以获得更大的利润。

但是，在进行新的冒险计划中，科宁也碰到了许多问题。例如，如果科宁真要从光波导器和生物控制等方面获得成功的话，就必须扩大其经营领域。另一方面，科宁给人的印象是要保持其原来的风貌，而不是在于获取利润。

讨论题：

请分别列出科宁公司的中期、短期计划。

实践训练

实训项目

1. 通过各种途径寻找一份企业计划或地区政府制订的社会经济发展规划，分析其制订计划的方法，该计划所属的类型以及制订它所要实现的目标。

2. 结合学校（院）举行运动会情况，制订一份运动会开幕式的详细计划。

实训目的

在分析计划书或制订计划的过程中，理解计划的分类，将计划制订的方法与目标管理知识相联系，整理出支持该计划的目标。

实训内容

1. 与相关企业管理人员或政府相关人员沟通，获得计划一份。

2. 了解制订计划的相关背景及实施情况。

3. 与学生会、班委体育委员共同制订校（院）运动会开幕式的详细计划。

实训考核

每个小组上交一份讨论记录和一份计划方案，教师评定小组成绩，分优、良、中、及格、不及格五个等级。

第五章

组　　织

1. 掌握组织的概念、组织设计的含义及任务、影响组织设计的因素。

2. 了解组织设计的基本原则与步骤。

3. 了解常见组织结构形式的特点与适用情况。

4. 掌握管理幅度的影响因素、管理幅度与管理层次的关系、扁平型与高耸型组织结构的基本特点。

5. 认识正式组织与非正式组织、组织中集权与分权、直线与参谋、分工与协调的关系。

6. 理解人员配备的任务和原则及管理人员的选聘、考评和培训、外部招聘和内部晋升的概念及优缺点。

7. 掌握组织文化的含义、特征及功能。

案例导入

看阿里巴巴"六变"成就电商神话

随着网络信息技术的发展，传统的纵向一体化的组织结构难以适应外界的动荡复杂，作为目前国际最大的网上贸易市场，阿里巴巴的人力资源团队深谙其道，一次又一次从容地完成组织结构变革，一步接一步实现组织战略目标，最终成为业界"领头羊"。

1999 年，刚成立的阿里巴巴内部组织结构简单、员工任务单一，在 150 平方米的四室里，面对面的交流方式为信息高速传递、问题及时解决提供了保障。然而，随着阿里巴巴的内部职能分工逐渐细化，原有的直线型组织结构的弊端逐渐暴露。

一、"一变"：由简入繁

组织内部高度集权化，导致时间的浪费、效率的低下，给企业带来了前所未有的挑战：各个产品或服务之间的决策、协调，容易顾此失彼；各个职能部门眼界狭窄，横向协调困难、适应性较差；商业模式日益繁杂，高管人才捉襟见肘等，组织结构严重滞后于企业战略目标，由此引发了阿里巴巴的第一次大规模组织结构调整。2006 年，阿里巴巴分别组建了以个人、企业用户为中心的两个事业群，重新梳理了组织架构，将原事业部外拓为子公司，而原事业部总经理提升为子公司总裁，第一次组织结构变革如图5-1所示。

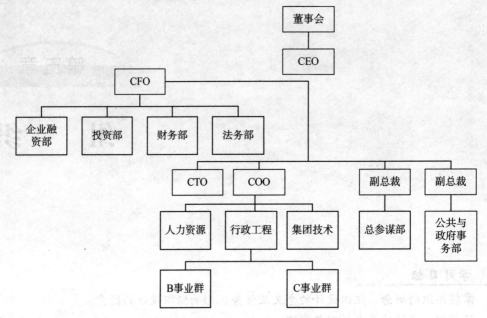

图5-1　多元经营：第一次组织结构变革

二、"二变"：删繁就简

在多元化经营环境下，原有的事业部型组织结构缺点也随着组织的壮大而逐渐暴露，如各事业部自主经营、独立核算，考虑问题往往从本部出发，忽视整个企业的利益，加深了产品线间整合与标准化的困难。

2011年，陷入"诚信"危机和人才流失漩涡的阿里巴巴重整旗鼓，将淘宝拆分为三家子公司：一淘网、淘宝网、淘宝商城，"三国"采用总裁加董事长的机制运营。细分后的服务和定位更为精确，有利于深耕市场，第二次组织结构变革如图5-2所示。

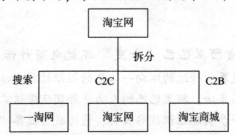

图5-2　三国鼎立：第二次组织结构变革

三、"三变"：以简驭繁

2012年，阿里巴巴制订战略目标：将旗下庞杂业务调整为"OneCompany"。于是，阿里巴巴将子公司的业务调整为淘宝等七个事业群，建立统一的数据、安全和风险防控以及技术底层，并以此为基础构建出阿里巴巴集团CBBS市场集群，"七剑"式组织结构华丽出炉，第三次组织结构变革如图5-3所示。

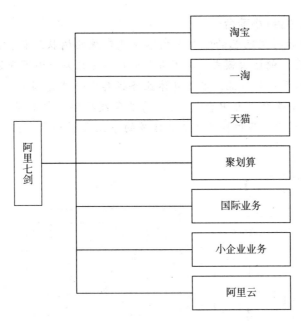

图5-3 七剑出鞘：第三次组织结构变革

四、"四变"：排沙简金

半年后（2013年），阿里巴巴再次调整：成立25个事业部。如今的25个事业部纵横交错，形成矩阵型组织结构，分化了管理者的管理压力和风险，第四次组织结构变革如图5-4所示。

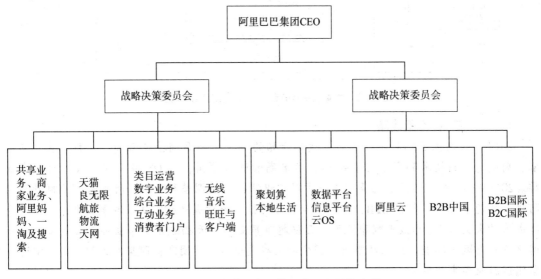

图5-4 25个事业部：第四次组织结构变革

在信息技术飞速发展的今天，技术、规模、生命周期、战略等因素催促着组织不断创造最大限度地适应环境变化的组织设计，以打破僵化和组织中间的隔断。将来，阿里巴巴可能被定义成35个、45个、55个甚至更多的事业部，或者小的业务元素，织就一张组织结构大网。

五、"五变"：大中台+小前台

2015 年经过调整后阿里巴巴的组织架构不再是传统的树状结构，而变成了网状结构，采用"小前台+大中台"的运营模式，其不再采用具体的业务模块下分设事业部的方式，而是将之前细分的 25 个事业部打乱，根据具体业务将其中一些能够为业务线提供基础技术、数据等支持的部门整合成为"大中台"，统一为业务线提供支持和帮助。阿里巴巴"大中台、小前台"机制的提出，某种程度上是从传统的事业部制向准事业部制的转换。第五次组织结构变革如图 5-5 所示。

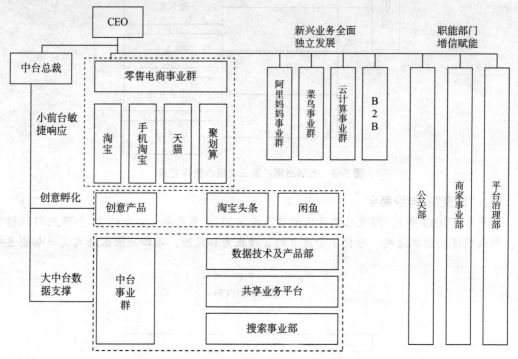

图 5-5 大中台+小前台：第五次组织结构变革

六、"六变"：五新战略

2017 年是阿里巴巴集团"五新"战略开始的一年，全面拥抱"五新"（新零售、新金融、新制造、新技术和新能源）战略，多名高管进行轮岗，云 OS 事业部进入阿里云事业群。2018 年 11 月，阿里巴巴集团进一步对组织结构进行调整和升级：阿里云事业群升级为阿里云智能事业群；整合 B2B、淘宝、天猫等的技术力量成立新零售技术事业群；天猫将升级成为"大天猫"，形成天猫事业群、天猫超市事业群、天猫进出口事业部三大板块；菜鸟网络将相应调整阵型，成立超市物流团队和天猫进出口物流团队；阿里人工智能实验室进入集团创新业务事业群。

在数字经济时代，阿里巴巴将围绕人才、组织、未来三个关键词持续自我升级，从拥抱变化到创造变化，不断创造出更新颖、更灵活的组织结构和组织模式，以不断升级的高效组织推动商业世界进一步革新和演进。其作为国内成功的民营企业，顺应了习近平总书记对新时代民营企业发展的新期望，拓展国际视野，增强创新能力，成为具有全球竞争力的世界一流企业。

（资料来源：张友苏，李晓园，管理学（第二版）[M]，北京：高等教育出版社，2016.）

第一节 组织概述

一、组织的概念

组织的概念可以从不同角度去理解，古今中外的管理学家也对此作出了各种不同的解释。管理学家、社会系统学派的创始人切斯特·巴纳德认为，组织是两个或两个以上的人有意识协作的系统，即当人们集合在一起并且为了达到共同的目的而一致努力时，组织就产生了。作为一个系统的概念，组织是根据组织目标，执行计划的各种要素及其相互关系而进行配置、协调、组合，形成一个有机的组织结构，使整个组织协调地运转，保证计划任务得以全面落实的过程。

组织一词可从静态和动态两方面去理解。

（一）静态角度

从静态的角度看，组织代表一个实体，是指人们按照一定的目的、任务和形式编制起来的有一定结构和功能的社会团体，是为了达到一定目标而有意识地建立起来的人群体系。静态的组织一般具有以下三个特征。

（1）既定目标，即组织成员一致努力以求达到的共同目标。

（2）既定分工，即组织成员通过分工而专门从事某项职能工作。

（3）既定秩序，即通过有关的规则设定形成成员之间的正式关系。

（二）动态角度

从动态的角度看，组织是一个过程，又称为组织工作，动态的组织工作主要指人们为了达到目标而创造组织结构，为适应环境的变化而维持和变革组织结构，并使组织结构发挥作用的过程。主要内容包括以下几方面。

1. 组织机构的设计

当组织目标确定以后，管理者首先要对为实现组织目标的各种活动内容进行区分和归类，把性质相近或联系紧密的工作进行归并，成立相应的职能部门进行专业化管理，并根据适度的管理幅度来确定组织的管理层次，包括组织内横向管理部门的设置和纵向管理层次的划分。无论是纵向还是横向的职权关系，都是使组织能够促进各部门的活动并给组织带来协调一致的因素。

2. 适度分权和正确授权

在确定了组织机构的形式后，要进行适度的分权和正确的授权。分权是组织内管理的权力由高层管理者委派给各层次和各部门的过程。分权适度、授权成功，则会有利于组织内各层次、各部门为实现目标而协同工作，同时也使各级管理人员能够产生满足感。

3. 人员配备

人是组织的主体，人群中存在着复杂的人际关系。组织活动包括人员的选择和配备、训练和考核、奖励和处罚制度，以及对人的行为的激励措施等。

4. 组织文化建设

组织活动包括为创造良好的组织气氛而进行团体精神的培养和组织文化的建设。大量事实证明，组织文化是否良好，对于一个组织能否有效发挥作用至关重要。

综上所述，组织既是一种结构，又是一种实现组织目标的工具和载体；它既是一个合作的系统，又是一个资源配置的过程。它涵盖了从静态的结构到动态的活动的所有内容，是相对静态的社会实体和动态的组织活动过程的统一。

二、组织的类型

组织按照不同的标准可以作以下分类。

（一）按组织的形成方式分类

按照组织的形成方式不同，可划分为正式组织和非正式组织。

1. 正式组织

正式组织是指明文规定的、组织结构确定的、职务分配明确的群体，具有正规性、目的性和稳定性的特征。

2. 非正式组织

非正式组织是指人们在共同工作和活动中，由于具有共同的兴趣和爱好，以共同的利益和需要为基础而自发形成的群体，具有自发性、内聚性和不稳定性的特征。正式组织与非正式组织的区别如表5-1所示。

表5-1　正式组织与非正式组织的区别

比较项目	正式组织	非正式组织
存在形态	正式（官方）	非正式（民间）
形成机制	自觉组建	自发形成
运作基础	制度与规范	共同兴趣与情感上的一致
领导权力来源	由管理当局授予	由群体授予
组织结构	相对稳定	不稳定
目标	利润或服务社会	成员满意
影响力的基础	职位	个性
控制机制	解雇或降级的威胁	物质或社会方面的制裁
沟通	正式渠道	小道消息

（资料来源：费湘军. 管理学教程——从实践中来，到实践中去 [M] 北京：化学工业出版社，2011）

（二）按组织的社会性质分类

按照组织的社会性质不同，组织可以分为经济组织、政治组织、文化组织、教育组织、科研组织、群众组织和宗教组织等多种类型。

以上是常见的组织类型划分方式，但是，组织类型的划分是相对的，人们可以根据研究和分析的需要，选择恰当的分类标准。

三、组织的作用

组织的作用归纳起来主要体现在以下几个方面。

（一）组织是实现管理目标的重要保证

作为管理的基本职能，组织在管理中具有相当重要的作用。组织职能是以计划中所确定的管理目标为依据，建立组织结构，协调部门之间的关系，并不断地调整组织结构以适应变化的环境。由此可见，组织是实现管理目标的重要保证。

（二）组织是提高经济效益的根本

组织把分散的个体汇集成一个集体，完成了许多单纯由个人的力量难以完成的任务，这是组织的力量汇聚作用。同时，组织力量不仅仅是个人力量的简单叠加，优秀的组织还能使这种力量得到放大，使组织实现产出远远大于投入的经济效益。因此，组织是提高经济效益的根本。

（三）组织是实现有效领导的重要前提

组织存在的基础是社会分工，借助组织实体内部在合理分工的基础上形成的权责分配关系，组织成员之间可以进行信息沟通。而领导与员工若能进行稳定、良好的信息沟通与情感交流，那么就可以实现有效领导。所以，组织是实现有效领导的重要前提。

第二节 组织设计

组织设计是以组织结构安排为核心的组织系统的整体设计工作，是一项操作性很强的工作，它是在组织理论的指导下进行的。它着眼于建立一种有效的组织结构框架，对组织成员在实现组织目标中的分工协作关系作出正式、规范的安排。组织设计的目的，就是要形成实现组织目标所需要的正式组织。

一、组织设计的含义及任务

（一）组织设计的含义

组织设计是指对一个组织的结构进行规划、构造或再构造，以便从组织的结构上确保组织目标的有效实现。

组织结构的设计必须根据组织的目标和任务及组织的规律和组织内、外环境因素的变化来规划，只有这样，组织机构的功能和协调才能达到最优化。否则，组织内的各级机构就无法有效地运转，也就无法保证组织任务和目标的有效完成和实现。

组织设计一般包括以下三种情况。

（1）新建的组织需要进行组织结构的设计。

（2）原有组织结构出现较大的问题或组织的目标发生变化，需要重新进行设计。

（3）组织结构需要进行局部的调整和完善。

（二）组织设计的任务

设计组织的结构是执行组织职能的基础工作，其任务主要是提供组织结构图和编制职务说明书。

1. 组织结构图

组织结构图是表示组织中纵向领导层次和横向职能部门分工与协作关系的基本框架图，能反映组织内部主要职能之间的职权关系。

2. 职务说明书

职务说明书是对每个职务应当做什么工作及任职者的雇佣规范的规定。职务说明书要求能简单而明确地指出该管理职务的工作内容、职责、与组织中其他部门和职务的关系，要求担任该职务者所必须具备的基本素质、技术知识、工作经验、处理问题的能力等。

二、影响组织设计的因素

每个组织内外的各种变化因素，都会对其内部的组织结构设计产生重大的影响，这些因素主要包括组织战略、组织环境、组织规模和技术等。权变理论强调，组织结构必须配合上述各种影响因素，若配合得当，组织可以发挥优势，提高效率。因此，管理者必须明确这些因素与不同组织结构之间的关系，从而合理地设计组织结构。

（一）组织战略对组织结构设计的影响

在影响组织结构设计的诸多因素中，组织的战略是一个重要的因素。一个组织为了在竞争中取胜，争取独特的优势，要选择一个与自己条件相适应。同时，需要在组织结构设计上有所配合，才能使组织战略更有效地执行。

1. 发展战略对组织结构设计的影响

企业从开始时的单一产品战略发展到后来的多元化经营战略时，其组织结构也在发生着变化。单一战略要求与之相适应的、有效的组织结构应该是简单而高度集权的，规范程度和复杂程度都比较低。随着企业从单一经营发展到多元化经营，必然会产生横向组织结构的设计。如果企业为自身发展而采取纵向一体化战略时，就必须对其纵向的组织结构进行调整。否则，企业就会因组织结构的不适应而无法提高效率。

2. 产品与市场战略对组织结构设计的影响

组织的战略不仅仅是指发展战略，还包括产品与市场战略。一般来说组织产品与市场战略分为三种类型：防守型战略、进攻型战略和分析型战略。

（1）防守型战略。采用防守型战略的组织在某一狭小的细分市场内通过经营有限的系列产品，寻求经营的稳定性，通过高度的专业分工和标准化的经营活动来稳定自己的市场，通过有限的产品开发、有竞争力的产品价格或高品质的产品使自己得到稳定发展。与此战略相适应，这类组织在组织结构设计时就应该形成高度水平差异化、高度规范化、高度集权和严密控制，以及具有复杂的正式沟通层次的组织结构。

（2）进攻型战略。采用进攻型战略的组织正好与防守型战略的组织相反，他们的重点是寻求和探索新产品和新市场的机会，他们希望在动荡变化的环境中开拓机会。因此，灵活性对采用进攻型战略的组织至关重要，没有灵活性就不可能快速地更新产品，捕捉进入新市场的机会。与之相适应的组织结构应具有柔性、分权性和低规范性，以避免过多地束缚人们的手脚。

（3）分析型战略对组织结构设计的影响。采用分析型战略的组织试图集合防守型和进攻型战略两者的优点，寻求最小的风险和最大的市场机会。他们快速全面进攻其他企业已经进入市场的新产品，再进行模仿并进入市场。分析型战略组织一方面要有能力对进攻型企业的创新进行快速的反应，同时又要保持在自身稳定的产品和市场领域的高效运作。为实现此目标，这类组织就形成了两部分组织结构：一些部门实行高度标准化、规范化、机械化和自动化，以获得高效益；另一些部门则具有高适应性和灵活性，实行分权和低规范性。

美国管理学家雷蒙德·E. 迈尔斯和查尔斯·C. 斯诺于 1978 年出版的《组织的战略、结构和程序》一书中，提出关于战略影响组织结构设计的观点，如表 5-2 所示。

表 5-2 战略对组织结构设计的影响

战略类型	战略目标	面临环境	组织结构特征
防守型战略	追求稳定和效率	稳定的	严格控制，专业化分工程度高，规范化程度高，规章制度多，集权程度高
进攻型战略	追求快速、灵活反应	动荡的	松散型结构，劳动分工程度低，规范程度低，规章制度少，分权化
分析型战略	追求稳定和灵活性的结合	动荡而复杂的	适度集权控制，对现有的活动实行严格控制，但对一部分部门采用相对自主独立的方式，组织结构采用一部分有机式，一部分机械式

（二）组织环境对组织结构设计的影响

1. 外部环境对组织结构设计的影响

汤姆·伯恩斯和斯托克两人首先提出组织结构与外部环境的密切关系。系统理论和权变理论认为，一切人类社会组织都是开放系统，它的生存与发展都直接受到其所处环境的影响，对于组织来说，环境中存在不确定因素是必然的，组织对于环境的变化只能设法适应。因此，组织结构要随外部环境的变化来进行设计和调整。

一般而言，多变的外部环境要求组织结构灵活，各部门的权责关系和工作内容需要经常进行适应性的调整，等级关系不甚严密，组织设计中强调部门间的横向沟通；而稳定的外部环境则要求管理部门与人员的职责界限分明，工作内容和程序规定详细具体，各部门的权责关系固定，等级结构严密。

2. 内部环境对组织结构设计的影响

内部环境主要指组织文化，其对组织结构也会产生一定的影响。例如，当组织强调对外应变的"适应文化"时，组织便需要一个密切配合而具有弹性的结构，降低规范程度及集权程度；相反，若组织采用一个重视内部稳定的"贯彻文化"时，则组织结构趋向严谨，以较高的规范化及内部集权来加强内部控制，保证内部的稳定状况。

（三）组织规模对组织结构设计的影响

组织规模对组织结构设计的影响是容易理解的。例如，对于一个只有几个人或几十个人的小企业来说，就不需要复杂的组织结构、严密的规章制度和分权决策。而对于一个数万人的大集团公司而言，如果没有一个高度复杂的组织结构，难以想象企业会是什么样子。

20世纪60年代初期，英国管理学家琼·伍德沃德等人就对英国南部的一百多个公司进行了深入的调查研究。他们发现，一个组织的结构设计与其本身规模大体上有如下关系。

（1）组织规模越大，工作就越专业化。

（2）组织规模越大，标准操作化程度和制度就越健全。

（3）组织规模越大，分权的程度就越高。

（四）技术对组织结构设计的影响

技术因素不仅是机器设备和自动装配线，一个单位的技术还包括情报信息系统和教育培训方式等。

琼·伍德沃德首先对技术与组织设计的关系进行了调查与研究。按照组织的"工艺技术连续性"的程度，把生产技术分为三种类型：单一和小批量的生产技术、大批量和大量的生产技术、连续性的流水作业生产技术。她对这三种技术类型的组织及其组织结构进行了比较和考察，并对管理的层次、管理人员的管理幅度，以及生产工人与管理人员的比例进行了分析比较，其研究成果如表5-3所示。

表5-3 伍德沃德的研究成果

生产技术	单一生产	大量生产	连续生产
结构特征	低度的纵向分化 低度的横向分化 低度的正规化	中度的纵向分化 高度的横向分化 高度的正规化	高度的纵向分化 低度的横向分化 低度的正规化
最有效的组织结构	有机式	机械式	有机式

（五）权力控制对组织结构设计的影响

斯蒂芬·P. 罗宾斯在长期研究的基础上总结得出了一个结论："组织的规模、战略、环境和技术等因素组合起来，对组织结构会产生较大的影响。但即使组合起来，也只能对组织结构产生50%的影响作用。而对组织结构产生决定性影响作用的是权力控制。"

斯蒂芬在1987年出版的《组织理论》中明确提出以下观点。

（1）组织的权力控制者在选择组织的规模、组织的战略、组织的技术和如何对环境进行反应方面有最终的决策权，因而对组织结构的模型选择也有最后的决策权。

（2）任何组织都由各种利益的代表团体所组成，权力控制集团中各成员都在不同程度地代表着某一利益的集团。一个组织的结构必然反映出强利益集团的利益，或是多个强利益集团之间利益的妥协。

（3）权力控制者总是不愿意轻易放弃自己的权力，他们总是追求权力控制，即使是分权亦以不失去控制为最低限度。

（4）权力控制者会采用合理的方式，即在组织利益的范围内，寻找组织利益与个人或自己代表的利益集团的利益的结合点，既公私兼顾，又合理合法。

三、组织结构设计的基本原则

随着经济社会和管理的发展，组织结构设计的理论在不断发展，组织结构的形式多种多样，但无论是何种结构，设计者在进行组织结构设计时，都应注意遵循一些最基本的原则。这些原则是在大量实践的基础上总结出来的，它凝聚着前人在组织结构设计方面成功的经验与失败的教训。

（一）任务目标原则

任何一个组织，都有其特定的任务和目标，组织设计者的根本目的是保证组织的任务和目标的实现，组织设计者的每一项工作都应以是否对实现目标有利为衡量标准。因此，在进行组织结构设计时，首先，要明确组织确立的任务和目标是什么；然后，认真分析为了完成组织的任务和实现组织的目标，必须做的事是什么，设立什么机构、什么职务、选什么人来做才能做好这些事。

（二）分工与协作原则

分工与协作是社会化生产的客观要求。随着社会生产力的发展、科学与技术的进步，分工越来越细，这正是现代社会的一个主要特征。但是随之而来的，就是协调工作越来越难、越来越重要。只有分工，没有协作，分工也就失去了意义。因此，在进行组织设计时，要同时考虑分工与协作的问题。

（三）命令统一原则

命令统一是组织设计中的一条重要原则。组织内部的分工越细，命令统一原则对于保证组织目标实现的作用就越重要。命令统一原则的实质，就是在管理工作中实行统一领导，建立起严格的责任制，消除"多头领导""政出多门"的现象，保证全部活动的有效领导和有序开展。命令统一原则对组织结构的设计提出了下列要求。

（1）在确定管理层次时，使上、下级之间从最高层到最底层形成一条连续的、不间断的等级链，明确上、下级的职责、权力和联系方式。

（2）任何一级组织只能有一个负责人，实行领导负责制，减少甚至不设副职，以防止副职"篡权""越权"，干扰正职工作。

（3）下级组织只能接受一个上级组织的命令和指挥，防止出现"多头领导"现象。

等级链关系如图 5-6 所示，在正常情况下，D 和 E 只接受 B 的领导，F 和 G 只服从 C 的命令，B 和 C 都不应闯入对方的领地。但是，如果 B 也向 F 下达指令，要求他在某时某刻去完成某项工作，而 F 也因其具有与自己的直系上司相同层次的职务而服从这个命令，就出现了双头领导的现象。这种在理论上不应出现的现象，在实践中却常会遇到。

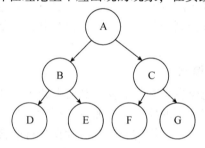

图 5-6 等级链关系

同理，在正常情况下，A 只能对 B 和 C 直接下达命令，但如果出于效率和速度的考虑，为了纠正某个错误或为了及时停止某项作业，A 就可以不通过 B 或 C，而直接向 D、E 或 F、G 下达命令，而这些下属的下属对自己上司的上司的命令在通常情况下是会积极执行的。

（4）下级只能向直接上级请示工作，不能越级请示工作。下级对上级的命令和指挥必须服从，如有不同意见，可以越级上诉。

（5）上级不能越级指挥下级，以维护下级组织的领导权威，但可以越级检查工作。

（6）职能部门一般只能作为同级直线领导的参谋，无权对其下级直线领导发号施令。

（四）责权利对等原则

有了明显合理的分工，也就明确了每个岗位的职责，即承担某一岗位职务的管理者，必须对该岗位所规定的工作完全负责。但要做到对工作完全负责就必须授予管理者相应的权力，因为组织中任何一项工作都需要利用一定的人、财、物等资源，所以，在组织设计中，规定某一岗位的任务和责任的同时，还必须规定相应取得和利用人力、物力和财力的权力。没有明确的权力或权力应用范围小于工作的要求，则可能使责任无法履行，任务无法完成。当然，权责对等也意味着赋予某职位权力时不能超过其应负的职责，否则会导致不负责任地滥用职权，甚至会危及整个组织系统的运行。

完全负责也就意味着要承担全部风险，而要求管理者承担风险，就必须给其与风险相对应的利益作为补偿,否则,责任者就不会愿意承担这种风险。职责、权力和利益之间存在着如图 5-7 所示的等边三角形的关系,三者如同三角形的三个边,它们应是对等的。

图 5-7 责权利三者关系

(五) 集权与分权相结合的原则

这一原则要求根据组织的实际需要来决定集权与分权的程度。集权与分权是相对的,没有绝对的分权,只是程度的不同。一个组织是采用集权还是施行分权,受到各种因素的影响。例如,工作的性质与重要程度、组织历史与经营规模、管理者的数量与控制能力、组织外部环境的变化情况等。

一个组织集权到什么程度,应以不妨碍基层人员的积极性发挥为限;分权到什么程度,应以上级不失去对下级的有效控制为限。另外,集权与分权不是一成不变的,应根据不同的情况和需要加以调整。

(六) 执行与监督相分离原则

在组织设计中,为了避免监督者和被监督者利益上趋于一体化,使监督职能失去有效的作用,要求遵循执行与监督相分离的原则。按照这一原则的要求,组织中的执行机构同监督机构应当分开设置,不应合并成一个机构。监督机构在执行监督职能时,要加强对被监督部门的服务职能。

以上是组织结构设计时应遵循的最基本原则。除此之外,还包括效益原则、专业化原则、管理幅度原则、稳定性与适应性相结合的原则等。

链接 5-1

组织设计的艺术

1. "整分合"的设计艺术。

组织是一个有机联系的统一整体,而领导和管理又必须有分工。统与分,是组织设计中的一个最基本的矛盾。没有分工的整体,只能是一种"混沌"状态,而分工若不科学,又可能变成"分割",破坏组织的整体性。解决这对矛盾的有效方法是"整分合"的设计艺术。

(1) 在设计组织机构时,首先要把握组织的整体目标和基本任务,这就是"整"。

(2) 在此基础上,按照实现组织整体目标和任务的要求,将组织的任务科学地分解为一个个组成部分、基本环节和要素,据此建立起各种承担这些具体任务的组织机构,并进行人员分工和资源的配置,这就是"分"。

(3) 在分工的基础上再进行总体协调与综合,使各分工部门相互配合、通力协作,保证整体目标和任务的实现与完成,这就是"合"。

归纳起来就是:把握整体、科学分工、组织综合。整体是前提,分工是关键,综合是归宿。

2. "封闭"的设计艺术。

要使组织结构趋于完善，组织结构的封闭问题是至关重要的。任何一个组织系统，它不仅要与外部保持必要的联系即输出与输入，而且在组织系统内部也要形成一个封闭的回路；只有构成回路封闭的关系，方能形成相互制约、相互作用的力量，从而保证各分工机构按照科学的轨道行动，才能达到有效管理的目的。

任何一个组织，无论其具体的分工机构形成如何，均必须有四类基本的职能机构，否则，这个组织的机构是不健全或不完整的。以企业为例，其基本职能机构为：①决策机构（如企业的总经理办公室、生产管理部门）；②执行机构（如各职能部门和科室）；③监督机构（如质量检验科、审计科）；④反馈机构（统计科）。

3. 富有"弹性"的设计艺术。

组织是一个整体，牵一发而动全身，建立或撤销一个组织机构，都会在整个组织引起一定的震动，要耗费相当的精力和时间才能使各个机构相互适应，重新获得平衡。组织机构缺乏可调节的弹性，这是相当一部分组织的通病，也是组织机构低效的一个根源。

组织所面临的外部环境变化是经常的、多种多样的，组织对外部环境是否适应，要看其组织机构是否留有伸缩的余地。在进行组织设计时，需要富有弹性的设计艺术。

（1）不是立即分解出新的组织机构来适应环境的变化，而是在原有的组织机构中发生职能扩张，用弹性变化来适应环境的变化。比如，近年来随着管理工作的发展，需要加强标准化等基础工作的管理，如果设立专门标准化部门，其所管辖的工作面较窄，业务也容易同其他部门重叠，这种情况由综合部门的管理办公室统一管理更好。

（2）对组织环境的变化，特别是那些间断的、不连续的变化，如果依靠成立新的组织机构来适应，结果往往是新的组织机构才成立不久，就时过境迁，这个新设组织机构反而成了累赘，因此，面对不断变化的环境，组织机构应有一定的弹性。

（3）不能以一个永恒不变的组织机构来应付一切外部环境的变化，特别是在组织环境发生重大变化时，如目标变化、策略变化和组织战略发生转移时，单靠原来的组织机构已经不适应了，在这种情况下，对原有的组织机构就要作出相应的调整，分解出新的组织机构。

四、组织设计的步骤

（一）确定目标，策划活动

确定组织的目标和实现目标所必需的活动，严格来说，都属于组织工作的内容，组织工作通常是从确定实现目标所必需的活动开始的。

以企业组织为例，可以通过回答如下两个问题来确定实现组织目标需要开展哪些活动：为了达到企业的目标，必须在哪些领域有出色的表现；哪些领域的表现不佳将会影响企业的成绩，甚至影响到企业的生存。

例如，美国国际商用机器公司（IBM）在电子计算机发展的早期，认为产品销售和市场推广是企业的关键活动，为此配备了规模庞大的销售服务队伍。进入 20 世纪 80 年代后，面对计算机行业市场环境的日益复杂多变，产品开发尤其是软件开发变得格外重要。为此，IBM 公司在加强对研究开发投入的同时，也加强了销售部门与开发部门之间的联系。可见，企业关键活动领域的确定，将决定这一企业是单纯生产型的企业，还是经营型企业或是科工贸一体化的企业。

关系企业生存发展的关键性活动，应该成为组织设计工作关注的焦点。其他各种将要进行的活动应该围绕关键活动来配置，以达到将要进行的活动服从、服务和配合于关键活动，确保企业目标的实现。

（二）划分部门，组合活动

根据组织资源和环境条件，对实现目标所必需的活动进行分组。所谓分组，指的是组织单位的划分和组合。对活动进行分组，就是要考虑企业中哪些活动应该合并在一起，哪些活动应该分开。

1. 分组的原则

（1）总的原则是"贡献相似性"原则，即贡献相同或相似的活动应该归并在一起，由一个单位或部门来承担。例如，产品销售和市场营销活动可以合并在一个单位内，库存控制和采购职能，以及质量检验和质量管理工作，可以结合在一起。

（2）与此同时，还应考虑"关系相近性"原则，即在进行部门划分时还应该考虑尽可能地使一项活动对其他活动的联系距离保持最短。例如，企业中的各项计划工作通常是归并在计划部门中进行的，但其中的生产计划工作却可能例外，它不是放在计划部门中，而是归入到制造部门。前者的组合考虑了"贡献相似性"原则，后者则是为了使生产的计划同生产的组织和控制活动距离更近些，将生产计划置于接近制造现场有利于减少不必要的跨系统联系，这种追求跨系统联系尽可能少的原则称为"关系相近性"原则。

2. 分组的方法

不论按照什么原则进行活动的分组，都可以采取以下两种方法。

（1）由小而大的组合法，即先将实现企业目标所必需的活动细分为各项工作，然后将若干工作项目归类形成各种工作岗位或职位，再按一定的方式将某些工作岗位或职位组合成相对独立的部门，并根据管理幅度的要求设置各个管理层次。

（2）由大而小的划分法，即先确定管理的各个层次，再确定每个层次上应设置哪些部门，然后将每个部门所承担的工作任务分解为各个职位的工作。

以上两种方法在实际中通常是结合起来使用的。

（三）配备人员，授予职权

根据工作和人员相称的原则，为各职位配备合适的人员，并通过决策任务的分析确定每个职务所拥有的职责和权限。工作和人员相匹配，职位和能力相适应，也即"人与事相结合"，这是组织设计和人员配备工作中必须考虑的一个重要原则。只有做到这一点，才能确保配备的人员切实地承担起为该职位或职务所规定的工作任务。

1. 配备人员必须充分考虑人员的素质、能力和发展空间

配备人员必须考虑其现有或经过培训后可能具备的素质、能力是否适合所设定职务的要求，以使人员得到最为妥当的配置；同时，在职务设计时必须保持工作的适当的广度和深度，以便满足人的内在需要和发挥人的潜在能力。

2. 组织设计必须设法使职务与职责权限保持一致

分派某人去承担某项工作，必须明确赋予他完成该工作任务的职责，同时相应地授予他履行该项职务的职权。

决策任务的分析是确定各管理层次、各管理部门的职责和职权的重要依据。基本的原则是，决策权限应该下放到尽可能低的组织层次并尽可能使其接近于活动现场，同时应注意使所有受到影响的活动和目标都得到充分考虑。这一原则的前一方面讲的是作出一项决策的权限应该下放到什么层次，后一方面则是讲决策权限只能放到哪个层次及需要向哪些人通报这些决策。将这两个方面结合起来，就可以明确某项决策安排在什么位置上最为合理，由此确定组织的集权与分权体制。

（四）部门整合，工作协调

如果说组织设计的前几个步骤重点在于把整个企业的活动分解为各组成部分，那么这个步骤就是要把各组成部分连接成一个整体，以使整个组织能够协调一致以实现企业的总体目标。分化与整合，或者说分工与协调，这是组织工作的两个核心内容。组织分化达到什么样的程度，相应的整合手段也应该达到同等程度的协调功能。

第三节 基本的组织结构形式

一、直线型组织结构

直线型组织结构，又称单线型或军队式组织结构，它只建立上下垂直部门，是最早、最简单的一种组织结构形式。直线型组织结构特点如表5-4所示，直线型组织结构示意如图5-8所示。

表5-4 直线型组织结构特点

类型	特征	优点	缺点	适用组织
直线型	1. 组织中的各种职务按垂直系统直线排列，各级主管人员对所属下级拥有直线的一切职权，每一个人只能向直接上级报告； 2. 不设专门的职能机构，至少有几名助手协助管理工作	结构简单，权力集中，责任分明，命令统一，联系简捷，决策迅速，办事效率高，比较容易维护纪律和秩序	1. 高层管理者要通晓多种知识和技能，要亲自处理各种业务，当组织规模较大时，由于个人的知识、能力、精力有限而难以深入、细致、周到地考虑所有管理问题，因此管理就比较粗放，易产生失误； 2. 组织中的成员只注意上情下达，每个部门只关心本部门的工作，因而部门间的横向联系与协调比较差； 3. 难以在组织内部培养出全能型、熟悉组织情况的管理者	适用于没有必要按职能实行专业化管理的小型组织，或现场作业管理

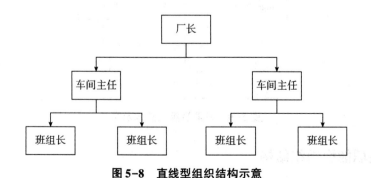

图5-8 直线型组织结构示意

二、职能型组织结构

职能型组织结构，又称多线型组织结构，它是按管理职能专业化的要求建立不同的机构，同时对下级进行管理的一种组织结构形式。职能型组织结构特点如表5-5所示，职能型组织结构示意如图5-9所示。

表5-5 职能型组织结构特点

类型	特征	优点	缺点	适用组织
职能型	1. 采用专业分工的管理者，代替直线型组织中的全能型管理者； 2. 组织内除直线主管外，还相应设立了一些组织结构，分担某些职能管理的业务，这些职能机构有权在自己的业务范围内，向下级单位下达命令和指示 3. 下级直线主管除了接受上级直线主管的领导外，还必须接受上级各职能机构在其专业领域的领导和指示	1. 专业分工较细，各职能部门都有专人负责，能够提高企业管理的专业化程度； 2. 能够发挥职能机构的专业管理作用，减轻上层主管人员的负担	1. 妨碍了组织中必要的集中领导和统一指挥，易形成多头领导； 2. 各部门容易过分强调本部门的重要性而忽略与其他部门的配合，忽视组织的整体目标； 3. 不利于明确划分直线人员和职能科室的职责权限，容易造成管理的混乱； 4. 加重了最高主管监督协调整个组织的工作负担	适用于任务较复杂的社会管理组织和生产技术复杂、各项管理需要具有专门知识的企业组织

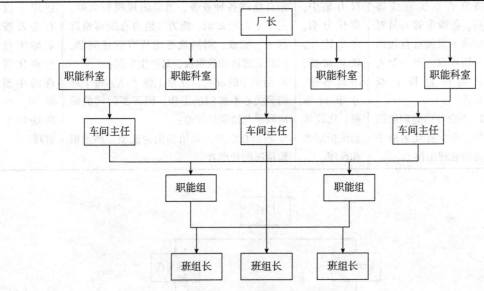

图5-9 职能型组织结构示意

三、直线职能型组织结构

直线职能型组织结构，又称直线参谋制，是对职能型组织结构的改进，是以直线型组织为基础，在各级直线主管之下，设置相应的职能部门，即设置两套系统：一套是按命令统一原则组织的指挥系统，另一套是按专业化原则组织的管理职能系统。直线职能型组织结构特点如表5-6所示，直线职能型组织结构示意如图5-10所示。

表5-6 直线职能型组织结构特点

类型	特征	优点	缺点	适用组织
直线职能型	1. 直线部门和人员在自己的职责范围内有决定权，可对其所属下级的工作进行指挥和命令，并负全部责任； 2. 职能部门和人员仅是直线主管的参谋，只能对下级机构提供建议和业务指导，没有指挥和命令的权利	1. 综合了直线型和职能型组织的优点，既保证了集中统一指挥，又能发挥各种专家业务管理的作用； 2. 职能高度集中、职责清楚、秩序井然、工作效率较高，整个组织有较高的稳定性	1. 下级部门主动性和积极性的发挥受到限制； 2. 各部门自成体系，不重视信息的横向沟通，工作容易重复； 3. 当职能参谋部门和直线部门之间目标不一致时，容易产生矛盾，致使上层主管的协调工作量增大； 4. 整个组织系统的适应性较差，缺乏弹性，对新情况不能及时反应； 5. 如果授予职能部门权力过大，容易干扰直线指挥命令系统	对中、小型组织比较适用，但对于规模较大、决策时需要考虑较多因素的组织则不太适用，在目前被我国大多数企业采用

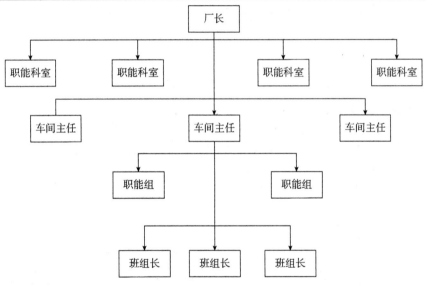

图5-10 直线职能型组织结构示意

四、事业部型组织结构

事业部型组织结构首创于20世纪20年代，最初是由美国通用汽车公司副总经理斯隆创立，所以又被称为斯隆模型。由于它是分权制组织形式，也被称为联邦分权制。事业部型组织结构是由总部负责确定统一政策，各事业部负责运营的一种组织结构形式。它是在产品部门化基础上建立起来的，是一种在组织最高层领导下设立多个事业部，各事业部有各自独立的产品市场、独立责任和利益，以及实行独立核算的分权管理组织结构。同时，事关大政方针、长远目标，以及一些全局性问题的重大决策集中在总部，以保证企业的统一性。事业部型组织结构特点如表5-7所示，事业部型组织结构示意如图5-11所示。

表5-7　事业部型组织结构特点

类型	特征	优点	缺点	适用组织
事业部型	1. 集中决策,分散经营,即组织最高层集中决策,事业部独立经营; 2. 它是组织领导方式上由集权制向分权制转化的改革	1. 组织最高层摆脱了具体的日常管理事务,有利于集中精力做好战略决策和长远规划; 2. 由于组织最高层与事业部的责、权、利划分比较明确,能较好地调动经营管理人员的积极性,提高了管理的灵活性和适应性; 3. 有利于培养综合型管理人才	1. 对事业部经理的素质要求高,同时,由于机构重复,造成了管理人员的浪费,费用增加; 2. 由于各个事业部独立经营,各事业部之间要进行人员互换就比较困难,相互支援较差; 3. 各事业部主管人员考虑问题往往从本部门出发,各事业部间独立的经济利益会引起相互间的不良竞争,可能发生内耗; 4. 由于分权,易造成忽视整个组织的利益、协调比较困难的情况,也可能出现架空领导的现象,减弱总部对事业部的控制	多适用于规模较大的公司组织

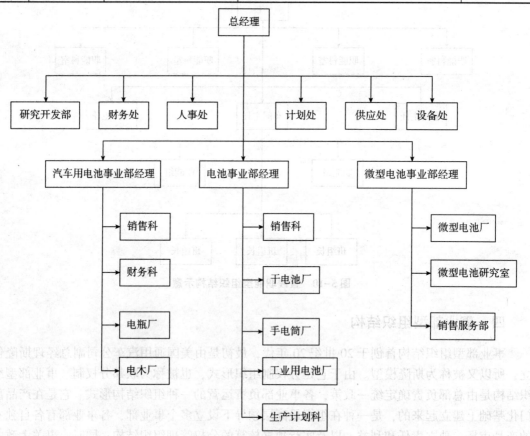

图5-11　事业部型组织结构示意

经验说明,采用事业部型组织结构应当具备以下一些基本条件。

(1) 具备按专业化原则划分事业部的条件,并能确保事业部在生产、技术、经营活动方面具有充分的独立性，以便能承担起利润责任。

（2）事业部之间应当相互依存，而不是互不关联地硬拼凑在一个公司中，这种依存性可以表现为产品结构、工艺、功能类似或互补，或用户雷同，或销售渠道相近，或运用同类资源和设备，或具有相同的科学技术理论基础等。这样，各事业部门才能互相促进，相辅相成，保证组织的繁荣发达。

（3）要保持、控制事业部之间的适度竞争，以使其相互促进，过度竞争可能使公司遭受不必要的损失。

（4）公司要有管理各事业部门的经济机制，尽量避免单纯使用行政手段。

（5）具有良好的外部环境，当世界经济景气、国内和行业经济呈增长态势时，企业采用事业部制，有利于主动创造新局面，开拓新领域，有助于公司的蓬勃发展；若国内外经济均不景气，发展缓慢，甚至停滞下滑，公司应适当收缩，集中力量渡过难关，此时如过于强调事业部制，就会分散力量，不利于企业的整体利益与发展。

五、矩阵型组织结构

矩阵型组织结构，又称规划矩阵结构或规划目标结构，它是把按职能划分的部门和按任务特点（产品或项目）划分的部门结合起来组成一个矩阵，使同一个员工既同原职能部门保持组织与业务的联系，又参加产品或项目小组的工作，即在直线职能型基础上，再增加一种横向的领导关系。

为了保证完成一定的管理目标，每个项目小组都设有负责人，在组织最高主管直接领导下进行工作。矩阵型组织结构特点如表5-8所示，矩阵型组织结构示意如图5-12所示。

表5-8 矩阵型组织结构特点

类型	特征	优点	缺点	适用组织
矩阵型	1. 打破了传统的一个员工只有一个上司的原则，使一个员工属于两个甚至两个以上的部门； 2. 矩阵型组织结构也可以称为"非常期固定组织"，它是为完成某一项目，由各职能部门抽调人员组成项目经营部，包括项目所必需的各类专业人员。当项目完成后，各类人员另派工作，此项目经营部即不复存在	1. 加强了部门的横向联系，能克服职能部门相互脱节、各自为政的现象； 2. 专业人员和专用设备能够得到充分利用； 3. 具有较大的灵活性和适应性，任务完成即解散，各自回原来的部门； 4. 各专业人员为了一个目标在一个组织内共同工作可以互相启发、相互帮助、相得益彰，有利于人才的培养，更好地发挥专业人员的潜力，推动项目的完成； 5. 实现了集权和分权优势的结合	1. 由于这种组织形式实行纵向、横向联合双重领导，如处理不当，会由于意见分歧而在工作中造成冲突和相互推诿； 2. 组织关系较复杂，对项目负责人的要求较高； 3. 组织结构稳定性较差，容易产生临时观念，不易树立责任心	一般适用于外部环境变化剧烈、组织需要处理大量信息、要求分享组织资源特别迫切的情况，尤其是设计、开发、研究、基建等组织

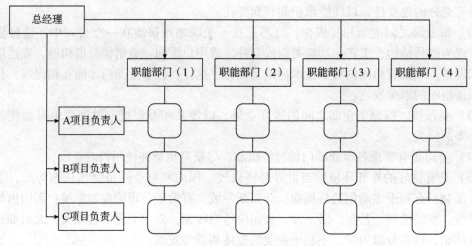

图 5-12　矩阵型组织结构示意

六、网络型组织结构

网络型组织是利用现代信息技术手段而建立和发展起来的一种新型组织结构。现代信息技术使企业与外界的联系加强了，利用这一有利条件，企业可以重新考虑自身机构的边界，不断缩小内部生产经营活动的范围，相应扩大与外部单位之间的分工协作。这就产生了一种基于契约关系的新型组织结构形式，即网络型组织。

采用网络型结构的组织，所要做的就是创设一个"关系"的网络，与独立的制造商、销售代理商及其他机构达成长期协作协议，使它们按照契约要求执行相应的生产经营功能。很多人很羡慕地产业的老板，如万科的王石、万通的冯仑等，好像他们不需要做具体的业务，而是有很多时间和精力去做自己想做的事情，企业却发展得很好。当然这里有很多原因，但是从组织结构的管理上来说，地产业是比较早运用网络结构的行业。

网络结构是一种只有很小的中心组织，依靠其他组织以合同为基础进行制造、分销、营销或其他关键业务的结构。网络型组织结构特点如表 5-9 所示，网络型组织结构示意如图 5-13 所示。

表 5-9　网络型组织结构特点

类型	特征	优点	缺点	适用组织
网络型	1. 以契约关系的建立和维持为基础，依靠外部机构进行制造、销售或其他主要业务经营活动； 2. 组织实施的大部分活动都是外包、外协的，公司管理机构只有一个精干的经理班子，负责监管公司内部开展的活动，同时协调和控制与外部协作机构之间的关系	1. 组织结构具有较大的灵活性和柔性，网络中的各个价值链部分可以根据市场需求的变动情况增加、调整或撤并； 2. 组织结构简单、精炼，并且可以进一步扁平化，有利于工作效率的提高； 3. 可以充分利用社会上现有的资源使企业快速发展壮大	1. 可控性较差，这种组织的有效性存在道德风险和逆向选择性，一旦组织所依存的外部资源出现问题，组织将陷入非常被动的境地； 2. 外部合作组织都是临时的，组织缺乏凝聚力，组织员工忠诚度较低	多适用于小型组织，但是大型企业在联接集团松散型单位时通常也采用网络型结构

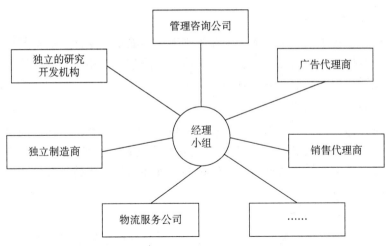

图 5-13　网络型组织结构示意

第四节　组织运作中的基本问题

一、管理幅度与管理层次

（一）管理幅度与管理层次的概念

1. 管理幅度

管理幅度是指一个领导者所能直接而有效地管理和指挥下属工作人员的数量（多少人共同向一个上司汇报工作），又称管理宽度或管理跨度。

由于任何一个人的知识、经验、能力、精力是有限的，能够有效地、直接地领导的下级人数总是有限的，超过一定的限度，就会降低管理的效率。

2. 管理层次

与管理幅度有关的一个概念是管理层次。所谓管理层次，是指在组织中所形成的不中断的等级系列的环节数。在组织规模一定的条件下，管理幅度越大，则组织的管理层次就会越少，形成扁平型的组织结构；反之，组织的管理层次就会越多，形成高耸型的组织结构。

（二）影响管理幅度的因素

对于管理者的有效管理幅度，并没有一个统一的标准。由于各个管理者的具体情况不同，有些管理者的管理幅度偏大，有些管理者的管理幅度偏小。但是，有效的管理幅度设计应考虑以下诸多因素的影响。

1. 主管人员与其下属双方的素质与能力

主管的综合能力、理解能力、表达能力强，可以迅速把握问题的关键，对下属的请示提出恰当的指导建议，并使下属明确理解，从而可以减少与每一位下属接触所占用的时间，管辖较多的人员而不会感到过分紧张，管理幅度可放大些。

同样，如果下属具备符合要求的能力，受过良好的系统训练，就可以自主解决很多问题，不必事事都向上级请示汇报，这样就可以减少与其主管接触的时间和次数，从而增大管理幅度。

2. 主管所处的管理层次

主管的主要工作在于决策和用人。处在管理系统中的不同层次，决策与用人所用的时间比重各不相同。越接近组织高层，主管用于决策的时间越多，用于指导、协调下属的时间越少，所以，越接近组织的高层，其管理幅度就越小。

3. 管理工作的内容和性质

管理工作内容越多，上下左右之间的联系就越多，需要花费的工作时间也就越多；管理工作越是复杂多变，管理人员需要耗费的时间和精力就越多，组织就越是需要缩小控制幅度。另外，下属人员工作的相似性越大，管理的指挥和监督工作就越容易，扩大管理幅度就越有可能。

4. 信息沟通技术的先进性

使用先进、高效的信息沟通技术，可以更快、更全面地了解下属的工作情况并能及时向下属传达指示，就可以扩大管理幅度。

5. 下属人员的空间分布状况

如果下属人员在空间上的分布比较分散，就会增加下属与主管及下属与下属之间的沟通难度，从而每个主管所能管理的下属数量相对就少些。

6. 组织环境的稳定性

组织环境是否稳定，会在很大程度上影响组织活动内容和政策的调整频次与幅度。环境变化越快，变化程度越大，组织中遇到的新问题就越多，下属向上级的请示就越频繁，而此时上级因为必须花更多的时间去关注环境的变化、考虑应变的措施，能用于指导下属工作的时间和精力就越少。因此，环境越不稳定，各层次主管的管理幅度就越受限制。

7. 授权的程度

如果领导者善于把权限充分地授予下属，让下级有充分的自主权，则领导者本人需要亲自处理的问题相对减少，管理幅度就可扩大；如果不能授权，或不愿授权，则管理幅度就相应缩小。

以上是影响管理幅度的主要因素，除此之外，还包括计划的完善程度、管理者的领导作风、助手的配备情况等。

（三）管理幅度与组织层次的关系

管理幅度与组织层次的关系如下。

1. 在管理幅度给定的条件下，组织层次与组织的规模大小呈正比

组织规模越大，包括的成员数目越多，组织工作也越复杂，则所需的组织层次就越多；反之，组织层次就越少。

2. 在组织规模已确定的条件下，组织层次与管理幅度呈反比

上级直接领导的下属越多，组织层次也就越少，反之则越多。

3. 管理幅度和组织层次对组织活动的影响

较宽的管理幅度意味着管理者异常繁忙，结果组织成员得到较少的指导和控制；过窄的管理幅度意味着中基层管理人员权力有限而难以充分发挥工作的能动性。如果组织层次过多，将减缓决策速度，这在环境迅速变化的今天是个致命的弱点。

（四）高耸型结构与扁平型结构之比较

管理幅度与组织层次的互动关系决定了两种基本的组织结构形态：一种是高耸型组织结构形态；另一种是扁平型组织结构形态。

一个组织选择高耸型还是扁平型组织结构，主要看哪一种组织结构对其更为有效。两种类型的优缺点如表5-10所示，认识这些可以帮助我们在组织设计中进行正确的选择。

表5-10　高耸型结构与扁平型结构的优缺点对比

结构	高耸型结构	扁平型结构
优点	1. 组织结构十分严谨、周密，便于经理人员对下属实施严密的监督、控制和管理； 2. 有高度的权威性和统一性； 3. 组织成员职责分明，分工明确； 4. 管理层次多，下级提升的机会也多； 5. 组织稳定性程度很高，纪律严明	1. 层次少，缩短上下级距离，密切上下级关系，灵活而有弹性； 2. 纵向管理层次少，沟通迅速准确，高层领导可以较容易了解基层情况，有利于提高决策的民主化程度； 3. 由于管理幅度较大，被管理人员有较大的自主性、积极性、满足感； 4. 能充分发挥下属人员的才干，有利于基层管理人员的成长
缺点	1. 由于管理层次多，指令和信息沟通渠道就长，信息失真的可能性就大，沟通和协调就比较困难； 2. 由于管理严密，会影响下级人员的主动性和创造性，缺乏灵活性和适应性，整个组织的决策民主化程度不够； 3. 管理工作的效率会降低，所需管理人员多，管理费用大； 4. 层次间和部门间的协调任务重	1. 不便有效地监督和控制下级； 2. 上下级协调较差； 3. 同级间相互沟通联络负担重、困难大； 4. 容易突出下属的特权和部门的利益； 5. 管理层次少，下级受提升的机会就会减少； 6. 各级管理人员工作负荷重，精力分散； 7. 对各级管理人员的素质要求相对较高

随着经济的发展和技术的进步，组织逐渐趋于扁平化，组织通过增大管理幅度、减少层次来提高组织信息收集、传递和组织决策的效率，最终发挥组织内在潜力和创新能力，从而提高组织的整体绩效，完成组织的战略目标。

以一家具有4 096名作业人员的企业为例，如果按管理幅度分别为4、8、16对其进行设计，那么其相应的管理层次依次为6、4和3，所需的管理人员数分别为1 365、585和273名，管理幅度与管理层次的关系如图5-14所示。

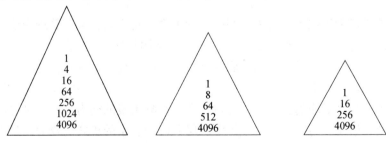

图5-14　管理幅度与管理层次的关系

将前两种管理幅度进行比较：管理幅度为8时较之管理幅度为4时可以减少2个管理层次，大约精简了800名管理人员。假如每个管理人员的工资为5万元，管理幅度为8时比为

4时每年可节省4 000万元。

由此可知，扁平型结构在效率上是有优势的，因而也成为当今各国普遍采用的一种组织结构形式。

链接5-2

虚拟扁平化

虚拟扁平化在传统金字塔组织结构的基础上，应用现代信息处理手段达到扁平化的基本目的，即在传统层级结构的基础上，通过计算机实现信息共享，不必通过管理层次逐级传递，从而增强组织对环境变化的感应能力和快速反应能力；通过计算机传递指令，达到快速、准确发布指令的目的，避免失真现象。

虚拟扁平化最典型的案例是微软的"数字神经系统"。微软的日常工作都在"数字神经系统"中实现。数字可以告诉你许多故事，帮助你决策。它的一个最大的好处是能让坏消息快速传播，公司的机体任何地方出现问题会被立即发现，而不会是逐级汇报、等问题大到无法解决时才被决策者发现。

二、集权与分权

集权与分权是组织层级化设计中的两种相反的权力分配方式。集权是指决策指挥权在组织层级系统中较高层次上的集中，也就是说下级部门和机构只能依据上级的决定、命令和指示办事，一切行动必须服从上级指挥。组织管理的实践表明，组织目标的一致性必然要求组织行动的统一性，所以，组织实行一定程度的集中是十分必要的。分权是指决策指挥权在组织层级系统中较低管理层次上的分散，组织高层将其一部分决策指挥权分配给下级组织机构和部门的负责人，可以使他们充分行使这些权力，支配组织的某些资源，并在其工作职责范围内自主地解决某些问题。一个组织内部要实行专业化分工，就必须分权，否则，组织便无法运转。可见，要顺利地完成组织的目标，必须进行合理的集权与分权。

（一）权力的含义与来源

分析一个组织的职权关系是集权还是分权，首先要对权力的含义进行界定。

1. 权力的含义

权力通常被描述为组织中人与人之间的一种关系，是指处在某一管理岗位上的个人对组织或所管辖的单位与他人的一种影响力，简称管理者影响别人的能力。

职权和权力两个概念经常被混淆。职权是指组织内部授予管理者指导下属活动及其行为的决定权，这些决定一旦下达，下属必须服从。职权跟组织层级化设计中的职位紧密相关，跟个人特质无关。与之对应的，权力则是指一个人影响决策的能力。职权是更广泛的权力概念的一部分。换句话说，与一个人在组织中所居职位相联系的正式的权力，只不过是这个人影响决策过程的一种手段而已。

2. 权力的构成

作为"影响力"的权力主要包括个人权力和制度权力，如图5-15所示。

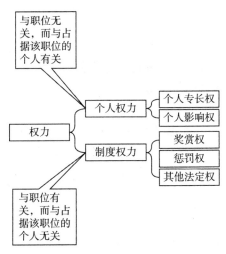

图 5-15 权力的构成

（1）个人权力。个人权力包括个人专长权和个人影响权。个人专长权是指管理者因具备某种专门知识或技能而产生的影响能力；个人影响权是指因个人的品质、社会背景等因素而赢得别人的尊重与服从的能力。

（2）制度权力。制度权力与管理职务有关，由管理者在组织中的地位来决定的影响力。作为赋予管理系统中某一职位的权力，制度权力的实质是决策的权力，即决定干什么的权力、决定如何干的权力，以及决定何时干的权力。制度权力的这三个方面从本质上来说是不可分割的，只有决定干什么的权力，而无权决定行动的内容和方式，则会影响决策者对目标实现的可行性研究，从而可能导致决策的盲目性；相反，如果只有决定如何干、何时去干的权力，而无权确定行动的方向，则会影响决策的积极性。

（二）集权与分权的相对性

在组织中，集权与分权是一对相对的概念，不存在绝对的集权或绝对的分权。绝对的集权意味着组织中的全部权力集中在一个主管手中，组织活动的所有决策均由主管作出，主管直接面对所有的命令执行者，中间没有任何管理人员，也没有任何中层管理机构。这在现代社会的经济组织中几乎是不可能的，也是做不到的。而绝对的分权则意味着将全部权力分散下放到各个管理部门中去，甚至分散至各个执行、操作层，这时，主管的职位就是多余的，一个统一的组织也不复存在。

因此，集权与分权是相对的，将集权和分权有效地结合起来是组织存在的基本条件，也是组织既保持目标统一性又具有柔性和灵活性的基本要求。

（三）影响集权与分权程度的因素

1. 决策的代价

一般来说，决定采取一项行动所付出的代价大小，可能是影响权力分散程度的主要因素。决策的代价越大，则决策越可能是由组织中较高层做出。代价可以直接用金钱衡量，或者用企业的信誉、竞争地位以及员工士气这些无形的代价来衡量。例如，一家公司购买重大设备的决策会由最高层作出，而买办公用品这样的决策则会在企业的中层或基层作出。

2. 政策一致性的愿望

有些企业认为政策的一致性十分重要，且高于一切，因为这样可以保证其客户受到质量价格、信用、交货期、服务等方面的平等待遇，也便于比较各部门的相对效益和降低成本，便于同供应商、客户、政府等部门打交道。所以，这些企业主张集权，这是达到一致性的最容易的方法。

同时，也有许多企业还竭力确保某些政策不完全一致，这些公司鼓励多样性，希望由这样的不一致性带来管理上的创新、进步，通过用这种不一致来促进组织各部门之间的相互竞争，提高士气和效率，以及使更多优秀的管理人员涌现出来。因此，这些企业主张分权。

3. 组织的规模

组织规模增大，管理的层级和部门的数量就会增多，信息的传递速度和准确性就会降低，因此，当组织规模扩大之后，组织需要及时分权，以减缓决策层的工作压力，使其能够集中精力于最重要的事务。

4. 领导人的个性

最高层管理者的性格及他们信奉的管理哲学对职权的集中和分散起着重大的影响。

组织中个性较强和自信的领导者往往是专制的，不能容忍谁来触犯他们的权力，往往习惯所辖部门完全按照自己的意志来运行，以集中控制权力来创造比较好的工作业绩，并以此提高自己在组织中的地位。

开明的最高层管理者往往认识到，职权的分散是使组织充满活力的有效方法，因为它利用了人们天生的创造欲、自由欲和地位欲。在这样的企业中，通常会出现适度分权的倾向。

5. 管理人员的合格性

管理人员是否缺乏是影响权力集中和分散的因素之一，因为上级要分权就必须有合格的管理人员。一些高层领导人常常以缺乏良好的管理人员为借口实施集权制。

企业实行分权管理的关键，是对下属管理人员进行充分的培训，而培训管理人员最有效的手段是在实践中获得实际经验。因此，实行分权又成了培训下属管理人员的关键，两者互为因果关系。许多大公司的规模决定了分散权力的必要性，出于培训管理人员的目的，在公司内执行决策权下放是一种明智之举。但是随着这种政策的推行，也带来了新手易犯错误的问题，所以良好的做法是根据决策的重要程度，适度下放权力。

6. 活动的分散性

随着企业集团化和国际化的发展，许多企业在地理上的分散性越来越大。这种地理上的分散性影响和决定着职权的分散。对总部来说，不在现场的指挥难以正确、有效地指挥现场的操作，因此应该通过分权的方式指定各地区单位负责人。同时，分散在各地区的单位往往表现出强烈的自治欲望，这种欲望如果不能得到一定程度的满足，则可能降低组织成员工作的积极性。

7. 控制技术

权力的下放并非责任的下放，上层管理者要对下层的错误负责任。因此，在没有某种方法可以知道下授的权力是否会得到恰当运用的情况下，就不能分权。在信息控制技术发达的今天，上级能够较容易地了解到下级管理人员任务完成的情况是否与计划一致，这有助于管理职能的分散。

综上分析，面对变幻莫测的环境，一方面，企业最高层管理者不得不作出很大一部分的决策，需要权力的相对集中；另一方面，过分的权力集中又会限制下属积极性的发挥，下级管理者就不能使用他们的酌情处理之权来驾驭他们面临的不断变化的环境。因此，哪些决策权应集中在最高层，哪些决策权应分授给组织结构的下层，需要谨慎选择。

（四）实现分权的途径——制度分权与授权

1. 实行制度分权

实行制度分权是指在组织设计中进行权力分配。根据组织规模和组织活动的特征，在工作分析和职务、部门设计的基础上，依据各管理岗位的工作任务和要求，规定必要的职责和权限。

2. 管理者在工作中的授权

管理者在工作中的授权是指担任一定管理职务的领导，在实际工作中，为充分利用专门人才的知识和技能，或在出现新增业务的情况下，将部分解决问题和处理新增业务的权力委任给某个或某些下属。

3. 制度分权与授权的区别

（1）制度分权是在详细分析、认真论证的基础上进行的，因此具有一定的必然性；而工作中的授权则往往与管理者个人的能力和精力、下属的特长、业务发展情况相联系，因此具有很大的随机性。

（2）制度分权是将权力分配给某个职位，因此，权力的性质、应用范围和程度的确定，需根据整个组织结构的要求；而授权是将权力委任给某个下属，因此，委任何种权力、委任后作何种控制，不仅要考虑授权的要求，而且要依据下属的工作能力而定。

（3）分配给某个管理职位的权力，如果调整的话，不仅影响该职位或部门，而且会影响与组织其他部门的关系。因此，制度分权是相对稳定的。除非整个组织结构重新调整，否则制度分权不会收回。相反，由于授权是某个主管将自己担任的职务所拥有的权限因某项具体工作的需要而委任给某个下属，这种委任可以是长期的，也可以是临时的。长期的授权虽然可能制度化，在组织结构调整时成为制度分权，但授权并不意味着放弃权力。

（4）制度分权主要是一条组织工作的原则，以及在此原则指导下的组织设计中的纵向分工；而授权则主要是领导者在管理工作中的一种领导艺术，一种调动下属积极性、充分发挥下属作用的方法。

制度分权与授权是相互补充的，组织设计中难以详细规定每一项职权的运用，难以预料每个岗位上工作人员的能力，同时也难以预测每个管理部门可能出现的新问题，因此需要各层次领导者在工作中的授权来补充。

三、分工与协调

（一）分工的含义及作用

分工是指劳动分工，即各种社会劳动的划分和专业化。具体而言，分工就是按照提高管理专业化程度和工作效率的要求，把组织的目标分成各级、各部门及每个人的目标和任务，使组织的各个层次、各部门、每个人都了解自己在实现组织目标中应承担的工作职责和职权。

劳动专业化分工是组织前进和发展的必要手段，对促进组织的发展、提高劳动效率、降低劳动成本等具有极其重要的作用，具体表现在以下几个方面。

1. 专业化分工可增强劳动熟练程度，提高劳动效率

分工减少了个体活动的种类，降低了工作转换次数，因而提高了个体所从事活动的频率，反复操作，使个体精于某项技能，加快知识积累，增强劳动熟练程度，由此而产生的结果是产出量的增加，劳动效率的提高。

2. 专业化分工可节约劳动转换时间，节省培训费用

由一种工作转到另一种工作，通常会浪费不少时间，同时，还必须支付相应岗位培训费用。劳动分工可以防止因劳动者经常转换工作岗位而造成的工时浪费，而且，专业化分工使人专于一行，可避免反复支出培训费用。

3. 专业化分工可减少劳动监督成本

分工程度较高时，个人责任清楚，工作内容简单，易监督，监督成本相应较低；相反，分工程度较低时，劳动内容复杂，监督难度加大，监督成本也将相应上升。

（二）协调的含义及作用

协调，从词面上看就是协商、调和之意。协调的本质在于解决各方面的矛盾，使整个组织和谐一致，使每一个部门、单位和组织成员的工作与既定的组织目标一致。

作为一个领导者，通过采取一定的措施和办法，使其所领导的组织同环境、组织内外成员等协同一致，相互配合，可以高效率地完成工作任务，实现其领导目标。由此可见，协调对组织发展具有极其重要的作用。

1. 可以减少内耗、增加效益

有效协调可以使组织活动的各种相关因素相互补充、相互配合、相互促进，从而减少人力、物力、财力、时间的浪费，达到提高组织的整体效率、增加效益的目的。

2. 有利于增强组织凝聚力

要使组织内部人员团结、齐心协力，需要领导者以极大的精力和高超的技艺加以有效协调。只有人们心理上、权力上、利益上的各种关系协调了，才能团结统一，相互支持，齐心协力地实现共同的目标。

3. 有利于调动员工的积极性

协调的好坏直接关系到组织目标的实现和整个领导活动的效能，做好协调工作，组织内部各成员能够团结合作，充分发挥出每个人的聪明才智，使组织工作充满生机和活力。

（三）正确处理分工与协调的关系

对分工与协调关系的处理，是组织设计中的一个重要问题。传统组织设计强调工作的专业化分工，不仅业务活动要进行分工，管理活动也要实行分工，通过分工提高各方面工作的质量和效率。但是随着生产力水平的提高，过分强调分工可能会带来本位主义，造成工作的单调乏味，影响员工的工作热情和创造思维等，因此，分工应该有个合适的"度"。

基于对过细分工所产生问题的认识，现代组织设计中出现了机构职能综合化和业务流程整合化的改革趋势。以事业部型取代职能型结构，标志着由过去强调专业职能分工转变为增强单位内部的协调性。参谋职能机构设置中将职能相似程度高、相互关联较强的工作合并在一起，由综合部负责多项职能管理工作，这样也有利于实现相关业务的归口统一管理。

由此可见，组织目标的完成，离不开企业内部的专业化分工和相互协调，因为现代企业的管理，工作量大、专业性强，分别设置不同的专业部门，有利于提高管理工作的效率；同时，在合理分工的基础上，各专业部门必须加强协作和配合，才能保证各项专业管理工作顺利展开，以达到组织的整体目标。

因此，组织在设置组织结构时，必须正确处理分工与协调的关系，既要有分工又要有协作，既要保持组织精干又要使组织高效，具体应注意以下原则：一是分工的合理性，即分工要符合精干的原则；二是要发挥纵向协调和横向协作的作用；三是要加强管理职能之间的相互制约关系。

四、人员配备

（一）人员配备的任务和原则

1. 人员配备的任务

人员配备是为每个岗位配备适当的人，也就是说，首先要满足组织的需要，同时，人员配备也是为每个人安排适当的工作，因此要考虑满足组织成员的个人特点、爱好和需要。可以从组织和个人两个不同的角度去考察人员配备的任务：一方面，从组织需要的角度来看，人员配备必须保证组织机构的每个职位都有合适的人选；另一方面，从员工个人的角度来看，人员配备应力求使每个人的知识和能力都得到公正的评价、承认和运用，使每个人的知识、能力和素质在工作中都得到不断的发展和提高。

2. 人员配备的原则

（1）因事择人的原则。所谓因事择人，是指以所设职位和工作的实际需要为标准来选拔符合要求的各类人员。选人的目的在于使其担当一定的职务，要求其从事与该职务相应的工作。要使工作卓有成效地完成，就必须要求工作者具备相应的知识和能力。

（2）因材器使的原则。所谓因材器使，是指根据人的能力和素质的不同，安排不同要求的工作。不同的工作要求不同的人去进行，而不同的人也具有不同的能力和素质，能够从事不同的工作。从人的角度来考虑，只有根据人的特点来安排工作，才能使人的潜能得到最充分的发挥，使人的工作热情得到最大限度的激发。

（3）人事动态平衡的原则。处在动态环境中的组织是在不断发展的，工作中的人的能力和知识是在不断提高和丰富的，同时，组织对其成员的素质认识也是不断全面、完善的。因此，人与事的配合需要进行不断的调整，使能力发展并得到充分证实的人去从事更高层次、更多责任的工作，使能力不及、不符合职务需要的人有机会进行力所能及的活动，力求使每一个人都能得到最合理的使用，实现人与工作的动态平衡。

（二）管理人员的选聘

1. 管理人员的来源

（1）外部招聘。外部招聘是根据一定的标准和程序，从组织外部的众多候选人中选拔符合空缺工作要求的管理人员。

外部招聘具有以下优点。

①被聘人员具有"外来优势"。所谓"外来优势"主要是指被聘者没有"历史包袱"，组织内部成员只知其目前的工作能力和实绩，而对其历史的失败记录知之甚少。因此，如果他确有工作能力，那么便可迅速地打开局面。相反，如果从内部提升，部下对新上司在成长过程中的失败教训有印象，可能影响后者大胆地放手工作。

②有利于平息和缓和内部竞争者之间的紧张关系。每个人都希望有晋升的机会。组织中空缺的管理职位可能有多位内部竞争者希望得到。如果员工发现自己的同事，特别是原来与自己处于同一层次具有同等能力的同事提升而自己未提升时，就可能产生不满情绪，懈怠工作，不服从管理。从外部选聘可以使这些竞争者得到某种心理上的平衡，从而利于缓和他们之间的紧张关系。

③能够为组织带来"新鲜血液"。来自外部的候选人可以为组织带来新的管理方法与经验。他们没有太多的束缚，工作起来可以放开手脚，从而给组织带来较多的创新机会。此外，由于他们新进加入组织，没有与上级或下属历史上的个人恩怨关系，从而在工作中可以较少顾忌复杂的人情关系。

外部招聘存在以下局限性。

①外聘者对组织缺乏深入了解。外聘干部不熟悉组织的内部情况，同时也缺乏一定的人事基础，因此需要一段时期的适应才能进行有效的工作。

②组织对外聘者缺乏深入了解。虽然选聘时可借鉴一定的测试、评估方法，但一个人的能力是很难通过几次短暂的会面、书面测试而得到全面准确的体现的。被聘者的实际工作能力与选聘时评估的能力可能存在很大差距，因此组织可能聘用一些不符合要求的管理干部。这种错误的选聘可能给组织造成极大的危害。

③外部招聘的最大局限性莫过于对内部员工的打击。大多数员工都希望在组织中有不断发展的机会，都希望能够担任越来越重要的工作。如果组织经常从外部招聘管理人员，且形成制度和习惯，则会阻碍内部员工的升迁之路，从而会挫伤他们的工作积极性，影响他们的士气。同时，有才华、有发展潜力的外部人才在了解到这种情况后也不敢应聘，因为一旦应聘，虽然在组织中工作的起点很高，但今后提升的希望却很小。

由于这些局限性，许多成功的企业强调不应轻易地外聘管理人员，而主张采用内部培养和提升的方法。

（2）内部晋升。内部晋升是指组织成员在能力增强并得到充分的证实后，被委以更大责任的职务。

内部晋升的优点包括如下几个。

①有利于鼓舞士气，提高工作热情，调动组织成员的积极性。内部提升制度给每个人带来希望。每个组织成员都知道，只要在工作中不断提高能力、丰富知识，就有可能被提拔担任更重要的工作，这种职业生涯中的个人发展对每个人都是非常重要的。职务提升的前提是要有空缺的管理岗位，而空缺的管理岗位的产生主要取决于组织的发展，只有组织发展了，个人才可能有更多的提升机会。因此，内部提升制度能更好地维持成员对组织的忠诚，使那些有发展潜力的员工更自觉、积极地工作，以促进组织的发展，从而为自己创造更多的职务提升机会。

②有利于吸引外部人才。内部提升制度表面上是排斥外部人才，不利于吸收外部优秀的

管理人员，其实不然。真正有发展潜力的管理人员知道，加入这种组织，担任管理职务的起点虽然低，有时甚至需要一切从头做起，但是凭借自己的知识和能力，花较少的时间便可熟悉基层的业务，从而能迅速地提升到较高的管理层次。

③有利于保证选聘工作的正确性。已经在组织中工作若干时间的内部候选人，组织对其了解程度必然要高于外聘者。候选人在组织中工作的经历越长，组织越有可能对其作全面深入的考察和评估，从而选聘工作的正确程度越高。

④有利于使被聘者迅速展开工作。管理人员能力的发挥要受到他们对组织文化、组织结构及其运行特点的了解。在内部成长提升上来的管理干部，由于熟悉组织中错综复杂的机构和人事关系，了解组织运行的特点，所以能迅速地适应新的管理工作，工作起来要比外聘者显得得心应手，从而能迅速打开局面。

内部晋升的局限性包括以下两个方面。

①引起同事的不满。在若干个内部候选人中提升一个管理人员，可能会使落选者产生不满情绪，从而不利于被提拔者展开工作。避免这种现象的一个有效方法是不断改进干部考核制度和方法，正确地评价、分析、比较每一个内部候选人的条件，努力使组织得到最优秀的干部，并使每一个内部候选人都能体会到组织的选择是正确、公正的。

②可能造成"近亲繁殖"的现象。从内部提升的管理人员往往喜欢模仿上级的管理方法。这虽然可使老一辈管理人员的优秀经验得到继承，但不利于组织的管理创新，不利于管理水平的提高。要克服这种现象，必须加强对管理队伍的教育和培训，特别是要不断组织他们学习新知识。在评估候选人的管理能力时，也要注意对他们创新能力的考察。

2. 管理人员的选聘程序与方法

不论是外聘还是内部晋升，为了保证新任管理人员符合工作的要求，往往需要把竞争机制引入人员配备工作。通过竞争，可以使组织筛选出最合适的管理人员。竞争的结果可能是外部人员被选中，内部候选人被淘汰。

（1）公开招聘。当组织中出现需要填补的管理职位时，根据职位所在的管理层次，建立相应的选聘工作委员会或小组。工作小组既可是组织中现有的人事部门，也可是代表所有者利益的董事会，或由各方面利益代表组成专门或临时性机构。选聘工作机构要以相应的方式，通过适当的媒介，公布待聘职务的数量、性质以及对候选人的要求等信息，向企业内外公开招聘，鼓励那些符合条件的候选人参加。

（2）初选应聘者的数量可能很多，选聘小组不可能对每一个人进行详细的研究和认识，否则所花费用过高。这时，需要进行初步筛选。内部候选人的初选可以根据组织以往的人事考察来进行。对外部应聘者则需通过简短的会面、谈话，尽可能多地了解每个申请人的情况，观察他们的兴趣、观点、见解、独创性等，淘汰那些不能达到这些方面基本要求的人。

（3）对初选合格者进行知识和能力的考核。在初选之后，对数量相对有限的应聘者进行细致的考核和评价，考核内容主要为应聘者的能力、个性特征、心理素质、实际技能等。由于这些个人品质难以通过简单的方法进行评定，因此必须采用特定的考核方法，主要有智力与知识测验、心理测试、竞聘演讲与答辩、案例分析等方法。

（4）民意测验。管理工作的效果是否理想不仅取决于管理人员自己努力与否，而且受到被管理人员接受程度的影响。因此，在选配管理人员时，特别是在选配组织中较高管理层次的管理人员时，还应注意征询所在部门，甚至是组织所有成员的意见，进行民意测验，以判断组织成员对他的接受程度。

（5）选定管理人员。在上述各项工作的基础上，利用加权的方法，算出每个候选人知识智力和能力的综合得分，考虑到民意测验反映的受群众拥护的程度，并根据待聘职务的性质选择聘用既有工作能力又被同事和部属广泛接受的管理人员。

（三）管理人员的考评

管理人员考评是指对管理人员工作绩效的考核，具体而言，就是对照工作岗位职责说明书和工作任务的要求，对管理人员的业务能力、工作表现及工作态度等进行评价的过程。管理人员绩效考评是人事工作的一项重要内容，通过绩效考评，一方面有助于了解管理者是否胜任岗位工作，从而为人事调整提供依据；另一方面为管理人员的培训和工作报酬的确定提供依据。

1. 管理人员考评的内容

（1）贡献考评。贡献考评是考核管理人员在一定时期内担任某个职务的过程中对实现组织目标的贡献程度，即评价和对比组织要求某个管理职务及其所辖部门提供的贡献与该部门的实际贡献。贡献往往是努力程度和能力强度的函数，贡献考评是决定管理人员报酬的主要依据。

（2）能力考评。能力考评是指通过考察管理人员在一定时间内的管理工作，评估他们的现实能力和发展潜力，即分析他们是否符合现在职务的要求，任现职后素质和能力是否有所提高，能否担任更重要的工作。

由于管理人员的能力要通过日常的具体工作来表现，而日常工作中表现出来的技术与方法又很难与那些描述管理者素质特征或能力水平的概念相对应。而且，管理人员的"决策能力""用人能力""沟通能力""创新精神""正派的作风"等都是一些抽象的概念，因此，能力考评中要注意切忌根据自己的主观判断给被考评对象任意打分。

2. 管理人员考评的工作程序与方法

（1）确定考评内容。管理职务不同，工作要求不同，管理人员应具备的能力和提供的贡献也不同。所以考评管理人员，首先要根据不同岗位的工作性质，设计合理的考评表，以合理的方式提出问题，通过考评者对这些问题的填写得到考评的原始资料。

（2）选择考评者。考评工作往往被视为人事管理部门的任务。实际上，人事部门的主要职责是组织考评工作，真正的考评应该是由被考评者的上级、与其有联系的关系部门及其下属来参加和完成的。

（3）分析考评结果，辨识误差。为了得到正确的考评结果，要分析考评的可靠性，剔除那些明显不符合要求的随意乱填的考评表。在此基础上综合各考评表的打分，得出考评结果，并对考评结果的主要内容进行对照分析，检验考评结果的可信程度。

（4）反馈考评结果。考评结果应及时反馈给有关当事人。反馈的形式可以是上级主管与被考评对象的直接单独面谈，也可以是书面形式通知。有效的方法应把这两种结合起来使用：主管与被考评对象会面之前，已让被考评对象了解考评的结果，知道组织对自己能力的评价和贡献的承认程度，以及组织所认为的自己的缺陷，从而要求改进的方向，以使得被考评对象有时间认真考虑这些结论。如果认为考评有不公正或不全面，则可认真准备，在会面时，进行申辩或补充。

（5）根据考评结果，建立组织的人事档案。有规律地定期考评管理人员，可以使组织了解管理人员的成长过程和特点，建立人事档案，可以帮助组织根据不同的标准将管理人员分类管理，从而为组织制定人事政策，组织管理人员的培训和发展提供依据。

（四）管理人员的培训

1. 管理人员培训的目标

（1）传递信息。这是培训管理干部的基本要求。通过培训，要使管理人员了解组织在一定时期内的生产特点、产品性能、工艺流程、营销政策、市场状况等方面的情况，熟悉公司的生产经营业务。

（2）改变态度。每个组织都有自己的文化、价值观念、行动的基本准则，管理人员只有了解并接受了这种文化，才能有效工作。因此，要通过管理人员，特别是对新聘管理人员的培训，使他们逐步了解组织文化，接受组织的价值观念，按照组织中普遍的行动准则来从事管理工作。

（3）更新知识。现代企业在生产过程中广泛地运用了先进的科学技术，管理者必须掌握与组织生产经营有关的科技知识。这些知识既可以在工作前的学校教育中获取，更应该在工作中不断补充和更新，因为随着科学技术进步速度的加快，人们原先拥有的知识结构会不断陈旧和老化。为了使企业的活动跟上技术进步的速度，为了使管理人员能有效地管理具有专门知识的生产技术人员的劳动，就必须通过培训，及时补充和更新他们的科学文化和技术知识。

（4）发展能力。管理是一种职业，有效地从事这种职业，必须具备职业要求的基本能力并在职业活动中不断提高。管理人员培训的一个主要目的，便是根据管理工作的要求，努力提高他们在决策、用人、激励、沟通、创新等方面的管理能力。

2. 管理人员的培训方法

（1）工作轮换。工作轮换包括管理工作轮换与非管理工作轮换。其中，管理工作轮换是指在提拔某个管理人员担任较高层次的职务之前，让他先在一些较低层次的部门工作，以积累不同部门的管理经验，了解各部门在整个公司中的地位、作用及其相互关系。

（2）设置助理职务。在一些较高的管理层次设立助理职务，不仅可以减轻主要负责人的负担，使之从繁忙的日常管理中解脱出来，专心致力于重要问题的考虑和处理，而且具有培训待提拔管理人员的好处。比如，可以使助理开始接触较高层次的管理工作的内容与要求；可以使助理很好地观察主管的工作，学习主管处理问题的方法，吸收他的优秀管理经验，从而促进助理的成长；此外，还可以更好地了解受训人的管理能力，通过让他单独主持某项重要工作来观察他的组织能力和领导能力，从而决定是否有必要继续培养或是否有可能予以提升。

（3）设置临时职务代理。当组织中某个主管由于出差、生病或度假等原因而使某个职务在一定时期内空缺时（当然组织也可有意识地安排这种空缺），则可考虑让受训者临时担任这项工作。安排临时性的代理工作具有和设立助理相类似的好处，可以使受训者进一步体验相应管理工作，并在代理期内充分展示其具有的管理能力，或迅速弥补他所缺乏的管理能力。

设立代理职务不仅是一种培训管理人员的方法，而且可以帮助组织进行正确的提升，防止"彼得现象"。英国幽默大师劳伦斯·J. 彼得曾经发现："在实行等级制度的组织里，每个人都崇尚爬到能力所不达的层次。"他把自己的这个发现写成了著名的《彼得原理》一书。组织中有些管理人员在提升后不能保持原先的成绩，可能给组织带来效益的大滑坡。

如何才能防止"彼得现象"产生呢？从理论上来说，组织只是有可能及时撤换不称职的管理干部。但在实际工作中，"表现平平"的管理人员被降职的可能性极小，对"政绩较差"的干部，组织往往是比较宽容的。为了对他们本人"负责"，组织往往需要给他们提供一个改善的机会。而当他们的能力被再度证明不符合职务要求，组织下决心撤换时，他们所在部门的工作已对组织目标的实现产生了一些不利的影响。因此，在提升后撤换不称职管理人员的方法是消极的，组织付出的代价有时是极高的。

积极的方法应通过分析"彼得现象"产生的原因去寻找解决之道。这种现象能够产生的一个重要原因是：组织提拔管理人员主要根据他们过去的工作成绩和能力。在较低层次上表现优异、能力突出的管理者能否胜任较高层次的管理工作，答案是不一定。只有当这些人担任高层次管理工作的能力得到某种程度的证实以后，组织才应考虑晋升问题。检验某个管理人员是否具备担任较高职务的条件的一种可行方法，就是安排他担任某个临时性的代理职务。如果在代理以前，该管理人员表现突出，部门内的人际关系很好，在执行工作中也表现出一定的创新精神，而在代理过程中，遇事不敢做主，甚至惊慌失措，那么，将代理转化为正式显然是不恰当的。由于代理只是一个临时性的职务，因此，取消代理使其从事原来的工作，对代理者本人也不会产生任何打击，但这可以帮助组织避免一次错误的提拔。

第五节 组织文化

一、组织文化的含义、特征及功能

(一) 组织文化的含义

组织文化有广义和狭义之分。广义的组织文化是指企业在建设和发展中形成的物质文明和精神文明的总和，包括组织管理中的硬件和软件，外显文化和内隐文化；狭义的组织文化是指组织在长期的生存和发展中所形成的、为组织所特有的，且为组织多数成员共同遵循的价值标准、工作作风、基本信念和行为规范等的总和。通常我们指的是狭义的组织文化。

组织文化一般可分为三个层次，即物质层、制度层和精神层，如图 5-16 所示。

1. 物质层 (外显层次)

物质层是组织文化的表层部分，是指凝聚着组织文化抽象内容的物质体的外在显现，它既包括了组织整个物质的和精神的活动过程、组织行为、组织体产出等外在表现形式，也包括了组织实体性的文化设备、设施等，如带有本组织文化色彩的生产环境、生产经营技巧等。物质层是组织文化中最直观的部分，是人们最易于感知的部分，是形成组织文化精神层和制度层的条件和载体。

2. 制度层 (中间层次)

制度层是组织文化的中间层次，是指体现某个具体组织的文化特色的各种规章制度、道德规范和员工行为准则的总和，包括厂纪、厂规、行为准则等。它是组织文化的第二层或称中间层，它构成了各个组织在管理上的文化个性特征。

3. 精神层（内隐层次）

精神层即组织的精神文化，它是组织在长期实践中所形成的员工群体心理定式和价值取向，是组织的道德观、人本主义的价值观、管理哲学等的总和，反映全体员工的共同追求和共同认识。组织精神文化是组织文化的核心和主体，是组织优良传统的结晶，是维系组织生存发展的精神支柱。

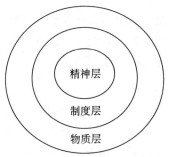

图 5-16　组织文化的层次

（二）组织文化的特征

组织文化具有以下几个主要特征。

1. 独特性

每个组织都具有自己的历史、类型、性质、规模、发展背景、人员素质等因素，这些内在因素各不相同，因此，在组织经营管理的发展过程中，必然会形成具有本组织特色的价值观、经营准则、经营作风、道德规范、发展目标等。

2. 相对稳定性

组织文化是组织在长期的发展中逐渐积累而成的，具有较强的稳定性，不会因为组织结构的改变、战略的转移或产品与服务的调整而变化。一个组织中，精神文化又比物质文化具有更强的稳定性。

3. 融合继承性

每个组织都是在特定的文化背景下形成的，必然会接受和继承这个国家和民族的文化传统和价值体系。同时，组织文化在发展过程中，也必须注意吸收其他组织的优秀文化，融合世界上最新的文明成果，不断地充实和发展自我。也正是这种融合继承性使得组织文化能够更加适应时代的要求，并且形成历史性和时代性相统一的组织文化。

4. 可塑性

组织文化并不是生来具有的，而是组织在长期的生存和发展过程中逐渐总结、培育和积累而形成的。组织文化是可以通过人为的后天努力加以培育和塑造的，而对于已形成的组织文化也并非一成不变，是会随着历史的积累、社会的进步、环境的变迁及组织变革逐步调整和发展的。

（三）组织文化的功能

组织文化在组织经营管理中发挥着重要功能，主要表现在以下几个方面。

1. 导向功能

组织文化的导向功能，是指组织文化能对组织整体和组织每个成员的价值取向及行为取向起引导作用，使之符合组织所确定的目标。组织文化只是一种软性的理智约束，通过组织的共同价值观不断地向个人价值观渗透和内化，使组织自动生成一套自我调控机制，以一种适应性文化引导着组织的行为和活动。

2. 约束功能

组织文化的约束功能，是指组织文化对每个组织员工的思想、心理和行为具有约束和规范的作用。组织文化的约束不是制度式的硬约束，而是一种软约束，这种软约束相当于组织中弥漫的组织文化氛围、群体行为准则和道德规范。

3. 凝聚功能

组织文化的凝聚功能，是指当一种价值观被该组织员工共同认可之后，它就会成为一种黏合剂，从各个方面把其成员团结起来，产生一种巨大的向心力和凝聚力，而这正是组织获得成功的主要原因。"人心齐，泰山移"，凝聚在一起的员工有共同的目标和愿景，推动组织不断前进和发展。

4. 激励功能

组织文化的激励功能，是指组织文化具有使组织成员从内心产生一种高昂情绪和奋发进取精神的效应，它能够最大限度地激发员工的积极性和首创精神。组织文化强调以人为中心的管理方法，它对人的激励不是一种外在的推动而是一种内在引导，它不是被动消极地满足人们对实现自身价值的心理需求，而是通过组织文化的塑造，使每个组织员工从内心深处产生为组织拼搏的献身意识。

5. 辐射功能

组织文化的辐射功能，是指组织文化一旦形成较为固定的模式，不仅会在组织内发挥作用，对本组织员工产生影响，而且也会通过各种渠道对社会产生影响。组织文化向社会辐射的渠道是很多的，但主要可分为利用各种宣传手段和个人交往两大类。一方面，组织文化的传播对树立组织在公众中的形象有帮助；另一方面，组织文化对社会文化的发展有影响。

6. 调适功能

组织文化的调适功能，是指组织文化可以帮助新成员尽快适应组织，使自己的价值观和组织相匹配。在组织变革的时候，组织文化也可以帮助组织成员尽快适应变革后的局面，减少因为变革带来的压力和不适应。

链接 5-3

华为的"狼性文化"

华为非常崇尚狼，认为要向狼学习"狼性"。华为的"狼性文化"可以用这样的几个词语来概括：学习、创新、获益、团结。具体来说，学习和创新代表敏锐的嗅觉，获益代表进攻精神，而团结就代表群体奋斗精神。

以企业文化为先导来经营企业，是华为总裁任正非的基本理念，通过他的一些讲话可以帮助我们理解华为文化的内涵。任正非认为资源是会枯竭的，唯有文化才能生生不息。他说："人类所占有的物质资源是有限的，总有一天石油、煤炭、森林、铁矿会开采光，而唯有知识会越来越多。"

中共十三大提出"以经济建设为中心"，但当时一方面国家的基础弱，底子薄，财力有限；另一方面，又要加快国民经济的发展速度，国家不得以采取了"市场换技术"的开放政策。这样做的结果就是，我国企业一出生就面对一个被外资垄断的市场。

华为1987年创立的时候，身处的正是这样的环境。另外，还有一个因素强化了华为等国内电信设备商的生死意识，那就是电信设备与大众消费品的区别，后者的市场广阔，外资不可能一下全占完，而前者的市场空间本来就非常有限，加上县级邮电局，也不过几千个。这几千个客户，用的都是进口设备。这种情况下，生存就意味着逼对手退让，发展就意味着削弱对手。

为了增强员工的生存意识和生存能力，华为不停灌输各种概念："活下去是硬道理""为了市场销售增长所做的一切都不是可耻的""企业就是要发展一批狼。狼有三大特性：一是敏锐的嗅觉，二是不屈不挠、奋不顾身的进攻精神，三是群体奋斗的意识""胜者举杯相庆，败者拼死相救""狭路相逢勇者胜"等。这些鼓动性很强的概念，使一线年轻员工拥有大无畏的精神状态。华为领导的内部讲话和宣传材料，字里行间充斥着激情、鼓舞、号令，任正非卓越的口才被公认为是这种传统的源泉。

华为的"狼性文化"体现出以下几个特点。

一、远大的追求，求实的作风

一个企业的成功，源于企业家的胆识和追求，在于企业家的价值观和胸怀，企业家依据自己的追求和价值准则建立公正的价值体系和价值分配制度，并凭借这一体系和制度吸引和积聚优秀人才，建立严密的、有高度活力的组织，形成具有高度凝聚力和高度文明的企业文化。企业的生命周期是由企业的内部特征决定的。如果企业只卖产品，而产品又受有生命周期的这一客观规律制约，那企业注定是短命的。另一种企业是既卖产品又卖文化，因为文化的生生不息导致产品的不断柳暗花明，所以它们注定是长寿的。而且，文化鲜明的民族特征能给一个企业带来持续推动力，企业文化必须是能体现一个民族远大追求的文化。

华为公司的远大追求主要表现在三方面：（1）实现顾客的梦想，成为世界级领先企业。（2）在开放合作的基础上独立自主和创造性地发展世界领先的核心技术和产品。（3）以产业报国、振兴民族通信工业为己任。

强大的国家是强大企业的沃土，企业必须依靠国家作为后盾。另一方面，国家没有强大的、在国际上领先的企业群，经济就没有基础，政治上就没有地位。任何一个强大的企业，不管其所有制性质，都是国家经济实力的创造者，都是国家增强综合国力的源泉。企业要在经营活动中处处表现出爱祖国、爱人民、爱事业、爱生活的价值观念。

爱祖国不是空洞的口号，要成长为世界级公司，只能独立自主、自力更生地发展领先的核心技术体系和产品系列。而这种长期艰苦奋斗的精神力量源自爱祖国、爱人民。华为公司的企业家和员工是有血有肉的凡人，他们既爱祖国、爱人民，又爱事业、爱生活、爱自己和家人。这样，就把远大的追求与员工的切身利益有机地结合，把"造势与做实"紧密地结合。

二、尊重个性，集体奋斗

优秀的企业不搞偶像崇拜，不推崇个人主义，强调集体奋斗，也给个人以充分发挥才能的平台。高技术企业的生命力在于创新，而突破性的创新和创造力实质上是一种个性行为。这就要求尊重人才、尊重知识、尊重个性。但高技术企业又要求高度的团结合作，今天的时代已经不是爱迪生的时代，技术的复杂性、产品的复杂性，必须依靠团队协作才能攻克。

华为公司是以高技术为起点，着眼于大市场、大系统、大结构的高科技企业。它需要所有的员工必须坚持合作，走集体奋斗之路。一个没有足够专业能力的人跨不进华为的大门，但跨进门后融不进华为文化，等于丧失了在华为发展的机会。

优秀的企业应该在组织上，特别是科研和营销组织上采取团队方式运作；在工作态度考评上强调集体奋斗、奉献精神；在工资和奖金分配上实行能力主义工资制，强调能力和绩效；在知识产权上，要保护个人的创造发明；在股权分配上强调个人的能力和潜力。

三、结成利益共同体

企业是一种功利组织，但为谁谋利益的问题必须解决，否则企业不可能会有长远发展。企业应该奉行利益共同体原则，使顾客、员工与合作者都满意，这里合作者的含义是广泛的，是与公司利害相关的供应商、外协厂家、研究机构、金融机构、人才培养机构、各类媒介和媒体、政府机构、社区机构，甚至目前的一些竞争对手都是公司的合作者。

华为公司正是依靠利益共同体和利益驱动机制，不断地激活了整个组织。

四、公平竞争，合理分配

华为公司的价值评价体系和价值分配制度是华为之所以成功的关键，是华为公司管理中最具特点之处。华为本着实事求是的原则，从自身的实践中认识到：知识、企业家的管理和风险与劳动共同创造了公司的全部价值，公司是用转化为资本的方式使劳动、知识、企业家的管理和风险的积累贡献得到合理的体现和报偿。职工只要为企业作出了长期贡献，他的资本就有积累；另一方面，不但创业者的资本有积累，新加入者只要为企业作出特殊贡献，他们的利益也通过转化为资本的方式得到了体现和报偿，使劳动、知识、管理成为一体，使分配更加合理。

华为公司从以下四个方面力图使价值分配制度尽量合理：（1）遵循价值规律，按外部人才市场的竞争规律决定公司的价值分配政策。（2）引入内部公平竞争机制，确保机会均等，而在分配上充分拉开差距。（3）树立共同的价值观，使员工认同公司的价值评价标准。（4）以公司的成就和员工的贡献作为衡量价值分配合理性的最终标准。

在对待报酬的态度上，华为人的传统是不打听别人的报酬是多少，不要与别人比，想要得到高回报，把注意力集中在搞好自己的工作上，如果觉得不公平，不闹不吵、好聚好散，到外单位折腾一段，觉得还是华为好，欢迎再回来。从这点上来看华为公司的文化，是一种实事求是的文化，是一种建立在尊重价值规律和自然规律基础上的文化，是一种精神文明与物质文明互相结合、互相促进的文化。

正是由于华为的"狼性文化"，受其熏陶的每个华为人都具备着华为精神。

1. 吃苦耐劳精神

几乎每个华为人都备有一张床垫，卷放在各自的储存铁柜的底层或办公桌、计算机台的下面，外人从整齐的办公环境中很难发现这个细节。午休的时候，席地而卧，方便而适用。晚上加班，夜深人静，灯火阑珊，很多人却不回宿舍，就这一张床垫，累了睡，醒了再爬起来干，黑白相继，没日没夜。可以说，一张床垫半个家，华为人是携着这样一张张床垫走过创业的艰辛与卓越。颜色各异、新旧杂陈的一张张床垫，载着华为人共同的梦想。床垫文化的意味也从早期华为人身体上的艰苦奋斗发展到现在思想上的艰苦奋斗，构成华为文化一道独特的风景。

2. 敬业精神

什么人能做好工作？就是要有强烈的敬业精神，有献身精神的人，华为努力去发现这样的人。不具备华为文化，又不努力去学习华为文化，就无法成为这样的人。

3. 艰苦奋斗精神

华为公司提倡思想上艰苦奋斗。思想如何去艰苦奋斗呢？提高思想，提高认识，不断地学习，思想不断进步，这应该是艰苦奋斗吧，然而细想一下，这似乎还不够，还只是一般性的思想进步。怎样才算是艰苦奋斗呢？艰苦奋斗还应有一个目标，这应该是不断地超越自我。体育比赛中，冠军的获得不会是因为他跳得很高、跑得很快，而应是在所有人中跳得最高、跑得最快。然而这个纪录如果他自己不去创新，那么过不了多久，就会被别人刷新。思想上的艰苦奋斗除了横向的比较外，还应该与自己纵向比较。你的思想不提高，别人的思想就会超过你，只有不断地超越自我，这才算是思想上的艰苦奋斗。

因此可以说华为的"狼性文化"是华为凝聚力的源泉，也是华为不断前进的内在支撑。

（资料来源：《华为的企业文化》第3版，赵海涛，陈广著，深圳海天出版社）

二、组织文化的建设

（一）组织文化建设的内容

从最能体现组织文化特征的内容来看，组织文化建设主要包括价值观、人本管理理念、管理制度与行为规范、组织良好形象等方面的建设。

1. 价值观建设

组织的价值观就是组织内部管理层和全体员工对组织的生产、经营、服务等活动以及指导这些活动的一般看法或基本观点。每个组织的价值观都会有不同的层次和内容，成功的组织总是会不断地创造和更新组织的信念，不断地追求新的、更高的目标。在进行组织文化建设的过程中，要培育具有优良取向的价值观，塑造杰出的组织精神。

2. 人本管理理念建设

以人为本，全面提高员工素质是现代管理发展的最重要的趋势，人在组织文化建设中具有双重身份：既是文化建设的主体，又是文化建设的客体。在进行组织文化建设的过程中，要激励员工，发挥其积极性和能动性，最终实现个人目标与组织目标的一致性。

3. 管理制度与行为规范的建设

组织文化的建设首先就是一种管理思想、管理模式、管理制度的建设，先进的管理制度与行为规范的建设是组织文化建设的基础，并在此基础上形成组织内部成员共同遵守的道德规范。

4. 组织良好形象建设

改善物质环境是塑造组织良好形象的途径，通过组织标志、产品包装、厂容厂貌、传播网络及纪念建筑等物质文化表达出企业的经营思想、经营管理哲学、工作作风等，形成自己的特色，树立良好的形象。

以上四个方面的组织文化建设构成了整个文化体系，集中体现了精神层、制度层和物质层之间相互依存、相互影响的关系，使其形成一个和谐统一的整体。

（二）组织文化建设的程序

组织文化的建设是个长期的过程，同时也是组织发展过程中的一项艰巨、细致的系统工程，具体需要经过以下几个步骤。

1. 选择合适的组织价值观标准

组织价值观是整个组织文化建设的核心，选择正确的组织价值观是建立良好组织文化的首要战略问题。选择组织价值观要立足于本组织的具体特点，根据自己的目的、环境要求和组成方式等特点选择适合自身发展的组织文化模式；要把握住组织价值观与组织文化各要素之间的相互协调，因为各要素只有经过科学的组合与匹配才能实现系统整体优化。

在此基础上，选择正确的组织价值标准要注意以下四点。

（1）组织价值标准要正确、明晰、科学，具有鲜明特点。

（2）组织价值观和组织文化要体现组织的宗旨、管理战略和发展方向。

（3）要切实调查本组织员工的认可程度和接纳程度，使之与本组织员工的基本素质相和谐，过高或过低的标准都很难奏效。

（4）选择组织价值观要发挥员工的创造精神，认真听取员工的各种意见，并经过自上而下和自下而上的多次反复，审慎地筛选出既符合本组织特点又反映员工心态的组织价值观和组织文化模式。

2. 强化员工的认同感

在选择并确立了组织价值观和组织文化模式之后，就应该把基本认可的方案通过一定的强化方式使其深入人心，具体做法如下。

（1）利用一切宣传工具和手段，宣传组织文化的内容和精要，使之家喻户晓，以创造浓厚的环境氛围。

（2）培养和树立典型人物。榜样和英雄人物是组织精神和组织文化的人格化身与形象缩影，能够以其特有的感召力和影响力为组织成员提供可以仿效的具体榜样。

（3）加强相关培训教育。有目的的培训与教育，能够使组织成员系统地接受组织的价值观并强化员工的认同感。

3. 提炼定格

组织的价值观和文化模式经过群众的初步认同实践，还需要进一步的分析、归纳和提炼方能定格，具体步骤与要求如下。

（1）精心分析。在经过群众性的初步认同实践之后，应当将反馈回来的意见加以剖析和评价，详细分析和比较实践结果与规划方案的差距，必要时可吸收有关专家和员工的合理意见。

（2）全面归纳。在系统分析的基础上，进行综合化的整理、归纳、总结和反思，去除那些落后或不适宜的内容和形式，保留积极进步的形式和内容。

（3）精炼定格。把经过科学论证的和实践检验的组织精神、组织价值观、组织伦理和行为规范，予以条理化、完善化、格式化，再经过必要的理论加工和文字处理，用精练的语言表述出来。

4. 巩固落实

要巩固落实已提炼定格的组织文化，至少需要以下两方面的保障。

（1）必要的制度保障。在组织文化演变为全体员工的习惯行为之前，想使每一位成员都能自觉主动地按照组织文化和组织精神的标准去行事，几乎是不可能的。即使在组织文化业已成熟的组织中，个别成员背离组织宗旨的行为也是经常发生的。因此，建立某种奖优罚劣的规章制度十分必要。

（2）领导的率先示范作用。组织领导者在塑造组织文化的过程中起着决定性的作用。他的看法和观点会影响员工，他的行为更是一种无声的号召和导向，对广大员工会产生强大的示范效应。所以，任何一个组织如果没有组织领导者的以身作则，要培育和巩固优秀的组织文化是非常困难的。因此，领导者肩负着带领组织成员塑造优秀组织文化的历史重任。

5. 在发展中不断丰富和完善

任何一种组织文化都是特定历史的产物，当组织的内外条件发生变化时，组织必须不失时机地丰富、完善和发展组织文化。这既是一个不断淘汰旧文化和不断生成新文化的过程，也是一个认识与实践不断深化的过程。组织文化由此经过不断的循环往复以达到更高的层次。

三、组织文化的传播

没有传播就没有文化，人类的文化存在和文化遗产，是由于传播的存在才得以实现的。文化的共创和共享借助于传播才得以完成，离开传播，文化不可能形成，更谈不上文化的发展，如果不能有效地利用各种传播媒介，遵循传播沟通的基本原则，就不可能完成创立组织文化这项工程。组织文化常用的传播媒介分为以下三大类。

（一）印刷媒介

组织文化传播的印刷媒介包括组织报刊、社会报刊、文件与简报、组织简介小册子、商标、产品包装、组织函电以及组织档案等，这些印刷媒介中有些可以直接体现组织经营理念、共同愿景、核心价值观等文化要素。组织在设计这些媒介时，应该注意与组织文化的一致性，传播组织文化，千万注意不要与组织文化相抵触、相冲突。

1. 组织报刊

组织报刊是指组织报纸和组织定期或不定期（以月、季、年为时间单位）出版的刊物，包括组织的季度总结、年鉴等在内。组织报刊可以说是文化媒介中适应性最强、最有活力的。组织报刊的最大特点是信息量大，能够进行阶段性的文化评估和总结，全方位地涉及文化的各个层面，不足之处在于时效性差，对文化等动态反应不敏捷等。

2. 社会报刊

利用社会大众传播媒介，是组织需要给予特殊注意的。公共媒介对组织的报道是有选择的，不是见事就报。是否有新闻价值是公共媒介选择新闻事实的标准。

3. 文件和简报

文件和简报是由上级传达到下级的，有时在组织中级就中止了。文件和简报的区别在于，文件主要是为组织文化服务，简报往往服从于组织经营发展的需要。它们都是不定期公布发行的，比较灵活机动。由于出自高层领导，它们还具有行政约束力。文件与简报对组织变动和经营状况的反映具有连续性，为组织文化和经营文化的发展提供了准确和详尽的资料。

4. 组织简介小册子

组织简介小册子有对内和对外两种功能，对内它可以让组织人了解组织的过去、现在和未来的发展；对外是它向社会宣传组织的发展规划，让人们了解组织的实力，为经济合作提供参考。小册子要印刷精美、图文并茂，有时还有主要产品的图片和规格说明。在大组织中，产品小册子是单独的，并不与组织简介放在一起。

5. 商标和产品包装

企业的商标和产品包装直接反映企业的 VI 识别，随同产品一同进入社会，反映企业文化。商标是品牌标签，是质量、形式的反映。企业创品牌，消费者通过商标认识品牌。在重视产品商标的同时，也要注重产品包装。

6. 组织函电

组织函电往来是很多的，形式也繁多，如邀请信、慰问信、慰问电、祝贺电、感谢信、致谢信、道歉信、征求意见书、讣告、唁电等。如果说有相当多的组织在函电中格式不准确、措辞失当，并不是夸大事实。组织函电也是组织文化的重要体现。

7. 组织档案

组织档案从内容上分，有组织成员档案和组织发展档案。组织成员档案为组织文化建设提供最初的人才信息资料。组织发展档案是组织生存发展状况的信息储存，它是最全面反映发展的宝贵资料。创立组织文化的第一步程序——调查分析阶段，最初的工作就是从整理组织档案信息开始的。组织档案是组织的历史，组织档案的散失意味着割断了组织过去与今天的联系。它提供的经验与教训，可以使我们少走许多弯路。

（二）电子媒介

组织文化传播的电子媒介包括组织内部的电台、电视台、电子显示屏以及组织内部的网站等。

1. 组织内部的电台

在组织报纸、电台、电视台这三种媒介之间比较，组织内部的电台的普及率是最高的，这与它价格低廉、安装简便有关。组织文化的倡导者如果觉得有必要而且紧急的话，可以在五分钟之内把信息传播到听众那里。从传播信息的速度来说，广播是最快的，从传播频次上看，也是最多的，早、中、晚都进行广播。

2. 组织内部的电视台

组织内部的电视台是最受重视的传播媒介，每年在这里投入的资金也是最多的。其图文并茂、生动形象等方面的传播优势也为组织所认可。不要将组织内部的电视台当成一个卫星电视转播站，或者建成一个录像放映点，而是应多从组织文化建设的角度利用电视台。电视台可以举行知识竞赛、辩论赛、组织典型和劳模宣传、组织普通员工上屏幕谈对组织的看法等，还可以利用电视台培训员工。形式可以多样化一些，这样才能充分发挥电视台作为创立组织文化传播媒介的功能。

3. 电子显示屏

电子显示屏在商业组织的普及率远远大于生产组织。在一些大商场，我们能看到悬挂在醒目位置的电子显示屏，它们频繁地显示出在什么地方可以购买到某类商品，以及组织精神、价值观、广告等。比较一下大商场之间的电子显示屏，可以看出在使用手法上就有高低之分。如果仅仅告诉顾客可以买到什么，那么电子显示屏仅起到导购小姐的功能。一家商业集团提出"联退联换"的口号，并在报刊、广播、电台广泛向社会宣传，在电子显示屏上也说"不满意就退货"。假如说在社会大众媒介的口号是一种宣传的话，那么在电子显示屏上对顾客显示就无疑是当面的承诺。大众媒体面对的是潜在顾客，而电子显示屏面对的是具体真实的顾客。前者是组织借助于某种媒介说话与顾客有一定距离；后者则是面对顾客直接发言。因此，利用电子显示屏宣传组织文化时，最重要的是宣传顾客权益。

4. 组织内部的网站

网站是组织宣传自己、加强组织内外部沟通的重要手段，也是组织文化传播的重要媒介。组织不仅可以在网站的重要位置宣传介绍组织的文化，介绍体现文化的组织英模事迹，设专栏进行组织文化宣传，而且应该在组织网站的风格设计、结构设计等方面体现组织文化的要求。

（三）其他媒介

宣传组织文化的其他媒介包括：会议、宣传栏、板报、赞助以及培训等。

1. 会议

从传播的角度来看，会议是非常好的传播媒介。它至少有两个优点：第一，直接面对面传播，信息传播一次到位，减少传播的噪声干扰频次，减少信息误差；第二，传者与受者容易沟通，情感表达更充分，信息反馈最快，灵活机动性强。

2. 宣传栏

组织宣传栏一般建在人群集中的地方，主要功能是宣传教育，有时也用来通知某项信息，表彰与批评是宣传栏的主要工作。树立典型，以典型对员工进行精神激励；批评错误，对员工进行反面教育。在一些组织，读报栏与宣传栏并在一起，让员工在了解组织信息的同时，了解社会信息。

3. 板报

板报是组织各部门常用的媒介之一，它的影响范围局限在部门内部，对组织总体影响很小。但板报是部门最好、最方便的媒介。通知某些活动，对某些工作进行安排，板报是非常有效的。

4. 赞助

提起赞助，组织可能感到困扰，面对社会各种名义的赞助，组织领导者看到的是各种社会关系，没有能力或不愿赞助，而又不能说"不"，组织领导有时不得不回避。这种状况，有待于通过社会机制的调整与改革及组织经营机制的完善来改变，但由于被赞助者会通过某种途径宣传组织，赞助还是有一定宣传作用的。

5. 培训

组织培训工作也是宣传组织文化的重要媒介。很多组织在新员工培训时首先要做的就是组织文化培训。组织在文化创建阶段以及重大的文化转型阶段，也需要进行大规模的全员的文化宣传培训工作。最后，在员工的技能培训、管理培训工作也要体现组织的文化要求。

本章小结

1. 组织设计是组织工作中最重要、最核心的一个环节，它着眼于建立一种有效的组织结构框架，对组织成员在实现组织目标中的工作分工和协作关系进行正式、规范的安排。有效的组织设计必须使组织结构与特定的情景条件相一致，也就是必须遵循权变设计的原则。环境、战略、技术、规模和组织的成长阶段，这些都是影响组织设计的主要权变因素。权变因素的变化或变迁，提出了组织再设计的要求，引发了组织变革的过程。

2. 组织中分化和整合的方式不同，形成了不同的组织设计或组织形式，归纳起来，主要有直线型、职能型、直线职能型、事业部型、矩阵型和网络型组织结构。

3. 由于管理幅度的客观限制，组织必然会在纵向上表现或多或少的管理层次，这种层次划分就形成了组织的高耸型与扁平型结构。尽管组织扁平化是现代组织设计的一种趋势，但管理层次的缩减本质上依赖于管理幅度的拓宽。而有效的管理幅度是由主管人员的能力、下属人员的素质、工作的性质和条件及外部环境等多方面因素共同决定的。

4. 现实运行中的组织往往是正式组织与非正式组织相并存的。正式组织与非正式组织之间存在着相互影响的作用，组织的管理者必须以正确的态度来对待非正式组织。

5. 集权与分权反映组织中决策权限的集中与分散程度。组织在配置决策权限时不能过分集中，也不能过于分散，而应该遵循集权与分权有机结合的原则。绝对的集权与绝对的分权，都是不可取的。组织应视具体情况确定集权和分权的最合适的程度。

6. 组织在设置组织结构时，必须正确处理分工与协调的关系，既要有分工又要有协作，既要保持组织精干又要使组织高效。

7. 人员配备是组织设计的逻辑延续。人员配备要完成其相应的任务，必须遵循相应的原则；只有通过管理人员的选聘才能为组织配备合适的人员，也只有通过考评才能正确地评估和考核管理人员，通过培训才能发展和提高管理人员的素质和能力。

8. 组织文化是指组织在长期的生存和发展中所形成的，为组织所特有的，且为组织多数成员共同遵循的价值标准、工作作风、基本信念和行为规范等的总和。组织文化在组织经营管理中发挥着重要功能，主要有导向功能、约束功能、凝聚功能、激励功能、辐射功能、调适功能等。

重要概念

组织　组织设计　管理幅度　非正式组织　集权与分权　人员配备　彼得现象　组织文化

复习思考题

1. 组织设计时要考虑哪些主要因素？
2. 确定管理幅度应考虑哪些因素？
3. 有效的管理要求适度的集权与分权，怎样才能使集权与分权合理组合？
4. 什么是"彼得现象"？为什么会出现"彼得现象"？如何防止"彼得现象"的出现？

5. 外部招聘与内部晋升各自有何优缺点？

6. 如何塑造一个组织的组织文化？

案例分析

案例一　鸿业集团的组织设计

中国山西鸿业集团公司是从自行筹资 10 万元的乡镇企业——鸿业铜厂起家，经历十几年的艰苦经营，目前已发展成为一个拥有 12 亿元资产，下属 8 家境内独资或控股子公司、4 家境外独资公司的大型综合性铜冶炼加工的企业集团。

虽然公司在正常的运行，效益还可以。但是公司的董事长兼总经理王董却隐约感到公司似乎已处在某种生死攸关的嬗变阶段，许多问题操作起来都不如以前那么得心应手，第六感觉告诉他，潜在的危机越来越大。

而且，王董也觉得自己太累了，每天签审公司报账的财务票据就要花 2 个多小时，公司其他大小事情几乎都在他拍板，总有做不完的事。他平均每天只睡 3 小时，最近就有两次晕倒在办公室，再这样干下去肯定不行。因此，王董请来了新近才担任公司高级顾问的杨教授，向他请教治理公司的药方。

在深入的交谈中，王董向杨教授剖白了心迹：外面的人总以为我在公司里是绝对权威，甚至耀武扬威、随心所欲，其实我觉得要控制这家公司是越来越困难了。

当杨教授听说公司采购员差旅费报销也要王董亲自签字时，不禁惊讶地问："其他副总和部门负责人怎么不分忧？不分权怎么能经营这种大型企业？"王董敏感地解释道："我也懂得要分权，而且曾坚决奉行'用人不疑'的原则，可是教训太大了。1995 年放权，贸易公司经理用假提单卷走了 980 万元，至今没有下落。我只得集权，工作不到两年，实在不行，只好再度放权，没想到这次是总经理携款 1 500 万元跑到国外去了，他还是我的亲戚，公司的创业元老。我只好再次集权，如今是董事长、总经理一肩挑，每天上午就成了审批资金报告的专门时间。我知道这不是长久之计，但现在实在不知道相信谁了。该怎么办，到底人家外国人是怎么分权的，请专家帮助筹划。"

根据案例回答下列问题：

1. 为何集大权于一身的王董感觉到自己越来越控制不了公司？

2. 是什么原因导致王董放权的失败？

3. 如果你是杨教授，你觉得应该怎样做才能放权成功？放权最关键的是什么？

（资料来源：李锋主编，《管理学基础》，中国纺织出版社，2007：108.）

案例二　格力的企业文化

格力企业文化是以"实、信、廉、新、礼"为核心价值观，以"忠诚、友善、勤奋、进取"为企业精神，以"少说空话、多干实事"为务实的工作态度，从而形成了外拓内敛的求实文化，又紧密结合中国改革开放的实际情况，围绕"以人为本"构建和谐社会和向全球化发展具有"格力"特色的企业文化。

一、格力的愿景和使命

愿景：缔造全球领先的空调企业，成就格力百年的世界品牌。

使命：弘扬工业精神，追求完美质量，提供专业服务，创造舒适环境。

二、核心价值观：实、信、廉、新、礼

（一）实——诚实、实干、实事求是、实实在在

"实"体现在公司战略上实事求是，求真务实，心无旁骛地坚持走专业化和稳健发展之路；在市场经营上是反对不实的宣传，实实在在地通过优质产品来满足顾客需求、树立良好口碑、赢得市场；在工作上树立脚踏实地、稳抓实干、多做实事、少说空话的务实工作作风；在员工身上保持优良品德，"做诚实人，说老实话，干实在事"，杜绝弄虚作假。

（二）信——信念、信任、诚信、守信和信义

精心打造优质产品，为人类提供舒适生活环境，是全体员工的坚定信念，是信仰之所在。

信任是公司用人机制的"唯才是举"，包括公司领导对中层干部的信任、授权以及中层干部对基层员工和员工之间的彼此信任。

信是公司的经营管理理念。对消费者的诚信，是指"不拿消费者做试验品"，以高品质的产品、服务奉献给全球客户；对经销商、供应商的诚信，是指结成战略伙伴关系，实现多方共赢的局面；对股东的诚信，是指慎重决策，竭力所为，为股东创造最大价值；对相关方诚信是指坚守信用和道义，依法纳税，构建和谐社会，主动承担企业公民责任，为国家、社会做贡献。

（三）廉——廉洁奉公、严于律己

公司是员工赖以生存和发展的基础，企业的发展决定员工的前途和出路，只有企业发展，员工才有希望。全体员工廉洁奉公、克己为人可以形成强大的动力，形成良好的企业精神风貌，所有员工凝成一股合力向目标奋进；而全体员工爱岗敬业，无私奉献又是公司成功的有力保证。

（四）新——创新、开拓、进取

公司通过不断进行技术、管理和营销创新，从而不断创造辉煌。公司鼓励创新，要求员工尊重科学但要勇于创新、遵守制度但要善于突破、脚踏实地但要努力向上，创造更大价值。

（五）礼——尊重、平等、友善、团结和协作

公司以人为本，尊重员工。建立全程式（培养、锻炼、任用、提拔）"任人唯贤，人尽其才"的人力资源体系；要求员工对待同事、顾客、相关方人员要以礼相待；尊重领导；令行禁止；团结同事；精诚协作；平等处事、友好待人。

格力企业文化是以"实"为基础，衍生出"信""廉""新""礼"。

问题：

1. 你认为格力企业文化有哪些可取之处？哪些不足之处？

2. 你认为格力的企业文化可以移植到其他企业吗？为什么？

实践训练

实训项目

深入一家工商企业了解其组织结构。

实训目的

1. 通过对某一个企业组织结构的了解和分析，培养学生对有关知识的综合应用能力。
2. 初步掌握组织设计和分析评价的技能。

实训内容

1. 了解某一企业的组织结构的设置及相互之间的联系。
2. 了解某一部门基层管理人员的职责和具体内容。
3. 对该企业现有组织结构状况进行分析评价，提出自己的建议。

实训考核

1. 给出所调查企业的组织结构图，写出某一职务的岗位说明书。
2. 写一份 800 字左右的实训报告。

第六章

领　导

1. 掌握领导的含义，明确领导的作用和权力类型。
2. 理解领导方式理论，掌握领导艺术。
3. 理解指挥的含义与协调的方式方法，掌握有效指挥的形式。
4. 能运用领导理论分析实际问题，培养领导者的素质和领导工作的艺术。
5. 能实现有效指挥，具备组织协调能力。

■■/\ 案例导入 ----

　　有一位战绩显赫的团长，他手下有三名连级军官，一连连长是典型的实干派，事必躬亲；二连连长视"服从命令是军人的天职"为唯一真理，有令必行，但他常处于被动状态，无主动性；三连连长则喜欢唱对台戏，总是与别人背道而驰，喜欢标新立异，显示自己。

　　这位团长在下命令时有自己的一套手段和做法：当接到上级攻击敌人炮兵阵地的命令后，他对一连连长说："上级已经下达了进攻敌炮兵阵地的命令，我要求你的部队今天深夜十一点整发动总攻。我派你担任主攻，二连和三连分别是你的左右翼，积极配合你的作战。我很信任你的作战能力，这一点你是很清楚的。"

　　接着，他又叫来了三连连长，对他说："关于攻击敌军炮兵阵地的作战计划，我想征求一点儿你的意见。目前我们的兵力还未完全恢复实力，恐怕采取行动将会失利。""不，团长，我们不能再拖下去了。虽然我们的军队还未完全恢复实力，但你想想敌军也同样存在着这个问题，我们不可坐失良机，应该马上出击！"这些话正是团长所预料的，"说得对，我命令你做右翼，紧密配合一连作战，时间是今晚十一点整！"

　　至于二连连长。团长不仅斩钉截铁地下达命令："今晚十一点你从左翼配合一连猛烈进攻敌军炮兵阵地。"而且还交代了许多相关的情况和细节，并告诉他如何随机应变，灵活处理战斗中出现的异常情况。

　　在这位团长因人而异的命令下，三个连队协调作战，一举攻克了敌军的炮兵阵地，当子夜的钟声还未敲响时，他们的军旗已经插在敌军阵地上了！

领导是管理的一项重要职能。在实际的管理工作中，即使计划完善、组织结构合理，如果没有卓有成效的领导去协调、影响组织成员的行动和具体指导实施组织计划，也可能导致管理秩序混乱，工作效率低下，最终还可能偏离组织原定的目标。本学习情境就带领大家走进领导，学习领导理论，以及选择适合的领导方式与培养领导艺术。

第一节 领导概述

一、领导概述

（一）领导的含义

领导是指管理者依靠其影响力，指挥、带领、引导和鼓励被领导者，实现组织目标的活动和艺术。其基本含义包括以下几个方面。

1. 领导是一种活动

领导是带领、引导和鼓舞组织成员完成工作、实现目标的过程。

2. 领导的本质是一种影响力

领导者拥有影响被领导者的能力或力量，它既包括由组织赋予的职位权力，也包括领导者个人所具有的影响力。当一个领导者的权威不足以说服下属从事适当的活动时，领导是无效的。

3. 领导的目的是实现组织目标

领导必须通过影响下属为实现组织的目标而努力。

（二）领导的作用

领导者要对组织中的资源进行协调与配置，对工作进行监督与控制，对员工进行激励与约束。领导者的洞察力、影响力对组织成长、变革和发展具有重大影响作用，如企业文化建设会受到领导者个人特征的影响；领导在管理职能中处于核心位置，对组织的生死存亡起着重要的作用。

具体来讲，领导的作用主要体现在指挥、控制、激励和协调这四个方面。

1. 指挥作用

领导的首要作用是指挥与引导，指挥整个组织朝着组织目标共同努力。领导者就是一名指挥官，不仅应帮助组织成员认清所处的环境和形势，指明组织活动的目标和达到目标的途径，而且应该站在下属的前面，用自己的行动带领和激励下属为实现组织的目标而努力。

2. 控制作用

控制作用是指在领导过程中，领导者对于组织成员以及组织活动的各种要素的指挥、驾驭和支配。这种强制力使组织资源得以完成指向组织目标方向的统一运作，从而达到目标。

3. 激励作用

组织成员的实体都是生理意义上的个人，每个人都有独特的心理空间和复杂的情感世界，具有现实的精神状态。在任何组织活动中，领导者只有使参与组织活动的人都保持高昂的士气和旺盛的工作热情，才能使组织目标有效而快速地实现。组织是由具有不同需求和欲望的个人组成的，因而组织成员的个人目标与组织目标不可能完全一致。领导的目的就是把组织目标与个人目标结合起来，引导组织成员满腔热情地为实现组织目标作出贡献。

4. 协调作用

组织作为一个有机系统，各种关系纷繁复杂，各种矛盾交织。组织是通过分工和协作来实现组织目标的。专业的分工可以提高劳动效率，克服协调的困难，各个部门必须协调一致、密切配合才能保证组织整体目标的实现，否则组织就会陷入混乱、效率低下的境地。因此，组织需要由具有一定协调能力、沟通谈判能力的领导者来协调各部门的活动，以保证组织目标的实现。

二、领导力与信任

任何一个领导者要获得非凡的领导力，实现领导的高效性，首要前提是建立和获得信任。那么什么是信任？

斯蒂芬·P. 罗宾斯（Stephen P. Robbins）指出，"信任是一种积极的预期，认为他人不会通过语言、行动或决定而投机取巧地行事。"其定义当中含有两个最为重要的成分：熟悉和风险。"积极的预期"假定认识并熟悉对方。信任是一个依据有限而又相关的经验，受过去事实影响的过程。时间的积累可以帮助双方形成信任。如果我们完全不了解别人，要相信他们是很难甚至是不可能的。在任何信任关系中都存在着风险性和脆弱性；信任会导致自身的脆弱，信任本身就是风险。

信任包括五个维度：诚实、能力、一致、忠诚和坦诚，如图 6-1 所示。

图 6-1　信任的五维度

诚实指真诚与正直，是五维度中最重要的一个。我们大多数情况下评价一个人，会把"诚实"和"可靠"联系在一起，如果一个人根本不诚实，就不值得我们信任了。能力包括个体的专业技术以及人际能力，如果一个人是无能之辈，那我们肯定不会听他的话或者依赖于他。一致与个体的可靠性、预见性和把握局势的良好判断力有关，言行不一致必定会降低信任度。忠诚指的是愿意保护他人或照顾他人名誉。坦诚则是指将全部的真相和盘托出。作为一个成功的领导者要懂得如何建立信任。下面总结了一些成功领导者所必备的建立信任的方法。

1. 学会坦诚

成功的领导者应该清楚决策制定的标准及合理性，做到坦诚。

2. 做事公平

进行决策和采取任何行动之前，多想想别人是否认为它公平公正。客观公正地评价别人的业绩，奖惩分明，不偏不倚，才能赢得真正的尊重。

3. 分享感受

板着脸传达严峻事实的领导者让人觉得冷漠、令人感到害怕，与下属分享你的感受才能让人觉得你是真实的，下属才更了解并尊重你。

4. 不要欺骗

真诚地说出真相，做一个使下属认可的说真话的人。很多时候，我们更能容忍并理解一些我们不想听到的事情，而不愿意被欺骗和隐瞒。

5. 言行一致

认真思索一下你的价值观然后确定正确的决策，并为之付出行动，做到言出必行，言行一致，才能够保持一个可信的连贯性。

6. 保守秘密

要学会保守别人告诉你的秘密，不要同其他人谈论这些事或泄露这些秘密。要让下属认为你是一个值得信赖的人。

7. 展示能力

要想获取别人对你的尊敬就要展示你的技能和专长，特别是沟通、谈判和其他的一些人际交往能力。

三、领导与权力

领导过程中影响他人基础的是权力，也是领导者发挥功能的基本条件。因此，有必要对权力进行相应的研究。

组织中的权力可分为职位权力和非职位权力两大类。职位权力包括合法权、奖赏权和惩罚权，非职位权力包括专长权、个人魅力、背景权和感情权，如图6-2所示。

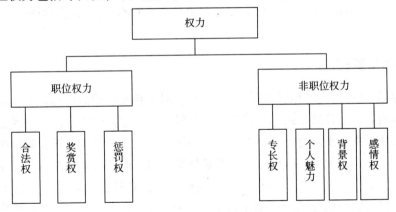

图6-2 权利的类型

1. 职位权力

（1）合法权是组织内各级领导职位所具有的正式权力。通常由组织按照一定程序和形式赋予领导者。法定权力的作用基础是职位的权威性，凡是处于某一职位上的领导者都拥有一定的法定权力。但是，法定权力不一定由领导者本人来实施，通过制定有关政策和规章制度也可以达到行使法定权力的目的。

（2）奖赏权是决定给予还是取消奖励、报酬的权力。奖酬的范围包括增加工资和奖金、提升职务、表扬、提供培训机会、分配理想工作、改善工作条件等。奖赏权建立在利益性遵从的基础上，当下属认识到服从领导者的意愿能带来更多的物质或非物质利益的满足时，就会自觉接受其领导，领导者也因此享有相应的权力。在组织中，领导者对奖酬的控制力越大，他的奖赏权力就越大。

（3）惩罚权是一种对下属在精神或物质上施加威胁、强迫其服从的权力。这种权力建立在惧怕惩罚的基础上，实质上是一种惩罚性权力。当下属意识到违背上级的指示或意愿会导致某种惩罚，如降薪、扣发奖金、分配不称心的工作、降低待遇、免职等，就会被动地遵从其领导。但是研究表明，领导者对下属采用的强制性权力越大、强制性措施越严厉，下属对他的不满和敌意就会越强烈。

2. 非职位权力

（1）专长权是由于具有某种专门知识、技能而获得的权力，这种权力以敬佩和理性崇拜为基础。领导者本人学识渊博、精通本行业务，或具有某一领域的专门知识与技能即获得一定的专长权。专长权的大小取决于领导者的受教育程度、掌握运用知识的能力以及实践经验的丰富程度。领导者拥有的专长权越丰富，越容易赢得下属的尊敬，使下属主动服从。

（2）个人魅力是建立在个人素质之上的，这种素质吸引欣赏并拥有追随者，激起人们的忠诚和极大的热忱。

（3）背景权是指个体由于以往的经历而获得的权力。例如某人是战斗英雄、劳动模范等，只要人们知道他的特殊背景和荣誉，在初次见到他的时候，就倾向于听从他的意见，接受他的影响。

（4）感情权是指个体由于和被影响者感情较融洽而获得的权力。如果多年的老朋友提出要求、请求一些帮助，无论在工作上有没有关系，人们都会感到难以拒绝，从而接受他的影响。

四、领导与管理

领导不等同于管理。领导是管理的一个方面，属于管理活动的范畴，但是除了领导，管理还包括其他内容，如计划、组织、控制等。领导者不一定是管理者，管理者也并不一定是领导者。领导从根本上来讲是一种影响力，是一种追随关系，因此领导者既存在于正式组织中，也存在于非正式组织中，其权力基础不必是组织的，但必须是个人的。管理者是组织中有一定的职位并负有责任的人，只存在于正式组织中，其权力来源主要是组织授予的。因此，当一个人仅仅利用职权采用强制手段命令下属工作时，充其量只是管理者而不是领导者；有的人虽然没有正式职权，却能以个人的影响力与魅力去影响他人，那他就是一位领导者。显然，卓越的领导才能是成为有效的管理者的重要条件之一。

哈佛商学院的约翰·科比比较了组织当中的管理和领导的不同，如表6-1所示。

表6-1 管理和领导的比较

	管理	领导
确定议程	计划、预算过程：确定实现计划的详细步骤和日程安排，调拨必需资源以实现计划	确定经营方向：确定未来，通常是远期目标，并为实现远期目标确定变革战略
发展完成任务所需的人力网络	企业组织和人员匹配：根据完成计划的要求建立企业组织机构，匹配人员，赋予他们完成计划的职责与权力，制定政策和程序对人们进行引导，并采取某种方式或创建一定系统，以监督计划的执行情况	联合群众：通过言行将所确定的企业经营方向传递给群众，争取有关人员的合作，并形成影响力，使相信远景目标和战略的人们形成联盟，并得到他们的支持
执行计划	控制和解决问题：相当详细地监督计划的完成情况，如发现偏差，则修订计划并组织人员解决问题	激励与鼓励：通过唤起人类常未能得到满足的最基本需求，激励人们战胜变革过程中遇到的政治、官僚和资本方面的主要障碍
结果	在一定程度上实现预期计划，维持秩序，并具有能满足顾客和所有者主要预期的潜力	引起变革，通常是剧烈变革，并形成非常积极的变革潜力，如生产出顾客需要的新产品，增加企业的竞争力

在一个企业组织中，如果管理和领导结合出现问题，往往会形成两种倾向。

1. 管理有余，领导不力

组织非常强调短期目标，注重细节之处，侧重于回避风险，不太重视长期性、宏观性和冒风险的战略；过分注重专业化，选择合适的人员从事各项工作，要求服从规定，很少注重整体性；过分侧重于控制和预见，对于授权和激励强调不够。

2. 领导有力，管理不足

组织强调长期远景目标，不重视近期计划和预算；建立一个强大的群众文化，却不对专业细化，因而缺乏体系与规则；鼓动一些不愿意运用控制体系和原则的人聚集在一起，导致状况最终失控，甚至一发不可收拾。

第二节 领导理论

按时间和逻辑顺序，领导理论可以分为四大类：领导特质理论、人性假设理论、领导行为理论和领导权变理论。

一、领导特质理论

领导特质理论形成于20世纪初到20世纪40年代，重点是研究领导者的性格、品质方面的特征。这是最古老的领导理论观点，关注领导者个人，并试图确定能够造就伟大管理者的共同特性，这实质上是对管理者素质进行的早期研究。早期的领导理论认为领导是天生的，但是，后期研究发现领导特性是可以通过后天培养的。事实上，特质理论所涉及的身体特征、才智和个性对管理成功的影响不是绝对的。很多领导者并无天赋的个性特征，很多有上述个性特征的人也并不一定都能成为有效的领导者。这种利用领导者个人性格或个性特征来解释或预测领导效能的理论，有一定缺陷，但是领导者的素质对领导行为确实有一定的影响。领导者应当具备的基本素质，如图6-3所示。

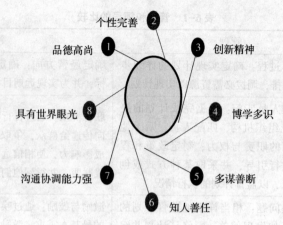

图6-3　领导者具备的基本素质

一般而言，一个卓有成效的企业领导者要具备如下基本素质。

1. 品德高尚

领导者要公正无私，襟怀坦荡，富于牺牲精神，严于律己，宽以待人。

2. 个性完善

领导者应性格开朗，豁达大度，意志坚强，自信，有自知之明，对事物具有广泛的兴趣和热情，富有进取心，能成功体现自身价值，有魄力和独创精神，勇于积极开拓新的活动领域。

3. 创新精神

领导者应有创新意识及进取心，他们是有较强的事业心和成就感。

4. 博学多识

领导者应具有较完备的知识结构，不仅通晓与企业领导工作有关的现代管理科学知识，同时精通与本部门活动性质有关的专业知识，能随机应变地进行跟踪决策和适时处理。

5. 多谋善断

决策是领导的主要职能之一，企业领导者应善于发现问题并妥善解决问题。

6. 知人善任

领导的核心是用人，有效的领导者应当善于观察人，用人之长，唯才是举，充分发挥每个成员的潜力和积极性。

7. 沟通协调能力强

现代企业领导者应具有较强的人际交往能力，善于与下属及外部公众建立良好的沟通关系，能够调节种种复杂关系，促进企业内外关系的协调发展。

8. 具有世界眼光

紧随着世界经济一体化，国际交往越来越频繁，要求现代领导者具有世界眼光，高屋建瓴。

 链接 6-1

百鸟朝鸭

不管你怎么猜测、怎么怀疑、怎么困惑、怎么不理解，反正这就是一个事实：鸭成了百鸟的头儿。

这天，百鸟都来朝拜，鸭王戴着王冠坐在王位上，嗓音嘶哑但不失威严地说："听说各位都挺有本领，本王今天倒要亲眼看一看，会飞的、会跑的、会唱的、会跳的，谁有什么绝活儿，都拿出来露一露。本王任人唯贤，绝不埋没人才！"

三通鼓响，只见善飞的腾空而起，擅跑的绝尘而去，会唱的引吭高歌，爱跳的舒臂劲舞……转瞬间，鸭王的身边，只剩下一群鸭男鸭女，不知所措，一个个伸头缩脑，面面相觑。

一声锣鸣，百鸟纷纷回到鸭王身边，左右两行，一字儿排开。

鸭王清了清嗓子说："为人之道，须脚踏实地、温文尔雅、谦虚平和、老成持重。而你等之辈，善飞的好高骛远欠踏实，善跑的性情急躁欠平和，善舞的行为不检欠文雅，善歌的言语轻佻欠稳重，德才兼备的吗……"

鸭王没有往下说。然而人们都注意到，以后他的身边，只剩下了鸭男鸭女。

启示：所谓领导者，其实就是聚合众人的优点，而后帮助下属实现他们的目标，在这个基础上，最终实现自己目标的人。身无特长又没有"海纳百川"胸怀的鸭子，即便是当上了百鸟的头儿，还是无法欣赏自己臣民的长处，也就无法建立起自己领导权威，更别说会有什么作为了。

二、人性假设理论

如何看待人性，一直是管理理论探讨的问题之一。人性假设理论认为强调领导行为与管理方式是建立在对人性的不同认识基础上的，由此，提出几种不同的人性假设。

(一) 人性的四种假设

人性的四种假设是指在管理思想与管理理论发展过程中形成的经济人假设、社会人假设、自我实现人假设、复杂人假设。

1. 经济人假设

经济人假设 (Hypothesis of Economic Man) 最早是由亚当·斯密在《国富论》中提出的，后来科学管理之父泰勒把这种假设进一步落实，"胡萝卜加大棒"的管理方法就是这种假设的典型。

经济人假设认为：人是由经济诱因引发工作动机的，是以一种合乎理性的精打细算的方式行事；人总是被动地在组织的操纵、激励和控制下从事工作；人总是企图用最小投入取得满意的报酬；大多数的人缺乏理性，不能克制自己，很容易受别人影响，组织必须设法控制个人的感情。

2. 社会人假设

社会人假设 (Hypothesis of Social Man) 是管理学家乔治·埃尔顿·梅奥在"霍桑实验"中得出的。社会人假设认为：人是社会的，影响人生产积极性的因素，除物质因素外，还有社会、心理因素；生产率的高低主要取决于员工的士气，而员工的士气受企业内部人际关系及员工的家庭和社会生活影响。所以，要调动员工的工作积极性，必须使员工的社会和心理需求得到满足。

3. 自我实现人假设

自我实现人假设（Hypothesis of Self-Actualizing Man）是亚伯拉罕·哈罗德·马斯洛（Abraham Harold Maslow）在"需要层次论"中最早提出的，其观点是：人一般是勤奋的，人能够自我激励与自我管理，人们要求提高和发展自己，期望获取个人成功。所以，管理者应把管理的重点从重视人的因素，转移至创造良好工作环境，把人作为宝贵资源，提供挑战性工作，使得员工能力得到最充分的发挥。

4. 复杂人假设

复杂人假设（Hypothesis of Complex Man）的基本观点是：人是很复杂的，不能把人归为一类。人的需要也是多样的，会随着发展条件而变化，同一管理方式对不同的人会有不同的反应，所以，没有特定的管理方式对任何组织都适用。管理方法和技巧必须随时、随地、随人、随境不断变化，强调管理者必备的最重要的能力体现在鉴别情景、分析差异、诊断问题的洞察力上。

（二）X 理论与 Y 理论

美国心理学家道格拉斯·麦格雷戈（Douglas McGregor）于 20 世纪 60 年代提出了一对基于两种完全相反假设的理论，即 X 理论与 Y 理论（Theory X and Theory Y）。

1. X 理论

X 理论的假设：认为人们有消极的工作源动力。

（1）一般人的本性是懒惰的，工作越少越好，可能的话会逃避工作。

（2）大部分人对集体（公司、机构、单位或组织等）的目标不关心，因此，管理者需要以强迫、威胁、处罚、指导、金钱、利益等诱因激发人们的工作源动力。

（3）一般人缺少进取心，只有在指导下才愿意接受工作，因此，管理者需要对他们施加压力。

基于以上假设，持 X 理论的管理者会趋向于设定严格的规章制度，以减少员工对工作的消极性。

2. Y 理论

Y 理论的假设：认为人们有积极的工作源动力。

（1）大部分人并不抗拒工作，人们在工作上体力和脑力的投入就跟在娱乐和休闲上的投入一样，工作是很自然的事。

（2）人们具有自我调节和自我监督的能力，即使没有外界的压力和处罚的威胁，他们一样会努力工作以期达到目的。

（3）人们愿意为集体的目标而努力，在工作上会尽最大的努力，以发挥创造力、才智等，希望在工作上获得认同，所以，能够自觉遵守规定。

（4）在适当的条件下，人们不仅愿意接受工作上的责任，还会寻求更大的责任。

（5）许多人具有相当高的创新能力去解决问题。

（6）在大多数的机构里面，人们的才智并没有充分发挥。

基于以上假设，持 Y 理论的管理者会趋向于对员工授予更大的权力，让员工有更大的发挥机会，以激发员工对工作的积极性。

（三）超 Y 理论（Super Theory Y）

超 Y 理论是由美国心理学家约翰·莫尔斯和杰伊·洛希通过对不同企业的反复研究于 1970 年在《超 Y 理论》一文提出的，是根据"复杂人"的假设提出的一种新的管理理论。

（1）人的需要是多种多样的，而且随着人的发展和生活条件的变化而不断变化。每个人的需要各不相同，需要的层次亦因人而异。

（2）人在同一时间内有各种需要和动机，它们会发生相互作用并结合为统一的整体，形成错综复杂的动机模式。

（3）人在组织中的工作和生活条件是不断变化的，因此，会产生新的需要和动机。

（4）一个人在不同单位或部门工作会产生不同的需要。

（5）因为人的需要、能力不同，对不同的管理方式会有不同的反应。没有一套适合于任何时代、组织、个人的普遍有效的管理方法。因此，要求管理人员善于观察职工之间的个别差异，根据具体情况，因人而异地采取灵活多变的管理方法。

链接 6-2

"南风"法则

"南风"法则也称"温暖"法则，源于法国作家拉封丹写过的一则寓言：北风和南风比威力，看谁能把行人身上的大衣脱掉。北风首先来一个冷风凛冽、寒冷刺骨，结果行人为了抵御北风的侵袭，便把大衣裹得紧紧的。南风则徐徐吹动，顿时风和日丽，行人因为觉得春暖上身，始而解开纽扣，继而脱掉大衣，南风获得了胜利。

这则寓言形象地说明了一个道理：温暖胜于严寒。领导者在管理中运用"南风"法则，就是要尊重和关心下属，以下属为本，多点"人情味"，尽力解决下属日常生活中的实际困难，使下属真正感受到领导者给予的温暖，从而激发出工作的积极性。

三、领导行为理论

领导行为理论在 20 世纪 40 年代至 60 年代居于领导理论研究的主导地位。由于特质理论不能预测出成功的领导行为，研究者从研究领导者的内在特征转移到外在行为上，行为理论主要研究领导者应该做什么和怎样做才能使工作更有效。该理论主要包括两个方面：一是领导者关注的重点是什么，是工作的任务绩效，还是群体维系？二是领导者的决策方式，即下属的参与程度。

（一）领导的管理方式

领导行为理论主要研究领导方式与领导作风对组织行为及其成果的影响。经过长期的企业领导方式研究，业界提出了领导方式的三种基本类型，如表 6-2 所示。

表 6-2 领导方式类型

管理内容	专制型	民主型	放任型
权力分配	集中于领导者个人手中	权力在团体之中	分散在每个员工手中
决策方式	领导者独断专行	团队参与决策，集体讨论得到决策	团队成员具有完全决策自由
对待下属的方式	领导者介入具体的工作任务中，不让下属知道工作的全过程和最终目标	员工可以自由选择和谁共同工作，任务的分工也由员工团队来决定	为员工提供必要的信息和材料，回答员工提出的问题
影响力	领导者以权力、地位等因素强制性地影响被领导者	领导者以能力、个性等心理品质影响下属	领导者对被领导者缺乏影响力
员工评价	采取"个人化"的方式，依个人情感对员工进行评价	依客观事实进行评价，将反馈作为员工训练的机会	不对员工的工作进行评价和反馈

（1）专制型。采用这种领导方式的领导者非常专制，决策权仅限于最高层，对下属很少信任，激励也主要是采取惩罚的方法，沟通采取自上而下的方式。

（2）民主型。采用这种方式的领导者对下属有一定的信任和信心，采取奖赏与惩罚并用的激励方法，有一定程度的自下而上的沟通，也向下属授予一定的决策权，主要采用奖赏的方式来进行激励，沟通方式是上下双向的，在确定总体决策和主要政策的同时，允许下属部门进行具体问题决策，并在某些情况下进行协商。

（3）放任型。采用这种方式的领导者把权力分散在每个员工手中，领导者对被领导者缺乏影响力。

（二）管理方格理论

美国管理学家罗伯特·布莱克和简·莫顿于1964年设计了一个巧妙的管理方格（Management Grid），如图 6-4 所示。图中横坐标表示领导者对生产的关心程度，纵坐标表示领导者对人的关心程度，每一种关心都分成九种由低到高的程度，因此每一方格就表示了一种特定对生产关心程度和对人关心程度的组合。

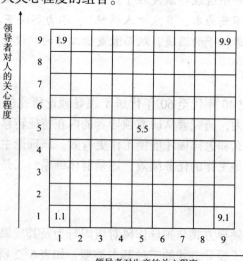

图 6-4 管理方格

管理方格中存在 81 种类型，但布莱克和莫顿主要阐述了五种最具代表性的类型。

1. 贫乏型

这种领导既不关心生产，也不关心人。表现为只做最低限度的努力来完成工作。实际上是一个无所用心的人。

2. 任务型

领导者的注意力集中于任务的效率，任务第一，非常关心生产，但不关心人的因素，对下属的士气和发展很少注意。

3. 乡村俱乐部型

领导者集中注意对职工的支持与体谅，对员工的需求关怀备至，创造了一种舒适、友好的氛围和工作基调，但对任务效率和规章制度、指挥监督等的关心则很少，不关心生产，效益很差。

4. 中庸之道型

领导者对人的关心度和对生产的关心度能够保持平衡，追求正常的效率和令人满意的士气。

5. 协作型

领导者对职工、对生产都极为关心，努力使个人和组织目标最有效地结合起来，职工关系协调，士气旺盛，生产任务完成的出色。

布莱克和莫顿得出结论：协作型风格的管理者工作最佳，协作型风格是最有效的方式。

从上述两个领导行为理论，我们可以看出他们的基本特点：第一，领导方式是领导过程中的决定因素。第二，领导具有两个职能：任务或生产导向和以人为本导向。第三，最好的领导方式是既以工作为导向，又在决策上采用民主参与方式。领导行为理论大大地丰富了领导理论，它比领导特质理论更接近实际，但是它也受到了很多的批评，主要的原因在于该理论在确定领导行为与领导业绩之间的关系上基本没有成功。从实际管理来看，成功的领导类型非常复杂，领导方式与领导效果之间存在着很大的不确定性，而造成这种不确定的因素则是领导者所处的环境。在不同的情境中，有效的领导方式可能会有很大的不同。基于这一点，管理学专家们开始研究领导权变理论。

四、领导权变理论

领导权变理论认为，不存在一种普遍适用的领导方式，领导方式的有效性不单纯取决于领导者的个人行为，它是领导者、被领导者和环境三要素有效结合的结果。只有结合具体情景，因时、因地、因事、因人制宜的领导方式，才是有效的领导方式。这个观点可用公式表示如下：

$$有效领导 = f（领导者自身，被领导者，环境）$$

即有效的领导是领导者自身、被领导者与领导过程所处的环境的函数。

领导权变理论目前已成为领导理论研究的主流，下面介绍三种最具代表性的理论。

（一）菲德勒理论

弗雷德·菲德勒（Fred E. Fiedler）是第一个全面考虑领导过程三要素对领导有效性的

综合影响的心理学家。菲德勒理论（Contingency Theory）指出，有效的群体绩效取决于与下属相互作用的领导者的风格和情境对领导者的控制与影响程度之间的合理匹配。为了监测领导者的基本领导风格，菲德勒设计了"最难共事者问卷"（Least Preferred Co-worker，LPC问卷）。在问卷中，菲德勒要求问题的回答者在与自己共过事的同事中找出一位最难共事者，然后对挑出的最难共事者进行评价。如果回答者大多用含敌意的词句评价自己的同事，则该人的领导方式趋向于任务导向型；如果评价多用善意的词句，则该领导方式趋向于关系导向型。

菲德勒把领导的环境具体化为三种情景因素，包括领导者与被领导者的关系、工作任务的结构及领导者所处职位的固有权力。领导者与被领导者的关系是指领导者与其成员的关系。如果双方高度信任、互相尊重、互相支持和友好，则相互关系是好的，否则关系则是差的。任务结构是指组织任务中规定的明确程度。如果任务是例行的、明确和容易理解的以及有章可循的，则任务结构属于明确的；反之，则属于不明确的任务结构。职位权力是指赋予领导者与职务相关联的权力。这种权力并非来源于个人的影响或专长，而是来自职位权力，也就是职位较高的领导者更容易得到他人的追随。

菲德勒根据三种情景条件的不同组合，形成八种不同的类型环境，如表6-3所示。

表6-3　八种不同类型环境对领导力影响

人际关系	好	好	好	好	差	差	差	差
工作结构	简单	简单	复杂	复杂	简单	简单	复杂	复杂
职位权力	强	弱	强	弱	强	弱	强	弱
	I	II	III	IV	V	VI	VII	VIII
环境		好			中等		差	
领导目标	高			不明确		低		
低LPC领导	人际关系			不明确		工作		
高LPC领导	工作			不明确		人际关系		
最有效的方式	低LPC			高LPC		低LPC		

领导环境决定了领导的方式。在环境较好的Ⅰ、Ⅱ、Ⅲ和环境较差的Ⅶ、Ⅷ情况下，采用低LPC领导方式，即工作任务型的领导方式比较有效。在环境中等的Ⅳ、Ⅴ和Ⅵ情况下，采用高LPC领导方式，即人际关系型的领导方式比较有效。

（二）情景领导理论

保罗·赫塞（Paul Hersey）和肯尼斯·布兰查德（Kenneth Blanchard）提出了另一种综合的领导权变理论：情景领导理论（Situational Leadership Theory）。这一理论受到广大管理专家的推崇，并常常作为大公司的主要培训工具。情景领导理论是一个重视下属的权变理论，建立在三个要素的基础之上：第一，领导者完成任务的行为；第二，领导者关注人际关系的行为；第三，组织成员为完成组织任务和目标的准备状态。前两者构成不同的领导行为，领导风格而后者则是影响领导效果的权变因素，情景领导模型使用的两个领导维度与菲德勒的相同：任务行为和关系行为。但是，该理论更向前进了一步，认为每一个维度有低有高，从而组合成四种领导风格：命令型、说服型、参与型和授权型，如图6-5所示。

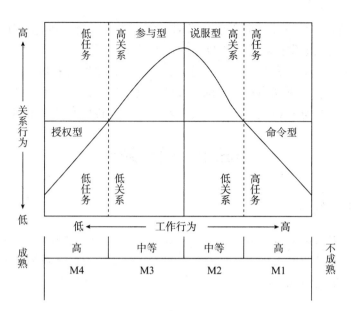

图 6-5 情景领导模型

1. 领导风格

(1) 命令型（高任务—低关系）：领导者定义角色，告诉下属干什么，怎么干以及何时何地去干，强调指令关系。

(2) 说服型（高关系—高任务）：领导者同时提供指导性行为和支持性行为。

(3) 参与型（高关系—低任务）：领导者与下属共同决策，领导者的主要角色是提供便利条件。

(4) 授权型（低任务—低关系）：领导者提供极少的指导或支持。

2. 权变变量

情景领导理论将下属成熟度作为决定领导风格有效性的权变变量，成熟度指的是个体对自己的直接行为负责任的能力和意愿。

(1) M1：这些人对于执行某任务既无能力又不情愿。他们既不能胜任工作又得不到信任，因此，他们需要的是命令型风格的领导。

(2) M2：这些人缺乏能力，但却愿意从事必要的工作任务。他们有积极性，但是目前缺乏规定任务和工作规程。

(3) M3：这些人有能力能够胜任工作，但却不满意领导者有过多的指示和约束。这时就需要参与型风格的领导。领导者可赋予下属权力，授权让下属"自行其是"，领导者只起监督作用。

（三）路径—目标理论

路径—目标理论已经成为当今最受人们关注的领导观点之一，这是罗伯特·豪斯（Robert J. House）开发的一种领导权变模型。该理论认为，领导者是使下属获得更好的激励、更高的满意程度和更好的工作成效的关键人物，领导的主要职能是为下属在工作中提供获得满足需求的机会，并使下属清楚哪些行为能导致目标的实现并获得价值（即奖励），简言之，领导者应为下属指明达到目标的途径。豪斯认为，领导方式一般有以下四种。

（1）指导型领导：给下属提出要求，指明方向；要给下属提供他们所希望得到的指导和帮助，指导下属按照工作程序去完成自己的任务目标。

（2）支持型领导：对下属友好，平易近人，关心下属的生活福利。

（3）参与型领导：与下属商量，吸取下属的意见，尽量让下属参与决策和管理。

（4）成就取向型领导：树立具有挑战性的组织目标，相信并鼓励下属去实现目标。

第三节　领导实务

一、领导艺术概述

领导艺术属于方法论范畴，是领导者的素质、才能、知识、胆略等的综合反映，是在领导过程中表现出的一种非模式化、富有创造性的才能与技巧。它强调要从实际出发，具体情况具体分析，富有创造性地应用领导方法。领导艺术具有以下特点。

1. 灵活性

这是强调对同一个问题，不同的领导者会采取不同的方法去进行处理，这就是领导艺术的灵活性。

2. 创造性

对于一些比较特殊的事情，作为领导者，需要能创造性地去特殊处理，这就是它的创造性，这是领导艺术的真正体现。

3. 随机性

任何一种领导艺术总不是一成不变的，它总会随着时间的推移和环境的改变而变化，这就是它的随机性。

4. 综合性

领导艺术是在综合了各方面的知识及情况的基础上产生的，这就是它的综合性。

领导艺术涉及领导活动的各个方面，主要包括用人艺术、用权艺术、授权艺术、决策艺术、协调艺术及沟通、激励和指导的艺术等。灵活、创造、技巧地应用领导艺术是提高领导效能的重要方式，这需要领导者在实践活动过程中不断总结、丰富和提高。

二、提高工作效率的艺术

提高工作效率是一项十分重要的领导艺术，国外不仅有专门的论著，而且有专门的训练班对领导进行提高工作效率的训练。关于一个领导者如何提高自己的工作效率，有以几点值得注意。

（一）恪守职责，恪尽其能，凡事不能包揽

君有君职，臣有臣职，领导者干领导的事，这是提高效率的第一条。领导者必须时时记住自己的工作职责，不让精力与时间有不必要的消耗。

1. 不干预下一层次的事

美国前总统罗斯福有一句名言："一位最佳领导者，是一位知人善任者，而在下属甘心

从事于其职守时，领导要有自我约束力量，而不可插手干涉他们。"领导者随意干预下一层次工作的后果必然是：一方面浪费了自己的宝贵时间与精力；另一方面只会造就没有主见、没有责任感的下属，又反过来加重自己的负担。所以，国外许多关于领导工作效率的论著中都强调："凡可以授权给他人做的，自己不要去做""当你发现自己忙不过来的时候，你就考虑自己是否做了下属该做的事，那就需要把事情分派下去"。

2. 不颠倒工作的主次

学会对工作进行 ABC 管理，厘清工作重点，分清工作主次，把精力放在对整个工作有影响和支配作用的关键环节上，切忌眉毛胡子一把抓。总之，样样管是小生产的习惯，事必躬亲是小生产的"美德"，这些都是现代的领导者应该避免的。

链接 6-3

宋徽宗和宋仁宗

据史料记载，元顺帝在欣赏宋徽宗的书画时称赞不已，而奎章阁学士进来说："徽宗是位多才多能的人，唯独一件事没有才能。"顺帝问是什么事，学士回答说："唯独不能当皇帝。他身体受侮辱，国家受破坏，都是不能当皇帝所造成的。凡是当君主的，重要的就是能当好君主，而徽宗却不是这样的。"而周正夫说："宋仁宗百事不会，只会做帝王。"所以，在史书中称：徽宗多能，仁宗无能，徽宗不能做好君主，而缺乏才能的仁宗却能做好君主；多能的反而丧身辱国，少能的反而成为明君。

启示：领导要明白什么该取就毫不犹豫地争取，什么该舍就毫不犹豫地放弃。

（二）任何工作都要问三个"能不能"

美国威斯门豪斯电器公司前任董事长兼总经理唐纳德·伯纳姆是一位享有盛誉的管理专家，他在其名著《时间管理》中提出了提高效率的三条原则，它们是：当你处理任何工作时，必须自问①能不能取消它？②能不能与别的工作合并？③能不能用更简便的东西代替？这就是说，可做可不做的坚决不做，可以节省大量的时间和精力；与别的工作合并，无形中效率就提高了；更简便的方法就包含着更高的效率。一项大的工作可以首先分解成若干小的部分，然后对每个部分问三个"能不能"，提高效率的途径就会逐步显现出来。这是一位现代企业领导者的真知灼见，也是他长期实践的深刻体会，值得借鉴。

（三）总结经验教训

领导者应该善于从自己的工作实践中总结经验教训，这是提高工作效率的一个重要方法。美国大学的经营管理教育特别强调从成败的事例中学习。如哈佛大学备有 50 000 个案例，每年要更新 20%，一个研究生必须学完 2 000 个案例才能毕业。许多国外专家在回答我们关于中国如何赶超世界先进水平的提问时，都说"从历史教训中学习，凡是我们犯过的错误，你们不要再重犯，前进的步子就快了"。

总结经验教训不只放在大事上，就是日常工作也应注意总结。要逐日记录自己的工作，每日、每周、每月、每季、每年都进行总结分析。这样就可以看出自己的工作哪些是有效率的，哪些是浪费的，有哪些"自由时间"，就可以找到提高时间利用效率的线索，合并"自由时间"，获得较长的整段时间以资使用。

（四）善于运筹时间

"时间就是金钱""时间就是生命"是我们最熟悉的口号了，但如何珍惜时间、应用好时间却并不容易。作为领导者，善于运筹时间是提高工作效率最重要的内容。国外现代管理专家越来越注意如何利用和支配时间了。1968年，美国麻省理工学院对3 000多名经理进行调查研究，发现凡是优秀的经理都能做到精于安排时间，使时间的浪费减少到最低限度。

美国企业管理顾问艾伦·莱金专门从事节约时间的研究。他写了一本《如何控制你的时间和生命》，书中提倡编制每天的工作时间表。他认为领导者每天的事情很多，不可能件件做完，因而可将事情分成ABC三类。A类的事情最重要，B类次之，C类可以放一放。如果A、B两类事情办好，就完成了工作的80%，这就是"要事先办"。

美国《今日世界》杂志曾列举了企业管理者节约时间的十条秘诀。

(1) 处理公事切忌先办小的后办大的，一定要先办当天最重要的事情，然后再办其他的事情。

(2) 用大部分时间去处理最难办的事情。

(3) 把一小部分工作交给秘书去做。

(4) 少写信。打电话能解决的就打电话，不行就写便条。

(5) 减少会议。

(6) 拟好安排工作的时间表。

(7) 分析自己利用时间的情况，看有多少时间被浪费掉了。

(8) 减少不必要的报告文件。

(9) 把传阅的文件减少到最低限度。

(10) 尽量利用空闲时间看文件。

事实上产生时间浪费的原因是很多的，如一个系统的制度不健全，就要花去大量的时间协调；人浮于事，往往要用大量的时间处理"人群关系"；组织机构不健全，也会造成会议成灾；咨询功能不灵，就会迫使领导者每件事必须亲自过问。这些都会使领导者成天沉湎于事务中，直接或间接导致时间浪费。

三、知人善任的艺术

人是管理中的核心因素，拥有人才是组织成功的重要保障。松下幸之助说："我的企业之所以成功，是因为我能善用不同的人才。"知人善任、选才用人是领导者的基本职能，也是实现决策目标的根本保证。"只有无能的管理，没有无用的人才""垃圾是放错了位置的人才"，管理学的这些名言深刻地揭示了管理者知人善任的重要性。要做到知人善任，除了管理者本身的素质如公正、有学识、有经验外，还要讲究技巧。

知人善任包括了两方面的内容：一是知人，即发现人才，识别人才；二是善任，即合理使用人才。发现人才固然重要，合理使用人才更加重要。可以说，识别人才、选准人才是用人的基础和前提，两者是一个长期的相互反馈的过程。

（一）知人

怎样发现人才，识别人才，选择人才，避免贤人落选，这对许多领导者来讲是一个需要不断总结经验的过程，要求领导者必须掌握一些鉴别人才和考察人才的技巧与方法。

1. 把握原则

明确知人的原则，做到全面地看人、历史地看人、发展地看人、在实践中看人、在关键时刻看人。

2. 掌握知人的基本技巧与方法

在我国历史上有许多值得学习借鉴的知人法则，如诸葛亮提出"知人"的七条办法，《吕氏春秋·论人》中也讲识人之道的六个检验标准：喜、乐、怒、惧、哀、苦。

3. 识才要有慧眼，善于发现人才

为做到这一点，一是要有眼界，二是要有眼力。眼界，就是领导干部不能只盯着身边的、围着自己转的人。要开阔视野，把眼睛放宽，眼睛既向内，又要向外；眼睛既向上，又要向下；眼睛既向"明"，又要向"暗"；眼睛既看"土"，也看"洋"。眼力，就是具有"剖石为玉、淘沙为金"的能力，善于发现人才，慧眼识金。要不拘一格选人才，打破选人、用人上的条条框框，树立"看主流、看本质、看发展"的观念，全面、正确、客观地看待人才，切实做到人尽其才，才尽其用。

（二）用人

用人是知人善任的关键，世界上不怕没有人才，怕的是用才的人不知道使用人才。有人才不用或错用，其后果是不可想象的。用人必须遵循原则，以原则为准则使用干部，才不会用人不当，防止用人失误。

1. 明确用人的原则

根据大量经验，用人过程中需要遵循以下原则。

（1）德才兼备的原则。用人强调有德有才，德才兼备，但现实中两者往往是不完全统一的，要针对具体情况选用人才，不过分求全兼备，原则是德看主流，才重一技。

（2）量才任职的原则。做到人尽其才，要因人而异，宜文则文，宜武则武。

（3）授权的原则。敢于授权、善于授权，这是用人的重要原则。只有这样，才能充分调动其聪明才智，发挥其主动性与积极性。

（4）晋升的原则。提升干部既是培养人才之所需，也是激励人才的有效方法。人心向上是人的本能。作为组织来说，要不断培养提拔接班人，让长江后浪推前浪，后继有人不断线，保持干部队伍的强大活力、长盛不衰。

2. 掌握用人的技巧与艺术

用人不仅是把人选用在合适的岗位上，而且关键在于如何充分发挥下属的作用。

（1）扬长避短，用其所长。世界上本就没有"完人"，作为领导者应认识和把握人才的长处和短处，善于用其所长，且能在短处中见其所长。

（2）用人不疑，疑人不用。这是用人的定律。理解与信任是对人才最好的激励方式。

（3）五湖四海，宽以待人。要善于启用各种非正式组织中的人物，避免任人唯亲。

（4）提携新人，用当其时。在用人上要破除论资排辈的陈腐观念，要能不断使用新人，这样才能使组织保持活力。

3. 用人的禁忌

（1）任人唯亲。

（2）对人才求全责备。

（3）在人才使用上要注意合理搭配，切忌"伏龙凤雏"一把抓。

四、授权的艺术

由于管理活动的日趋复杂，领导者学会授权，使自己从过多的事务困扰中解脱出来而集中于重大事务中，已经成为有效领导的客观需要。

授权过程既有很强的科学性，也有很强的艺术性，掌握一定的授权艺术，是做好授权工作的重要条件。

1. 因事择人，视能授权

这是授权的一条最根本的准则。对授权的大小、范围、受权者等问题均要认真考虑，要清楚地知道哪些工作需要授权，授予什么样的人，否则，处理不当，可能带来负面效应。

2. 权责同授，交代明确

授权时，领导者必须向被授权者明确交代所授事项的责任范围、完成标准和权力范围，让他们清楚地知道自己有什么样的权力，有多大的权力，同时要承担什么样的责任。

3. 逐级授权，不授权力之外之权

授权不能随便跨越层次，而只能逐级进行，否则就会引起混乱。同时，授权只能授自己职权范围内的权力，而不能把别人的权力授给自己的下属，否则就会引起更大范围的混乱。

4. 授权要有度

授权要掌握"度"，既不能过小，也不能过大。过小，就压抑了下级人员的积极性，起不到应有的作用；过大就可能失控，命令、指示难以执行。

5. 授权形式要合理

要依据所授权力的大小、重要性程度，采取相应的授权形式，甚至举行相应的授权仪式。这样，一是当众向受权者传递一部分领导的影响力，壮受权者的声威；二是以庄严的气氛强化受权者的使命感和责任感，使他们履行职责、顽强奋斗；三是也让下属知道授权的内容，以方便受权者行使权力，开展工作。

6. 权后要放手

"用人不疑，疑人不用"，授权就要信任，在授权范围内，领导者要放手让受权者大胆去处理，以发挥他们的积极性。

7. 要掌握有效的控制方法

没有可控性的授权是放权。授权者应经常纵观全局的计划进程，对可能出现偏离目标的局部现象进行协调，对被授权者实行必要的监督。

五、协调人际关系的艺术

领导者工作的特点就是每天都要和各种各样的人打交道，如果人际关系能够处理得好，可以使自己生活愉快、工作顺利，在事业上获得成功。因此，领导者必须懂得人际关系学，其中特别是要妥善处理上、下、左、右的关系，群众关系以及亲朋好友的关系。

(一) 正确处理上下级关系

上级与下级之间的关系实质上是一种权力关系，或者说是权力与服从关系。其中领导者是权力主体，是权力化身，而下级则是客体，他们具有相互协作、相互支持、相互竞争、相互选择、相互提防等诸关系的特征。

1. 处理好同上级的关系

每一个领导者要做好本职工作，取得事业成功，除自己的主观努力外，还需要上级领导的关怀和培养，因此处理好与上级的关系是十分重要的。如何处理呢？

(1) 从工作方面看，圆满地完成上级交给的任务，是搞好同上级关系的基础条件。

(2) 从组织原则方面看，下级要尊重、服从、维护、支持上级。

(3) 从思想作风上看，要不唯上、不抗上、不欺上，坚持实事求是。

(4) 从自我约束方面看，既要经得起上级的表扬，更要经得起上级的批评。

(5) 找准位置，出力而不越权。

(6) 善于掌握上级领导者的性格特点和习惯。

(7) 善于体贴领导者的难处。

2. 处理好与下级的关系

善于调动下级的积极性，是领导者出色地完成各项任务的重要因素。为此，要注意几方面的问题。

(1) 上级充分发挥领导作用，正确指导下级工作是搞好与下级关系的基础。

(2) 上级既要有统一集中的指挥，又要大胆放手，下放权力，以充分调动和发挥下级人员的积极性。

(3) 上级要公正廉明，对下级不分亲疏，一视同仁，不搞帮派，唯人唯贤，赏罚分明，功过清楚。

(4) 上级对下级全面负责，全面关心，既要使用，又要培养与考核。

(5) 从自我修养方面看，上级领导应当成为下级的表率。

(二) 正确处理同级的关系

同级关系是一种横向人际关系，可分为两种类型，即不同部门之间和同一部门内部。同级关系具有目标一致、地位平等、频繁接触、相互依存等特点。所以，在处理同级之间的关系时要做到以下几点。

(1) 相互信任，以诚相待。

(2) 积极合作，正当竞争。

(3) 互相支持，热情帮助。

(4) 分清职责，掌握分寸。

(5) 严于律己，宽以待人。

(6) 沟通思想，消除隔阂。

(三) 正确处理领导与群众的关系

员工认同、下级追随是领导成功的关键。只有领导和群众相结合，才能取得事业的成功。所以，要做到以下几点。

(1) 谦虚待人，与群众打成一片。

（2）爱护体贴，关心群众疾苦。

（3）作风正派，对群众一视同仁。

（4）多谋善断，使群众心悦诚服。

链接 6-4

"鲶鱼效应"

挪威人爱吃沙丁鱼，但是当渔民将捕捞的沙丁鱼运回渔港时，发现大多数的沙丁鱼已经死了。死鱼卖不上价，怎么办呢？聪明的渔民想出了一个办法，那就是将沙丁鱼的天敌——鲶鱼与沙丁鱼放在一起。每当渔民出海捕鱼时，总先准备几条活跃的鲶鱼，一旦把捕获的沙丁鱼放入水槽后，便把鲶鱼也放入水槽，鲶鱼四处游动，偶尔追杀沙丁鱼。沙丁鱼四处逃窜，把整槽鱼扰得上下浮动，也使水面不断波动，从而氧气充分。如此这般，就能保证沙丁鱼活蹦乱跳地运进渔港，这一现象被称为"鲶鱼效应"。

启示："鲶鱼效应"这个原理常常被引用到管理活动中，并逐步演变为一种竞争机制。作为一种竞争机制，"鲶鱼效应"在人力资源管理和领导艺术中，也能充分发挥作用。

重要概念

领导　领导特质　人性假设　管理方格　X理论　Y理论

复习思考题

1. 领导的含义和作用是什么？
2. 什么是管理方格理论？有效的领导方式是哪一种？
3. 你认为什么样的企业管理者才具有领袖魅力？
4. 试分析管理与领导的异同。

案例分析

一次严峻的挑战

分公司的重组、调整工作已基本告一段落，杨经理将自己的工作重点转向日常化管理，即所谓的领导职能。在调研中他发现，前一段主要关注规划和机构问题，日常管理有所忽视。包括自己在内的管理者们缺乏领导素质，指挥不力、管理混乱、人心涣散、绩效低下。

为解决这一问题，杨经理不动声色，在暗中做了许多调查，弄清情况，并针对本单位实际情况做出一整套整顿措施与方案。于是，他大刀阔斧地搞起整顿与改革。整顿劳动纪律，批评处罚违纪者，改革奖金发放办法，对营销业绩明显不好的还扣了部分工资。他想，这些是各单位改革的成熟举措，而且力度又大，一定会迅速奏效。

但是，令他十分震惊的是，整顿不但没能奏效，而且，遭到部下的强烈抵制。他对干部们提出严格管理的要求，对下级的违纪行为一定要严加惩处，但违纪行为时有发生；尽管三令五申，所制定的规章制度无法严格执行，工作秩序仍然混乱；奖金发放办法拉开档次，明明是富有激励性的好办法，可是却遭到几乎所有人的反对……

一天，他刚到车间就碰到一名迟到者。想到近日屡禁不止的迟到现象，加之该名员工迟到了近二十分钟，他怒不可遏。当众怒斥这名员工："公司已三令五申，你怎么还总迟到？难道是诚心与公司对着干？"该名员工觉得很没面子，竟然当众与他"顶牛"："我从未迟到过，今天是有点特殊事，你凭什么说我'总迟到'？"杨经理的确不知道这名员工以前是否迟到过，一时哑口无言，在众多员工面前很是尴尬。但是，他着实被这名员工气坏了，当场宣布，扣除该员工当月奖金。被他扣了奖金的员工更是怒不可遏，居然追到他办公室和他"理论"，把杨经理弄得狼狈不堪。

请分析：

（1）你认为是杨经理的整顿措施不当，还是领导方式出了问题？

（2）你能分析杨经理上述行为所表现出的是一种什么样的权力运用方式吗？

（3）杨经理的领导权威明显受到挑战，原因何在？你认为他应怎样处理这位迟到近20分钟的员工？

实践训练

实训项目

校园模拟指挥

实训目的

1. 培养学生现场指挥的能力。

2. 培养学生应变能力。

实训内容

1. 根据设定的管理情境，由学生分组进行指挥。

2. 管理情境为：凌晨1点多钟，男生宿舍三楼卫生间的水管突然爆裂。此时楼门和校门已经关闭，人们都沉睡在梦中，只有邻近的几个宿舍的学生被惊醒。水不断地从卫生间顺着走廊涌出，情况非常紧急。假如你身处其中，如何利用你的指挥能力化险为夷。

实训考核

1. 每组进行现场指挥表演，其他组给予评价打分。

2. 教师根据各小组的现场指挥进行评价打分。

3. 将上述两项评价得分综合为本次实训成绩。

第七章

激 励

■■\ 学习目的

1. 理解激励的含义。
2. 掌握激励的方法和技巧。
3. 运用激励的方法和技巧激发员工的积极性，实现有效管理。

■■\ 案例导入

中国梦

中国梦是习近平总书记所提出的重要指导思想和重要执政理念，正式提出于 2012 年 11 月 29 日。习近平总书记把中国梦定义为实现中华民族伟大复兴。中国梦的核心目标也可以概括为"两个一百年"的目标，也就是：到 2021 年中国共产党成立 100 周年和 2049 年中华人民共和国成立 100 周年时，逐步并最终顺利实现中华民族的伟大复兴，具体表现是国家富强、民族振兴、人民幸福，实现途径是走中国特色的社会主义道路、坚持中国特色社会主义理论体系、弘扬民族精神、凝聚中国力量，实施手段是政治、经济、文化、社会、生态文明五位一体建设。

2017 年 10 月 18 日，习近平总书记在十九大报告中指出，实现中华民族伟大复兴是近代以来中华民族最伟大的梦想。中国共产党一经成立，就把实现共产主义作为党的最高理想和最终目标，义无反顾肩负起实现中华民族伟大复兴的历史使命。

梦想是激励人们发奋前行的精神动力。当一种梦想能够将整个民族的期盼与追求都凝聚起来的时候，这种梦想就有了共同愿景的深刻内涵，就有了动员全民族为之坚毅持守、慷慨趋赴的强大感召力。实现中华民族伟大复兴，是全体中华儿女的伟大梦想和共同愿望，也是中国近现代史的主题。

梦想是激励人们发奋前行的精神动力。有梦就有希望，有信念就有力量。中国梦的激励是对每一个中国人的激励，中国梦的实现是每一个中国人梦想的实现。中国梦是强国梦，激励青年成才，成为合格的社会主义建设者和接班人，对国家对社会有用的人才。

激励是管理学中一项非常重要的研究内容，通过激励可以使下属充分发挥其潜能，从而保持工作的有效性和高效性。沟通是人与人之间通过语言、文字、符号或其他的表达形式进行消息传递和交换的过程。任何一个组织目标的实现都离不开组织成员的分工与合作，组织成员的分工合作及行为协调均有赖于相互之间的信息传递与交流。因此，对于管理者来说，掌握激励方法与沟通技巧显得尤为必要。

第一节　激励的概述

一、激励的概念

激励是指激发人的内在动机，激励人朝着组织期望的目标采取行动的过程，其核心是调动人的积极性，可以从以下三个方面来理解激励这一概念。

1. 激励是一个过程

对人的行为的激励，实质上就是通过采用能满足人需要的诱因条件，引起行为动机，从而推动人采取相应的行为，以实现目标，然后再根据人们新的需要设置诱因，如此循环往复。

2. 激励过程受内外因素的制约

各种管理措施应与被激励者的需要、理想、价值观和责任感等内在的因素相吻合，才能产生较强的合力，从而激发和强化工作动机，否则不会产生激励作用。

3. 激励具有时效性

每一种激励手段的作用都有一定的时间限度，超过时限就会失效。因此。激励不能一劳永逸，需要持续进行。

二、激励的过程与机理

心理学的研究表明，人的行为具有目的性，而目的源于一定的动机，动机又产生于需要，动机支配行为并指向预定目标，是人类行为的一般模式。激励就是此基础上，通过激发需要使其产生动机，然后诱导动机使其产生行为，最后强化行为使其最终实现组织或个人目标的过程。这就是激励的机理与模式，也是激励得以发挥作用的心理机制，该过程如图7-1所示。

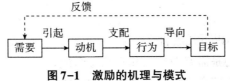

图7-1　激励的机理与模式

1. 需要

需要是人的一种主观体验，是人们在社会生活中对某种目标的渴求和欲望，是人们行为积极性的源泉。

2. 动机

当人们有了某种需要而又未能满足时，心理上便会产生一种紧张和不安，这种紧张和不安就成为一种内在的驱动力，促使个体采取某种行动，这就是动机。从某种意义上说，需要和动机没有严格的区别。需要体现一种主观感受，动机则是内心活动。实际上一个人会同时具有许多种动机，动机之间不仅有强弱之分，而且会有矛盾，一般来说，只有最强烈的动机才可以引发行为，这种动机称为优势动机。

3. 行为

动机对于行为有着重要的功能，表现为三个方面：一是始发功能，即推动行为的原动力；二是选择功能，即它决定个体的行为方向；三是维持和协调功能。行为目标达成时，相应的动机就会获得强化，使行为持续下去或产生更强烈的行为，趋向更高的目标，相反，则降低行为的积极性，或停止行为。

4. 目标

人的任何动机和行为都是在需要的基础上建立起来的，但并不是所有的需要都产生动机，只有当这种需要具有某种特定的目标时，需要才会产生动机，动机才会成为引起人们行为的直接原因。同样，也并不是每个动机都必然会引起行为，在多种动机下，只有优势动机才会引发行为。管理者实施激励，就是想方设法做好需要引导和目标引导，强化员工动机，刺激员工的行为，从而实现组织目标。

◢◢\ 链接 7-1 .....

朱彬是一家房地产公司负责销售的副总经理，他把公司里最好的推销员李兰提拔起来当销售部经理。李兰在这个职位上干得并不怎么样，她的下属说李兰待人不耐烦，几乎得不到她的指导与帮助。李兰也不满意这工作，当推销员时，她做成一笔生意就可立刻拿到奖金，可当了经理后，她干得好坏取决于下属的工作，她的奖金也要到年终才能定下来。李兰现在和过去判若两人，朱彬被搞糊涂了。一位管理咨询专家被请来研究这一情况，他的结论是，对李兰来说，销售部经理一职不是她所希望的，她不会卖力工作以追求成功。

启示：激励一定要针对员工的需要，才能调动其积极性。如果激励手段与员工的需要不一致，就起不到激励的效果。

三、激励的原则

1. 明确性原则

激励的明确性原则包括以下几层含义。

（1）明确。激励的目的是需要做什么和必须怎么做。

（2）公开。特别是关于奖金分配等员工关注的问题，更要公开透明。

（3）直观。实施物质奖励和精神奖励时都需要直观地表明指标，总结奖励和惩罚方式。直观性与激励影响的心理效应成正比。

2. 时效性原则

要把握激励的时机，"雪中送炭"和"雨后送伞"的效果是不一样的。激励越及时，越有利于将人们的激情推向高潮，使其创造力连续有效地发挥出来。

3. 设置合理目标原则

在激励机制中，设置目标是一个关键环节。目标设置必须体现组织目标的要求，否则激励将偏离实现组织目标的方向。目标设置还必须能满足职工个人的需要，否则无法提高员工的目标效价，达不到满意的激励强度。只有将组织目标与个人目标结合好，使组织目标包含较多的个人目标，使个人目标的实现离不开为实现组织目标所做的努力，这样才会收到良好的激励效果。

4. 正强化与负强化相结合原则

根据斯金纳的强化理论，管理者应遵循正强化与负强化相结合的原则：利用正强化对员工的符合组织目标的期望行为进行奖励，以使得这种行为更多地出现，即员工积极性更高；利用负强化对员工违背组织目的的非期望行为进行惩罚，以使得这种行为不再发生，使犯错误员工积极地向正确方向转移。显然正强化与负强化都是必要且有效的，不仅作用于当事人，而且会间接地影响周围其他人，通过树立正面的榜样和反面的典型，使整个群体和组织的行为更积极、更富有生气。

负激励具有一定消极作用，容易使人产生挫折心理和挫折行为，应该慎用。因此，领导者在激励时，应该把正激励与负激励巧妙地结合起来，并坚持以正激励为主，负激励为辅。

5. 物质激励与精神激励相结合原则

员工存在着物质需要和精神需要，相应的激励方式也应该是物质激励与精神激励相结合。鉴于物质需要是人类最基础的需要，层次也最低，但物质激励的作用是表面的，激励程度有限。因此，随着生产力水平和人员素质的提高，应该把重心转移到以满足较高层次需要（即社交、自尊、自我实现需要）的精神激励上去。

在这个问题上应该避免走极端，迷信物质激励则导致拜金主义，迷信精神激励则导致唯意志论或精神万能论，事实证明过度迷信二者都是片面的、有害的。

6. 外激励与内激励相结合

根据赫茨伯格的双因素理论，可以用保健因素和激励因素实现外激励与内激励相结合：保健因素能消除员工不满，从外部进行激励；而满足职工自尊和自我实现需要等激励因素，则能很好地实现内激励。内外激励相结合，不仅能使员工从工作本身和工作环境中取得很大的满足，对工作充满兴趣，还能因为任务的实现，激发出光荣感、自豪感、成就感和自我实现感。这一切所产生的工作动力远比单纯地使用外激励或内激励要深刻和持久。因此，在激励中，领导者应善于以内激励为主，将外激励与内激励相结合，力求收到事半功倍的效果。

7. 民主公正

根据公平理论，人们是需要公平的，而公平是在比较中获得的，人们注重的不只是所得的绝对量，更注重的是可比的相对量，因此领导者应充分考虑一个群体内及群体外相关人员激励的公平性。"按劳分配"的原则就体现了公平性，但公平理论中的公平原则与"按劳分配"相比，则考虑到个人的主观感受，因而显得更加实际。

公平必然导致价值分配实际上的不平均，而这种不平均正好体现了制度和程序的公平。追求成果分享的平均主义是一种实质上的不公平，起不到很好的激励效果，而且可能打击优秀员工的积极性。

8. 按需激励

不同的人需求是不一样的，同一人在不同时期的需求也不一样。所以相同的激励措施对不同的人起到的效果是不同的。在制定和实施激励措施时，首先要调查清楚每位员工的真正需求，将这些需求合理地整理归纳，然后再制定相应的激励措施。对处于不同需求层次的人，应该使用不同的激励手段。

链接7-2

鸬鹚罢工

一群鸬鹚辛辛苦苦跟着一位渔民十几年，立下了汗马功劳。不过随着鸬鹚年龄的增长，腿脚开始不灵便，眼睛也不好使了，捕鱼的数量也越来越少。渔民不得已，又买了几只小鸬鹚，经过简单训练，便让新老鸬鹚一起下湖捕鱼。很快，新买的鸬鹚学会了捕鱼的本领，渔民很高兴。

新来的鸬鹚很知足：只干了一点微不足道的工作，主人就对自己这么好，于是一个个拼命为主人工作。而那几只老鸬鹚就惨了，吃的住的都比新来的鸬鹚差远了。不久，几只老鸬鹚瘦得皮包骨头，奄奄一息，被主人杀掉炖了汤。

一日，几只年轻的鸬鹚突然集体罢工，一个个蜷缩在船头，任凭渔民如何驱赶，也不肯下湖捕鱼，渔民抱怨说："我待你们不薄呀，每天让你们吃着鲜嫩的小鱼，住着舒适的窝棚，时不时还让你们休息一天半天。你们怎么不思回报，这么没良心呀！"一只年轻的鸬鹚发话了："主人呀，现在我们身强力壮，有吃有喝，但老了，还不落得像那群老鸬鹚一样的下场？"

第二节　激励理论

激励理论主要是研究人的动机激发的因素、机制与途径等问题。激励理论很多，根据对需求影响的不同方式可以划分为三类。一是内容型激励理论。重点研究激发动机的诱因，主要包括马斯洛需求层次理论、赫茨伯格的双因素理论、麦克利兰的成就需要理论等。二是过程型激励理论。重点研究从动机的产生到采取行动的心理过程，主要包括弗鲁姆期望理论、亚当斯的公平理论、波特—劳勒的激励模式理论等。三是行为改造激励理论。重点研究激励的目的（即改造、修正行为），主要包括：斯金纳的强化理论、凯利的归因理论等。

这里主要介绍几种典型的激励理论。

一、需求层次理论

需求层次理论是美国心理学家马斯洛于20世纪40年代提出的。该理论认为，人们的需求可以从低到高划分为五个层次，即生理需求、安全需求、社交需求、尊重需求与自我实现的需求。这五种需求呈金字塔形分布，如图7-2所示。

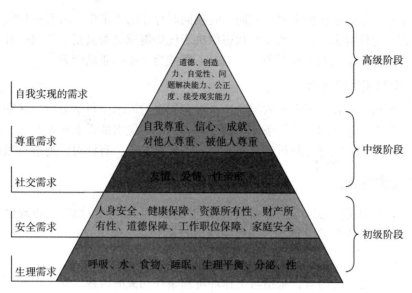

图 7-2 马斯洛需求层次理论

（一）具体内容

1. 生理需求

生理需求是指人类生存最基本的需求，这些需求在没有得到满足之前，其他需求都不能起到激励作用。如对衣、食、住、行的需求等。

2. 安全需求

安全需求是指保护自己免受身体和情感伤害以及不受丧失职业、财务等威胁的需求。安全需求体现在社会生活中是多方面的，如生命安全、劳动安全、职业有保障、心理安全等。

3. 社交需求

社交需求指人们希望与人交往，避免孤独，与同事和睦相处、关系融洽的需求，包括友谊、爱情、归属、信任与被接纳的需求。这一层次的需要得不到满足，可能会影响人的精神上的健康。马克思主义认为人的本质属性就是社会性，这是人与动物最根本的区别。

4. 尊重需求

尊重需求包括自尊和受到别人尊重两方面。自尊是指自己的自尊心，工作努力不甘落后，有充分的自信心，获得成就感后的自豪感。受人尊重是指自己的工作成绩、社会地位能得到他人的认可。这一层次的需求一旦得以满足，必然信心倍增，否则就会产生自卑感。

5. 自我实现的需求

这是最高级的需求，指个人成长与发展，发挥自身潜能、实现理想的需求。即人希望自己能够充分发挥自己的潜能，做最适宜的工作。这一层次的需求是无止境的。例如人生的价值分为自我价值和社会价值两个方面，实现人生价值就是人"自我实现的需要"。

在这五个层次的需求中，前两个层次的需求属于物质需求，后三个层次的需求属于精神需求。

该理论表明，不同层次的需求是同时存在的，但人们首先追求满足较低层次的需要，然后才会进一步追求较高层次的需要。在同一时期同时存在的需求中，总有一种需求占主导和支配地位，称之为优势需求，人的激励状态取决于优势需求是否满足。任何一种满足了的低层次需求并不因为高层次的发展而消失，只是不再成为主要的激励因素。

（二）对管理实践的启示

一是要正确认识被管理者需求的层次性，对多层次的需求应科学分析，区别对待，防止片面性；二是要努力将管理手段和条件与被管理者的不同层次的需求联系起来，最大限度地满足不同人员的需求；三是要分析和寻找每个人的优势需求，有针对性地进行激励。

二、双因素理论

双因素理论是由美国心理学家赫兹伯格 20 世纪 50 年代后期提出的。该理论认为人的动机因素有两类，一类为保健因素，另一类为激励因素。

（一）保健因素

保健因素又称为维持因素，是指与工作环境和条件相关的因素。这些因素不能起到激励员工的作用，却具有保持人的积极性、维持工作现状、预防员工产生不满情绪的作用。当得不到这些方面的满足时，人们会产生不满，从而影响工作，但当得到这些方面满足时，只是消除了不满，不会调动人们的工作积极性，即起不到明显的激励作用。常见的保健因素主要有：管理政策与制度、监督系统、工作条件、人际关系、工资水平、福利待遇、职务地位、工作安全等。

（二）激励因素

激励因素是属于和工作本身相关的因素，指那些能调动员工工作积极性、激发其工作热情、能从根本上激励员工的因素。当人们得不到这些方面的满足时，工作缺乏积极性，但不会产生明显的不满情绪。当人们得到这些方面的满足时，会对工作产生浓厚的兴趣和积极性，起到明显的激励作用。常见的激励因素有：工作成就感、工作挑战性、工作中的认可和赏识发展（晋升、成长）、责任感等。赫兹伯格所说的保健因素和激励在实际的工作中有所交叉，也因管理对象的不同而存在差异。

（三）对管理实践的启示

一是要善于区分和应用两种激励因素的作用。对于保健因素要给予基本的满足，同时要抓激励因素，进行有针对性的激励。采取了某项激励的措施以后并不一定就带来满意，更不等于劳动生产率就能够提高。满足各种需要所引起的激励深度和效果是不一样的。物质需求的满足是必要的，没有它会导致不满，但是即使获得满足，它的作用往往是很有限的，不能持久的。要调动人的积极性，不仅要注意物质利益和工作条件等外部因素，重要的是要提供使人感到具有价值、现实意义的工作，工作内容具有挑战性，应让人们承担更重要的责任；而不仅仅是把目光局限于提高工资水平、办好福利事业上。从这个意义上来说，赫茨伯格的双因素理论与马斯洛的需求层次理论有密切的关系，其保健因素相当于生理、安全、社会交往等低层次需要，激励因素相当于尊重、自我实现等高层次需要；二是要正确识别挑选激励因素。能够对员工产生激励的因素在实践中不是绝对的，常常因人、因地而不同，有时差别很大，必须在实际分析的基础上，灵活确定。

◢◢＼ 链接 7-3

中秋奖金

一家公司的老板，每年中秋节都会额外给员工发放一笔1 000元的奖金。但几年下来，老板感到这笔奖金正在丧失它应有的作用，因为员工在领取奖金的时候反应相当平和，每个人都像领取自己的薪水一样自然，并且在随后的工作中也没有人会为这1 000元表现得特别努力。既然奖金起不到激励的作用，老板决定停发，加上行业不景气，这样做也可以减少公司的一部分开支。然而停发的结果却大大出乎意料，公司上下几乎每个人都在抱怨老板的决定，有些员工的情绪明显低落，工作效率也受到不同程度的影响。老板很困惑：为什么有奖金的时候，没有人会为此在工作上表现得积极主动，而取消奖金之后，大家都不约而同地指责、抱怨甚至消极怠工呢？

启示：激励因素能够调动员工的积极性，保健因素能预防员工的不满。激励因素使用不当，会转化为保健因素。

三、成就需要理论

美国管理学家戴维·麦克利兰（David McClelland）提出了成就需要理论，有时也称为后天需要理论。这一理论认为，在人的一生中，有些需要是靠后天获得的。人类在环境的影响下形成三种基本需要，即成就需要、权力需要和社交需要。

1. 成就需要

这指渴望完成困难的事情、获得某种高的成功标准、掌握复杂的工作以及超过别人。成就需要具有挑战性，引发人的快感，增加奋斗精神。有成就需要的人对胜任和成功有强烈的要求。

2. 权力需要

这主要是指对影响力和控制力的向往。具有高度权力欲的人对施加影响和控制他人表现出极大的关注。

3. 社交需要

这是指希望与他人建立亲近和睦关系的愿望。具有这方面需要的人，通常从友爱、情谊、人际交往中得到快乐和满足。

麦克利兰认为，具有高成就需要的人对企业和国家都起着重要作用。企业中这类人越多，企业发展就越快，获利也越多；国家拥有这类人越多，越会兴旺发达。因此，组织的成长同人们成就需要的高低有密切关系，应通过教育和培训来培养和提高人们的成就需要。

四、期望值理论

（一）具体内容

期望值理论是美国心理学家弗鲁姆在20世纪60年代提出来的。该理论认为，人们对某项工作积极性的高低，取决于他对这项工作能满足其需要的程度及实现可能性大小的评价。

当员工认为努力会带来良好的绩效评价时，他就会受到激励进而付出更大的努力。激励力量的大小，取决于效价与期望值的乘积。用公式表示为：

$$M = VE$$

其中，M 为激励力，表示个人对某项活动的积极性程度，希望达到活动目标的欲望程度；V 为效价，即活动结果对个人的价值大小；E 为期望值，即个人对实现这一结果可能性的判断。

从公式中可以看出，促使人们做某种事的激励力依赖于效价和期望值这两个因素。效价和期望值越高，激励力就越大。因此，要收到预期的激励效果，不仅要使激励手段的效价足够高，而且要使激励对象有足够的信心去获得这种满足。只要效价和期望概率中有一项的值较低，都难以使激励对象在工作中表现出足够的积极性。需要注意的是，效价的高低不是由管理者决定的，而是由被激励者的需要所左右。管理者的重要任务之一就是要准确地把握员工对需要的价值评价，采取合适的激励方式。同时，又要创造出较大的实现期望值的客观条件，使员工充满信心，发挥自己的积极性和创造性。

（二）对管理实践的启示

一是选择激励手段，一定要选择员工感兴趣、评价高，即认为效价大的手段，这样才能产生较大的激励作用；二是确定目标的标准不宜太高。目标必须是大多数人通过努力能够实现的，可以通过增大目标实现的概率来增强激励的作用。

链接7-4

效价、期望值与激励力之间的关系

销售经理对他的一位销售员说：如果你今年完成1000万元的销售额，公司将奖励你一套住房。这时，组织的目标是1000万的销售额，个人的目标是一套住房，效价和期望值可能会这样影响这个销售员的激励力。

效价，销售员可能的反应如下：

A."天哪！一套住房！哈哈，这正是我梦寐以求的，我一定要努力争取！"

B."住房？我现在住的已经够好的了，没有必要再来一套，况且如果我一人拿了同事们肯定会不满的，这对我来说没什么吸引力！"

期望值，他可能的反应如下：

A."1000万元的销售额，照今年的行情，如果我比去年再努力一点，是能做到的。"

B."1000万元？简直是天方夜谭，经理要么疯了，要么就是压根儿不想把住房给我，我才不会白花力气呢！"

激励力，他可能的反应如下：

A."只要销售到1000万元就能得到一套住房，我一定好好努力！"

B."经理向来说话不算数，我打赌经理到时一定能找出10条理由说无能为力。"

在该例子中，可以很明显地看到，效价和期望值越高（在所有A的情况下），则对人的助力越强；而反之（在所有B的情况下）对人的激励力越弱。从中至少可以得到以下两点启示。

一是要有效地进行激励，就必须提高活动结果的效价，要提高效价，就必须使活动结果能满足个人最迫切的需要。二是要注意目标实现的期望值，即组织目标实现的概率不宜过低，以免让个人失去信心，当然也不宜过高，过高则会影响激励工作本身的意义。

五、公平理论

（一）具体内容

公平理论是美国心理学家亚当斯在 1965 年首先提出来的，也称为社会比较理论。这种理论的基础在于员工总是在进行比较，比较的结果对于他们在工作中的努力程度有影响。员工经常将自己的付出和所得与他人进行比较，而由此产生的不公平感将影响到他们以后付出的努力。

当一个人做出了成绩并取得报酬以后，他不仅关心自己所得报酬的绝对量，而且关心自己所得报酬的相对量。每个人都会不自觉地把自己所获的报酬与投入之比，同他人的收入与付出之比或本人过去的收入与付出的比率进行横向和纵向的比较，来判断报酬的分配是否公平。

当一个人通过比较，发现自己所获的报酬与投入之比，等于或大于他人的收入与付出之比，就会决定其下一步的行为。当有不公平的感受时，就会出现心理上的不安，并设法去消除这种不公，有可能采取以下的措施来求得平衡：一是曲解自己或他人获得公平感受时的付出或所得；二是采取某种行为使得他人的付出或所得发生改变；三是采取某种行为改变自己的付出或所得；四是选择另外一个参照对象进行比较；五是辞去工作。总之，当员工感到不公平时，工作的积极性往往会下降，要注意的是，公平与否源于个人的感觉。人们在心理上通常会低估他人的工作成绩，高估别人的得益，由于感觉上的错误，就会产生心理不平衡，这种心态对组织和个人都很不利。管理人员应有敏锐的洞察力来体察职工的心情，如是个人主观的认识偏差，也有必要进行说明解释，做好思想工作，使员工处于公平的心理状态。

（二）对管理实践的启示

一是在管理中要高度重视相对报酬问题，始终将相对报酬作为有效激励手段来加以运用；二是尽可能实现相对报酬的公平性；三是当出现不公平现象时，要做好工作，积极引导，通过改革与管理科学化，消除不公平，防止负面作用发生。实现公平正义是建设社会主义和谐社会的基本要求。

链接 7-5

"金鱼缸"法则

金鱼缸是玻璃做的，透明度很高，不论从哪个角度观察，里面的情况都看得一清二楚。"金鱼缸"法则运用到管理中，就是要求领导者增加各项工作的透明度，强化领导者的自我约束机制，确保管理的公平机制。

六、强化理论

强化理论由美国心理学家斯金纳提出，又称为"行为修正理论"。强化指的是一种行为的肯定或否定的后果，它在一定程度上决定该行为是否重复发生。该理论认为，人的行为是受外部环境刺激而产生的调节，当遇到正强化时，行为会重复发生，受到负强化时会趋于减少发生，因此，可以通过不断改变环境的刺激因素来达到改变某种行为的目的。通常，强化的手段有以下四种类型。

（一）正强化

正强化又称积极强化。当人们采取某种行为时，能从他人那里得到某种令其感到愉快的结果，这种结果反过来又成为推进人们趋向或重复此种行为的力量。例如，企业用某种具有吸引力的结果（如奖金、休假、晋级、认可、表扬等），以表示对职工努力进行安全生产的行为的肯定，从而使职工进一步遵守安全规程，进行安全生产。

（二）负强化

负强化又称消极强化。它是指通过某种不符合要求的行为所引起的不愉快的后果，对该行为予以否定。若职工能按所要求的方式行动，就可减少或消除令人不愉快的处境，从而也增大了职工符合要求的行为重复出现的可能性。例如，企业安全管理人员告知工人：不遵守安全规程，就要受到批评，甚至得不到安全奖励。于是工人为了避免此种不期望的结果，而认真按操作规程进行安全作业。

负强化的一种典型方式，即在消极行为发生后，以某种带有强制性、威慑性的手段（如批评、行政处分、经济处罚等）给人带来不愉快的结果，或者取消现有的令人愉快和满意的条件，以表示对某种不符合要求的行为的否定。

（三）惩罚

在消极行为发生之后，使实施者受到经济上或名誉上的损失，从而减少这种行为的发生，称为惩罚。惩罚的方法包括物质惩罚和精神处罚两种。与正强化相反，惩罚要维持其连续性，即对任何不符合组织目标的行为都应及时予以处罚，从而消除人们的侥幸心理，减少直到完全消除这种行为重复出现的可能性。强化理论认为，管理者应把重点放在积极强化而不是简单的惩罚上，惩罚产生的作用很快，但效果可能是暂时的，也容易产生消极作用。

（四）自然消退

自然消退是撤销对原来可以接受的行为的强化，由于一定时期内连续不强化，这种行为将逐步降低频率，以至最终消失。自然消退是对某种行为采取既不奖励也不惩罚的措施，这是一种消除不良行为的策略，实质上是一种负强化手段，这样既可以消除某些不合理的行为，又能避免上下级之间的不愉快甚至矛盾冲突。

（五）对管理实践的启示

一是要坚持奖励与惩罚相结合，对正确的行为，给予适当的奖励，对不良行为则要给予处罚，奖惩结合优于只奖不罚或只罚不奖；二是要以奖为主，以罚为辅，防止过多地惩罚所带来消极的影响；三是要及时而正确地强化；四是奖人所需，形式多样。

第三节　激励实务

一、激励的方法

激励方法得当，会事半功倍，最大限度地激发员工的工作积极性，给组织带来利益。在组织内部一般采用的有效激励的方法主要有以下几种。

（一）经济激励法

经济激励主要是奖酬奖励，是最基本的激励方法，主要包括工资、奖金和各种形式的津贴及实物奖励。在我国，工资和奖金是主要的激励方法。经济激励要点包括以下几个方面。

1. 只对成绩突出者予以奖赏

奖赏如果全面开花，既有可能助长了落后者的惰性，又可能伤及先进者的努力动机，从而失去了激励的意义。

2. 重奖重罚

对于克服重重困难方才取得成功者，应该重奖，以示鼓励；而对于玩忽职守，造成重大责任损失者，则要重罚，以示惩戒。

3. 关注关键岗位

奖励要向关键岗位以及脏、累、苦、难等岗位倾斜，既体现工作的重要性程度，又要体现劳动价值。

（二）任务激励法

把工作任务的重要性及完成情况同个人的成就感以及切身利益相结合，从而使员工能够积极承担各自要完成的工作。

链接 7-6

红烧肉的故事

老板接到一桩业务，有一批货要搬到码头上去，必须在半天内完成。任务相当重，手下就那么十几个伙计。

这天一早，老板亲自下厨做饭。开饭时，老板给伙计一一盛好，还亲手捧到他们每个人手里。

伙计王接过饭碗，拿起筷子，正要往嘴里扒，一股诱人的红烧肉浓香扑鼻而来。他急忙用筷子扒开一个小洞，三块油光发亮的红烧肉焐在米饭当中。他立即扭过身，一声不响地蹲在屋角，狼吞虎咽地吃起来。

这顿饭，伙计王吃得特别香。他边吃边想：老板看得起我，今天要多出点力。于是他把货装得满满的，一趟又一趟，来回飞奔着，搬得汗流如雨……

整个下午，其他伙计也都像他一样卖力，个个汗流浃背。一天的活，一个上午就干完了。

中午，伙计王不解偷偷问伙计张："你今天咋这么卖力？"张反问王："你不也干得起劲嘛？"王说："不瞒你，早上老板在我碗里塞了三块红烧肉啊！我总要对得住他对我的关照嘛！""哦！"伙计张惊讶地瞪大了眼睛，说："我的碗底也有红烧肉哩！"两人又问了别的伙计，原来老板在大家碗里都放了肉。众伙计恍然大悟，难怪吃早饭时，大家都不声不响吃得那么香。

如果这碗红烧肉放在桌子上，让大家夹来吃，可能就不会有这样的效果了。同样这几块红烧肉，同样几张嘴吃，却产生了不同的效果，这不能不说是一种智慧。

管理启示：对于管理人员来说，"怎样让大家吃红烧肉吃得有劲头"是个永恒的而且常新的话题——不同的人激励方法不同，同一个人不同时期激励方法也不同。千万不能墨守成规！要学会"因人、因时、因事激励"。

(三) 目标激励法

目标在心理学上通常被称为"诱因"，即能够满足人的需要的外在物。目标设置要合理、可行，与个体的切身利益密切相关。要设置总目标与阶段目标，总目标可使人感到工作有方向，阶段性目标可使人感到工作的阶段性、可行性和合理性。

企业要制订出中长期发展规划，并在员工中进行广泛深入的宣传，让员工看到企业发展的前景、目标；同时，企业在制订中长期发展规划时，要让员工参与，虚心听取员工的意见。知识经济时代的企业员工，大多希望企业领导能给他们提供一个发挥智慧和才能的舞台，以实现自我价值，这是企业员工精神方面的一种高层次的追求，应该得到爱护和尊重。只有让员工明白企业的目标，并为他们献计献策提供机会，以满足员工实现自我价值的欲望，激发他们创造性思维的火花，才能获得许许多多不寻常的创见和有价值的建议。目标激励是从长远的角度出发的激励，有利于保持员工积极性的发挥。

(四) 关怀激励法

关怀激励法就是通过对职工进行关怀、爱护来激发其积极性、创造性的激励方法，它属于感情激励的内容。企业领导对于下级的关怀，哪怕是微不足道却是出自真诚的关心，对于下级都是无穷的激励。海尔集团从 1992 年开始，在每月最后一日的晚上，都要为当月过生日的员工举办一次卡拉 OK 晚会，并规定每位过生日的员工届时可带四位亲属一同来参加，公司领导会按时到场，为每位过生日的员工送上祝福。关怀激励法被管理学家称为"爱的经济学"，即无须投入资本，只要注入关心、爱护等情感因素，就能获得很好的激励效果。

(五) 工作激励

工作激励法是一种在工作中增加激励因素，以调动员工的工作积极性的方法。它以赫茨伯格的理论为依据，通过把责任更大、更受重视以及为员工成长提供更多机会的工作加到工作任务中去，可以减少员工工作的单调性、增加工作的安全感，使工作本身成为激励因素。

工作激励法主要有工作适应性、工作扩大化和工作丰富化等方法。

(1) 工作适应性是指工作的性质和特点与从事该工作的员工条件与特征相吻合，能充分发挥其优势，激发其工作兴趣，从而使员工高度满意其工作。

(2) 工作扩大化是指在横向水平上增加工作任务的数目或变化性，使工作多样化，但工作的难度和复杂程度并不增加。增加员工的工作内容，必然会提高员工的工作热情和兴趣。

(3) 工作丰富化是指在纵向上赋予员工更复杂、更系列化的工作，有机会让员工参与他们所从事工作的目标制订、规划、组织和控制。工作丰富化的目的不在于花同样的钱让员工做更多的事情，而在于让员工发挥出更大的潜力，提高公司的整体效率，而员工个人也会因此获得更多的报酬。

(六) 思想教育激励法

思想教育激励法包括政治教育、思想工作、表扬与批评等方法。

应用思想教育激励法时主要应注意以下几点。

（1）坚持以表扬为主，批评为辅。

（2）必须以事实为依据。

（3）要讲究表扬与批评的方式、时机、地点，注重实际效果。

（4）批评要对事不对人。

（5）要尽量减少批评的次数。

（6）批评与表扬的适当结合。

链接 7-7

英特尔公司对员工的激励

为了激励员工，让员工保持最佳的工作状态，在工作中磨炼才干，英特尔公司经常让员工调换工作。1999年，公司的6.7万名员工中，有10%在公司内部进行了调换。这个做法让英特尔的组织保持了一种流动状态，因为公司一直在超速运行，它的产品周期为6个月，每个人都必须要有极强的适应力，如果做不到这点就无法在公司生存。公司还设有奖励先进个人与集体的专项奖金，每个员工都有公司股票的选择权，这是公司给员工的一种福利。

二、激励的技巧

要让激励达到最终的效果，除了要选择有效的激励方法之外，还需要采用相应的技巧才能收到最佳效果。一般采用的激励技巧主要有以下四种。

（一）先教后用激励

在做某件事之前，要先打好基础，以得到他人的认同，往往会事半功倍。在施以激励之前，也必须先对人员进行启发、教育，使他们明白要求和规则，这样在采用激励方法时，他们才不至于感到突然，尤其是对于处罚就不会感到冤枉。所以，最好的管理方法是启发，而不是惩罚。

（二）公平激励

"不患寡而患不均"，因此，要保证激励制度的顺利执行，一定要做到不唯亲、不唯上、不唯己，只唯实，公平相待。在激励过程中，无论是奖励还是惩罚，都要公平公正，这样，才能使人感到心理平衡，心情舒畅，从而调动员工的积极性。

（三）适时激励

适时激励就是要注意激励的时效性，当发现员工有突出表现或巨大进步时，采取当机立断的方式予以肯定，往往会促使后续行为的强化与超越。

（四）适度激励

激励标准有个适度性问题，保持了这个度，就能使激励对象乐此不疲地努力工作。反之，如果激励对象的行为太容易达到被奖励和被处罚的界限，那么，这套激励方法就会使激励对象失去兴趣，达不到激励的目的，所以说："赏罚不中则众不威。"

第四节　沟　通

一、沟通的含义和类型

（一）沟通的含义

沟通是指为了达到一定的目的，将信息、思想、情感在个人或群体之间进行传递与交流的过程。沟通的内容、形式和载体、渠道都是多种多样的。

从沟通的内容上来讲，它既可以是某一件事实、某一种情感，也可以是某一项命令，还可以是某一种意见、看法，或是某一个观点或思想，当然也可以是某一种情绪。

从沟通的渠道或信息载体来讲，它既可以是以语言为载体，又可以是以非语言为载体。语言载体又可以细分为口头语言载体和书面语言载体。而口头语言载体又可以分成更多的具体形式，如演说、私人谈话、正式会谈、小组讨论、口信、口头命令、电话、电话会议、录音带、可视电视对话等。书面语言载体又可以分成备忘录、信件、内部刊物、布告、文件等。随着通信和电子技术的发展，出现了幻灯片、投影、VCD、CD、电子邮件、电子会议等诸多新的沟通途径。

一般所讲的沟通是指语言沟通。在现实生活中，大量存在的是非语言沟通。一个眼神一个细小的动作，一个简单的身体姿态，一个特别的位置等，诸如此类的众多非语言途径，都能构成沟通。

（二）沟通的类型

依据不同的标准，可以将沟通分为不同的类型。

1. 沟通方式不同的分类

按照沟通方式的不同，沟通可划分为口头沟通、书面沟通、非语言沟通、电子媒介沟通等。

（1）口头沟通。人们之间最常见的交流方式是口头沟通。常见的口头沟通包括的一对一讨论或小组讨论，非正式的讨论以及传闻或小道消息的传播。口头沟通的优点是快速传递和快速反馈。在这种方式下，信息可以在最短的时间里被传递，并在最短的时间里得到对方的回复。如果接收者对信息有所疑问，迅速的反馈可以使发送者及时检查其中不够明确的地方并进行改正。但是，当信息经过多人传送时，口头沟通的主要缺点便会暴露出来。在此过程中卷入的人越多，信息失真的潜在可能性就越大。每个人都以自己的方式解释信息，当信息到达终点时，其内容常常与最初大相径庭。如果组织中的重要决策通过口头方式在权力金字塔中上下传递，则信息失真的可能性相当大。

（2）书面沟通。书面沟通包括备忘录、信件、组织内发行的期刊、布告栏及其他任何传递书面文字或符号的手段。书面沟通持久、有形、可以核实。一般情况下，发送者与接收者双方都拥有沟通记录，沟通的信息可以无限期地保存下去。如果对信息的内容有所疑问，过后的查询是完全可能的。因此书面沟通比口头沟通显得更为周密，逻辑性强，条理清楚。但是，书面沟通也有自己的缺陷。比如耗时，同是一个小时的测验，通过口试学生们向老师传递的信息远比笔试多。事实上，花费一个小时写出来的东西，往往只需 15 分钟左右就能说完。书面沟通的另一个主要缺点是缺乏反馈。口头沟通能使接收者对其所听到的东西提出自己的看法，而书面沟通则不具备这种内在的反馈机制。其结果是无法确保所发出的信息能被接收到，即使被接收到，也无法保证接收者对信息的解释正好是发送者的本意。

（3）非语言沟通。一些沟通既非口头形式也非书面形式，而是通过非文字的信息加以传递的。非语言沟通中最常见的是体态语言和语调。体态语言包括手势、面部表情和其他的身体动作。比如，一副怒吼咆哮的面孔所表达的信息显然与微笑不同。手部动作、面部表情及其他姿态能够传达的信息意义有攻击、恐惧、腼腆、傲慢、愉快、愤然等。语调指的是个体对词汇或短语的强调。轻柔、平稳的声调和刺耳尖利、重音放在最后一词所产生的意义完全不同。一般人们会认为第一种语调表明某人在寻求更清楚的解释，第二种语调则表明了这个人的攻击性或防卫性。

（4）电子媒介沟通。人们现在依赖各种各样复杂的电子媒介来传递信息。除了常见的媒介（如电话、电报、邮件等）之外，还拥有闭路电视、计算机、复印机、传真机等一系列电子设备。将这些设备与言语和纸张结合起来就产生了更有效的沟通方式。电子媒介发展最快的应该是互联网了，人们可以通过计算机网络快速传递书面及口头信息。电子邮件迅速而廉价，并可以同时将一份信息传递给若干人。

2. 组织系统不同的分类

按照组织系统不同，沟通可分为正式沟通和非正式沟通。一般来说，正式沟通指以正式组织系统渠道的信息传递。非正式沟通指以非正式组织系统渠道的信息传递。

3. 沟通方向不同的分类

按照方向不同，沟通可分为下行沟通、上行沟通和平等沟通。下行沟通指上级将信息传达给下级，是由上至下的沟通。上行沟通指下级将信息传达给上级，是由下至上的沟通。平等沟通指同级之间横向的信息传递，也称横向沟通。

4. 反馈不同的分类

按照是否进行反馈，沟通可分为单项沟通和双向沟通。一般来说，单项沟通指没有反馈的信息传递，双向沟通指有反馈的信息传递，是发送者和接受者相互之间进行信息交流的沟通。

二、沟通的障碍

所谓沟通障碍，是指信息在传递和交换过程中，由于信息意图受到干扰或误解，而导致沟通失真的现象。在人们沟通信息的过程中，常常会受到各种因素的影响和干扰，使沟通受到阻碍。

在管理实践中，沟通障碍是普遍存在的。这些障碍有来自信息沟通过程中内部方面的因素，也有来自信息沟通过程中所遇到的各种外部因素。

（一）信息沟通过程中的障碍

沟通过程中的障碍主要是指信息从发送者到接收者的传递过程中遇到种种干扰或问题，使信息失真，影响了沟通的效果。这些障碍主要体现在以下几个方面。

1. 发送者方面的障碍

这主要体现为信息发送者对信息表达的障碍。发送者要把自己的观念和想法传递给接收者，首先必须通过整理变成双方都能理解的信号。也就是说，要把传达的信息表达出来，并表达得十分清楚。这方面容易出现障碍的情况主要有以下三种。

（1）过滤。过滤指发送者有意操纵消息，以使信息显得对接收者更为有利。比如，一名管理者告诉上级的信息都是上级想听到的东西，这名管理者就是在过滤信息。过滤的主要决定因素是组织结构中的层级数目。组织中向上的层级越多，过滤的机会就越多。

（2）错觉。错觉即歪曲的感觉，也就是把实际存在的事物歪曲地感知为与实际完全不相符合的事物。

（3）语言障碍。发送者采用不当的语言符号来表达自己的意思，如接收者听不懂的语言或行话，或口头语言和体态语言表达不一致时导致了别人的误解等。同时，沟通过程中发送者表达能力不佳，词不达意、口齿不清，或字体模糊，也易使信息失真。

2. 信息传递过程中的障碍

在信息传递过程中，常出现以下障碍。

（1）渠道或媒介选择不当的障碍。例如：向不懂英语的员工讲英语，向文盲员工发一张书面通知，等等。

（2）时机不当的障碍。时间的耽搁或延迟，会使信息过时无用。

3. 接收者方面的障碍

在沟通过程中，接收者接到信息符号后，要进行解码，变成对信息的理解，在这个过程中，往往会出现的障碍有以下几种。

（1）选择性知觉的障碍。由于种种原因，人们总是习惯接收部分信息，而摒弃另一部分信息，这就是知觉的选择性。知觉选择性所造成的障碍既有客观方面的因素，又有主观方面的因素。比如：接收者会根据自己的需要、动机、经验、背景及其他个人特点有选择地去看或去听信息。解码的时候，接收者还会把自己的兴趣和期望带进信息中。

（2）情绪的障碍。不同的情绪感受会使个体对同一信息的解释截然不同，极端的情绪体验，如狂喜或悲痛，都可能阻碍有效的沟通。这种状态常常使人无法进行客观而理性的思维活动，代之以情绪性的判断。

（3）信息过量的障碍。由于人们往往接收到超过自身能接受、处理限度的大量社会信息，无法有效将其整合、内化为自己所需的信息，以致对人们的工作、生活及人际关系等产生负面的影响。如一些管理人员经常埋怨他们被淹没在大量的信息传递中，因而会对过量的信息采取不予理睬的办法，这在一定程度上对沟通产生了障碍。

4. 反馈过程中的障碍

信息只有通过反馈，才能建立有效的沟通过程，在反馈过程中，由于反馈渠道本身的特点以及反馈过程中可能出现的信息失真等，都可能给有效沟通带来障碍。例如，企业中虽然设置有意见箱，但领导从未打开过信箱，这种反馈形同虚设。

◤◢ 链接7-8

猫兄和狗弟

猫兄和狗弟在一起生活，衣食无忧，却总不能和平相处。鸡大姐看在眼里，急在心上，决定当一回和平大使。

鸡大姐首先找到猫兄，说明来意，猫兄说："你不知道，我和狗一见面，就主动向他打招呼，可他却摇动那条尾巴，明明是在向我挑衅！"

鸡大姐听罢，找到狗弟想问个清楚。谁知狗弟一听便急："不是那回事，我们一见面，他先朝着我直叫，那么不耐烦。我不和他计较，礼貌地摇尾向他示意，它却更加生气。"

鸡大姐这回明白了，原来是一场误会。

启示：有效沟通取决于个人有选择地接收个人喜好的信息，沟通双方的相互信任程度，沟通双方的相似程度等。

（二）沟通环境方面的障碍

信息沟通，除了受沟通过程本身各因素的影响外，还受环境因素的影响，主要表现在以下几方面。

1. 组织结构方面的障碍

在管理中，合理的组织机构有利于信息沟通。但是，如果组织机构过于庞大，中间层次太多，那么，信息从最高决策层传递到下属单位不仅容易产生信息的失真，而且还会花费大量时间，影响信息的及时性。有的学者统计，如果一个信息在高层管理者那里的正确性是100%，到了信息的接收者手里可能只剩下20%的正确性。一项研究表明，企业董事会的决定通过五个等级后，信息损失平均达80%。其中副总裁一级的保真率为63%，部门主管为56%，工厂经理为40%，第一线工长为30%，职工为20%。

2. 组织文化方面的障碍

由于组织文化是组织中员工价值观的根本体现，在很大程度上影响着员工的行为，因此，它对组织中的信息沟通也有着深刻的影响。例如，在一个崇尚等级制度、强调独裁式管理的组织里，信息常常被高层管理者垄断，有用的信息得不到传递，人与人之间的沟通缺乏互动性和开放性，自下而上的沟通行为通常不受重视。另外，若组织缺乏一定的物质文化，如缺乏员工进行正式和非正式沟通的场所等，也不利于组织的有效沟通。

3. 社会环境方面的障碍

不同的社会环境有不同的文化价值观，在各种不同的文化价值观影响下的沟通行为有很大的不同。例如，美国文化背景下，组织中的下级可以直接向上级或上级的上级提出自己的意见。而在日本的公司中，等级森严，沟通一般都是逐层进行的，因此，在日本公司中人们之间的交往较为慎重。在我国组织中人们的沟通行为更多地受社会关系的影响，所以，组织中非正式渠道的沟通作用更加重要，人际关系的作用在组织沟通中至关重要。特别是在跨文化的组织里，不同价值观影响下的跨文化沟通障碍显得更加明显和复杂。

三、如何克服沟通障碍

要实现有效沟通，必须消除上述沟通障碍。在实际工作中，可以通过以下几个方面来克服障碍。

（一）沟通要有认真的准备和明确的目的性

沟通者自己首先要对沟通的内容有正确、清晰的理解。重要的沟通最好事先征求他人的意见，每次沟通要解决什么问题，达到什么目的，不仅沟通者要清楚，而且要尽量使被沟通者也清楚。此外，沟通不仅是下达命令规定，而且是为了统一思想协调行动，所以沟通之前应对问题的背景、解决问题的方案及其依据和资料、决策的理由和对组织成员的要求等做到心中有数。

（二）沟通的内容要确切

沟通内容要言之有物，有针对性，语意确切、准确；要避免含糊的语言，更不要讲空话、套话和废话。

（三）沟通要有诚意

有人对经理人员的沟通进行过分析，一天用于沟通的时间占70%左右，其中撰写占9%，阅读占16%，言谈占30%，聆听占45%。但一般经理都不是一个好听众，效率只有25%。究其原因，主要是缺乏诚意。缺乏诚意大多发生在自下而上的沟通中。所以，要提高沟通效率，必须诚心诚意地去倾听对方的意见，取得对方的信任，这样对方也才能把真实的想法说出来。

（四）沟通方式要适合

美国曾对企业经理们进行调查，请他们选择良好的沟通方式，55%经理认为直接听口头汇报好，37%喜欢下去检查，18%喜欢定期会议，25%喜欢下面写汇报。另外一项调查是部门经理们在传达重要政策时认为哪种沟通最有效，51人选择召开会议，口头说明的有44人，亲自接见重要工作人员的有27人，在管理公开会上宣布政策的有16人，在内部备忘录说明政策的有14人。这些都说明不同的沟通方式会有不同的效果。一般来讲，面对面的直接沟通、口头沟通、双向沟通效果较理想。

（五）沟通渠道要拓宽

一是尽量缩短信息传递链，减少信息的失真率；二是保障信息的双向沟通。因此，要减少组织机构重叠，拓宽信息渠道。在利用正式沟通渠道的同时，可以开辟非正式的沟通渠道。

总之，沟通是一门科学，也是一门艺术。沟通一方面体现在它的思想性、目的性且注重结果、质量和效率上，其另一方面贯穿于人际沟通过程中的一举一动、一言一行，这些无不透视着人性的关怀和理解。为此，克服沟通障碍不只是工作方法问题，根本的是管理理念问题。现代企业流行的"开门政策""走动管理"，是基于尊重、了解实情、组成团队等现代管理理念，沟通只是这种理念的实现途径。因此，对如何克服沟通障碍，以及如何建立高效、通畅的沟通，应站在管理理念和价值观的高度，妥善加以处理。

◤ 链接 7-9

员工为什么不"听话"

一天早上，青年工人小李上班迟到了几分钟，被他的科长见到了，科长很生气，就怒气冲冲地说："我们科内就数你最不卖力，每一次迟到、早退都有你的份，如果你再这样，你干脆不用来上班了。"小李听完科长的话，无名火三丈高，对科长回敬道："你算老几？不过一个小小的科长，管好自己就行了，别在我面前指手画脚，我可不吃你这一套。"接着，两个人大吵起来。

这时，经理闻讯赶来，马上制止了这场吵闹。临走时，他拍拍小李的肩膀说："请你午休时到我办公室来一趟。"中午，小李来到经理办公室，经理亲自为他搬来一把椅子，倒了一杯茶，请他坐下来慢慢谈。原以为要挨一顿批评的小李，看到经理态度和蔼，脸色开始好转了，聊了一会儿家常后，经理问小李："你为什么和科长吵架？"

"他一直看不惯我。"小李的心里话全倒出来了，"平时我工作手脚快，别人还没干好，我就干好了，他又讲我工作不认真。我有电工技术特长，希望他在安排工作时考虑一下，他不但不支持，反而常常讽刺我。"

"那么，今天上午你为什么迟到呢？"经理温和地问道。小李的脸顿时红起来了，不好意思地说："昨晚与朋友看电影，睡觉晚了一点，早上起不来。"

"这样说来，今天上午的争吵是你不对？"经理严肃地说。"是的，是我不对，我迟到了应该批评。如果换成别人批评我，我一定会虚心接受的，但我就是不买科长的账。"小李轻声地说。"好吧。"经理站起来轻轻地拍小李的肩说，"你无故迟到是不对的，要正确地对待科长的意见，不要太计较他的态度，科长那里我会找他谈一下，请他注意一下工作方法。另外，我们准备研究一下，争取把你这样一些有专门技术的工人调到能发挥专长的岗位上去。如果想通了，不妨找科长承认一下错误。"

小李走出经理办公室时，心情十分舒畅，第二天午饭时间，他和科长一起吃饭，主动承认了自己的错误，以后工作也明显积极认真起来了。

启示：从这个案例我们应该可以看出管理沟通在工作中的重要作用和魅力。

四、有效沟通的技巧

在管理实际中，要实现有效的信息沟通，管理者必须掌握以下几个方面的技巧。

（一）下行沟通的技巧

这里的下行沟通主要针对管理者下达指令而言。下达管理指令的技巧很重要，关系到下属是否能有效地接收组织信息，主要考虑下述几个方面。

1. 一般指令与具体指令

一项指令应该是一般的还是具体的，这要根据管理者对周围环境的预见能力以及下级响应的程度而定。在集权程度较高的组织中，通常需要较为具体的指令去严格地指导下属，反之在较为分权的组织中，或对远离上级的分支机构，主管对下属所处环境不能充分了解和具体监督时，就应采用一般性的指令指导下属。

下属的个人性格对指令的要求也有很大影响，有些人宁愿接受严格的监督，在具体的指示下会工作得最好，有些人则宁愿发挥自己的主动性，要求不要管得太具体。

2. 书面指令与口头指令

如果上下级关系较为稳定，则指令采取口头下达的方式；如果人员流动多，职务变动频繁，为保证组织指令的效力，就应当用书面形式下达，尤其是对那些需要用相当的时间去实施的指令更应如此。

上下级之间相互信任的程度也是一个重要因素。如果上级说话算数，经常能为下级承担风险，下级往往就更希望指令书面化并以此作为依据，以免当"替罪羊"。那些受到过"越权"指责的管理者，往往也会要求以书面形式发布指令，证明自己未越权，特别是那些对上级出尔反尔的行为有过痛苦经历的下级，往往对口头指令无动于衷。

书面指令在防止命令的重复和司法上的争执等方面有较大用处。另外，当需要所有有关人员配合时，书面指令具有明确统一作用。例如，总经理要求人事部门分析研究某一事故在全公司的影响及解决方案时，如果不公开下达明确的书面指令，则也许其他部门会不予理睬。

3. 正式指令与非正式指令

在绝大多数组织中，管理者习惯于用非正式的指令来领导，例如："让我们做这个""你们似乎应这样进行""为何不同生产部门交换意见"，等等。外人可能不认为这些是指令，但如果处于下属地位，则很少会误解他们的指令意义。然而，某些时候也需要正式指令，以表明紧迫性和坚决性。有些下属任何时候都可接收这种指令，有些下属则认为是不礼貌，有伤自尊心，经常遇到这种不客气的命令就会产生对抗情绪，有的甚至立刻辞职。对每个下属准确地选择适当的指令是一门微妙的艺术。

链接 7-10

良好沟通十要

（1）沟通首先将概念澄清，妥善计划，安排沟通的内容；（2）明确沟通目的，确定在此次沟通中想得到什么；（3）听取对方意见，得到对方的理解与支持；（4）沟通时注意环境、对象，并注意与之结合；（5）注意内容，注意语调、表情、词句的选用；（6）尽量传送有效的资料；（7）应有必要的"跟踪"；（8）着眼于现在也着眼于将来；（9）言行一致；（10）成为一位好"听众"。

（二）上行沟通技巧

对组织的中下层管理者来说，除了要注意信息下达的技巧外，还要注意向上沟通技巧。向上沟通，一方面要正确接收有效的指令，这需要领会上级的真正意图，主要应依据于长远的目标和组织的根本利益，这样就不会被上级因各种原因（如口误、笔误、一时错觉、信息时差）而造成失误的指令所左右，避免因执行这样的指令而造成上下讨好的被动挨"夹"局面。另一方面要及时反映情况，发挥反馈作用，为上级作出正确决策提供有关信息，反馈情况要选择合理的时机。构成这样时机的要素有上级的情绪和态度如何，地点是否合适，参与人员是否有关联，时间是否充分，事情的轻重缓急程度，等等。

（三）非正式沟通的技巧

非正式沟通在信息沟通方面具有特殊的功效。由于正式沟通往往不及时、不全面，且带有一定范围的保密性，因而，对信息的需要是非正式沟通存在的一个重要原因。

非正式沟通的重要方式是"小道消息"。任何组织中都有"小道消息"，而当正式沟通不畅时，或组织面临重大变革时，小道消息尤为盛行。管理者如果不善于利用"小道消息"，就会被"小道消息"搞得十分被动。而巧妙地利用"小道消息"，则对加速信息沟通是非常有效的。为此，管理者要学会合理应用非正式沟通，采取双轨制的形式发布信息，即正式渠道和非正式渠道。可以利用"小道消息"作为探测器，试探组织中对某些决策的反应，同时，建立获取信息的"热线"，允许越级汇报，其方式如意见箱、专线电话、专门访谈制度，这些都是"短路沟通"的方法，具有直接、迅速、机动、完整等功能，能保证信息的时效性。但必须注意副作用,即偏见、别有用心、失真等,以致影响管理者的威信,防止副作用的办法是多方查证和核对。

(四)排除信息噪声干扰的技巧

噪声在物理学上是指不同频率和不同强度的声音,无规律地组合在一起形成的,听起来有嘈杂的感觉,一般也常指一切对人们生活和工作有妨碍的声音,称为"噪声污染"。这不单是由声音的物理性质决定,还与人们的生理和心理状态有关。

在管理实践中,一些信息不是根据实际需要而产生与流动的,这些信息构成了信息噪声,会妨碍组织中正常的信息沟通,因此必须尽量清除这种信息污染。那种认为信息越多越好的看法显然是偏颇的。所以,排除信息噪声干扰主要考虑作为组织管理基本资源的信息应该符合以下条件。

(1)这些信息对资源的存在非常重要。

(2)使用这种资源要有成本概念。

(3)必须适当地送到特定地点。

(4)必须能有效地用来为组织谋取与其费用相称的最优收益。

(五)与人交谈的技巧

管理者的工作主要是管人,与人交谈是主要管理手段,是感情沟通的一个重要方面,也是信息沟通的重要方式和基础。与人交谈的技巧包括两大方面,即"听"与"说"的技巧。管理者能言善辩固然重要,但善于倾听更为重要。因为交谈是沟通的过程,"说"应该建立在"听"的基础上。夸夸其谈、口若悬河而不注意倾听往往形不成有效沟通。如果一个管理者善于倾听别人的谈话,即使不赞成对方的观点,即便不能对他提出问题给予满意的解决,但只要以一种同情的、理解的态度去听,也能够取得对方的好感,缩短彼此间的距离。因此,倾听不只是一种艺术,而且也是一种管理。倾听的艺术很重要,大致可归纳为十条。

(1)听人说话时,不随意打断对方。

(2)要让对方有安全感,不论对方讲对讲错都不给他带来不利。

(3)要有耐心,给予充分的时间,不然就另约时间。

(4)要有适当表现,让对方感到你对他谈话的内容很感兴趣,是乐于倾听的。

(5)不要过早地下结论,否则会使谈话中断,由此而错失可能有用的信息。

(6)不要轻易与对方争辩,否则,会伤害对方的自尊心,产生不良后果。

(7)换位思考,设身处地地站在对方的立场和行为环境中,考虑讲话的真正含义,这是有效沟通的最重要技巧之一。

(8)学会控制感情。感情对人的行为影响很大,感情用事往往急躁、不理智,常使语言和行为离开本意或片面理解别人谈话的意思。

(9)把倾听看成是一种积极的过程。据调查,听人谈话接收信息的速度比与别人谈话输出信息的速度快4~6倍。因此,听人谈话时,要有效利用这个时差进行积极思考,既要思考对方传递信息的内容,也要观察对方在传递这些信息时的态度、情绪,这往往就是更为重要的信息。

(10)要少说多听,又要善于引导,但适可而止。

高层管理者一天的工作时间,有70%用于沟通。在沟通中"听"的时间,又高达45%。可见,高层管理者用于"听"的时间最多,掌握听的艺术是十分必要的。

链接 7-11

A 国向 B 国进贡了三个一模一样的金人，金碧辉煌，把 B 国的皇帝高兴坏了。可是 A 国同时出了一道题目：这三个金人哪个最有价值？

皇帝想了许多的办法，请来珠宝匠检查，称重量，看做工，都是一模一样的。怎么办？使者还等着回去汇报呢。泱泱大国，不会连这个小事都不懂吧？

最后，有一位老大臣说他有办法。皇帝将使者请到大殿，老臣胸有成竹地拿着三根稻草，插入第一个金人的耳朵里，这稻草从另一边耳朵出来了。第二个金人的稻草从嘴巴里直接掉出来。而第三个金人，稻草进去后掉进了肚子，什么响动也没有。老臣说：第三个金人最有价值。使者默默无语，答案正确。

启示：这个故事告诉我们，最有价值的人，不一定是最能说的人。老天给我们两只耳朵一个嘴巴，本来就是让我们多听少说的。善于倾听，才是成熟的人最基本的素质。

本章小结

1. 激励是管理学中一项非常重要的研究内容，通过激励可以使下属充分发挥其潜能，从而保持工作的有效性和高效性。沟通是人与人之间通过语言、文字、符号或其他的表达形式进行消息传递和交换的过程。任何一个组织目标的实现都离不开组织成员的分工与合作，组织成员的分工合作及行为协调均有依赖于相互之间的信息传递与交流。

2. 激励是指激发人的内在动机，激励人朝着组织期望的目标采取行动的过程，其核心是调动人的积极性。

3. 沟通是指为了达到一定的目的，将信息、思想、情感在个人或群体之间进行传递与交流的过程。

4. 沟通障碍，是指信息在传递和交换过程中，由于信息意图受到干扰或误解，而导致沟通失真的现象。

5. 单项沟通指没有反馈的信息传递，双向沟通指有反馈的信息传递，是发送者和接收者相互之间进行信息交流的沟通。

重要概念

激励　沟通　马斯洛需求理论　沟通障碍

复习思考题

1. 什么是激励，激励的过程是什么？
2. 什么是需求层次理论？
3. 什么是双因素理论？
4. 什么是沟通？如何实现有效沟通？
5. 沟通的类型有哪些？

案例分析

案例一　伯乐难留良马

助理工程师小黄，一个名牌大学高才生，毕业后已工作8年，于4年前应聘到一家大工厂的工程部负责技术工作，工作诚恳负责，技术能力强，很快就成为厂里有口皆碑的"四大金刚"之一，名字仅排在厂技术部主管陈工之后。然而，小黄工资却同仓库管理人员不相上下，夫妻小孩三口尚住在来时的那间平房。对此，他心中时常有些不平衡。

李厂长，一个有名的识才老厂长，"人尽其才，物尽其用，货畅其流"在各种公开场合不知被他说了多少遍，实际上他也是这样做的。4年前，小黄报到时，门口用红纸写的"热烈欢迎黄工程师到我厂工作"几个大字，是李厂长亲自吩咐人事部主任落实的，并且交代要把"助理工程师"的"助理"两字去掉。这确实使小黄当时工作卖劲。

两年前，厂里有指标申报工程师，小黄在符合申报条件之列，但最后名额却给了一个没有文凭、工作平平的同志。他想问厂长缘由，谁知，他还未去找厂长，厂长却先来找他了："黄工，你年轻，机会有的是。"去年，他想反映一下工资问题。但是几次想开口，都没有勇气讲出来。因为厂长不仅在生产会上表扬他的成绩，而且，曾经有几次外地人来取经，李厂长当着客人的面赞扬他："黄工是我们厂的技术骨干，是一个有创新的……"哪怕厂长再忙，路上遇见时，总会拍拍黄工的肩膀说两句，诸如"黄工，干得不错""黄工，你很有前途"。这的确让小黄兴奋，"李厂长确实是一个伯乐"。此言不假，前段时间，他还把一项开发新产品的重任交给他呢，大胆起用年轻人，然而……

最近，厂里新建好了一批职工宿舍，听说数量比较多，小黄决心要反映一下住房问题，谁知这次李厂长又先找他，还是像以前一样，笑着拍拍他的肩膀："黄工，厂里有意培养你入党，我当你的介绍人。"他又不好开口了，结果家没有搬成。

深夜，小黄对着一张报纸的招聘栏出神。第二天一早，李厂长办公桌面上放着一张小纸条："李厂长：您是一个懂得使用人才的好领导，我十分敬佩您，但我决定走了。"

请根据上面的案例，分析以下问题。

（1）根据马斯洛的理论，住房、评职称、提高工资和入党对于黄工来说分别属于什么需要？

（2）根据公平理论，黄工的工资和仓库管理员的不相上下，是否合理？

（3）李厂长的激励手段有什么问题，他应该使用什么样的激励方式才能留住黄工？

案例二　不会沟通，从同事到冤家

小贾是公司销售部一名员工，为人比较随和，不喜争执，和同事的关系处得都比较好。但是，前一段时间，不知道为什么，同一部门的小李老是处处和他过不去，有时候还故意在别人面前指桑骂槐，对跟他合作的工作任务也都有意让小贾做得多，甚至还抢了小贾的好几个老客户。

起初，小贾觉得都是同事，没什么大不了的，忍一忍就算了。但是，看到小李如此嚣张，小贾一赌气，告到了经理那儿。经理把小李批评了一通，从此，小贾和小李成了绝对的冤家了。

问题：通过本案例你认为小贾的做法对吗？如果你是小贾你应该怎么做？

实践训练

实训项目

情景模拟

实训目的

1. 培养了解人的心理需求，分析解决复杂管理问题的能力。

2. 培养运用激励理论，调动人的积极性的能力。

实训内容

1. 本次实训的主要内容是进行情景剧表演与分析。情景剧是指根据教学需要，设计一定的管理情景，由学生扮演角色进行演出，并进行分析的一种实践教学方式。

2. 根据本章内容和实训目标，由学生在课下搜集、选择、编写和讨论预习剧本，并进行必要的排练。

3. 由"演员"按照选择的方案与剧本进行表演。表演分为两部分进行。一是表演需决策事件的基本事实或过程。二是由学生按照自己设计的方案进行分析与决策。由学生分别扮演情景剧中的有关人员，提出自己的主张与决策建议，并充分论证，以说服别人；不同的扮演者可以有不同的决策方案。

4. 由同学们对各成员的表演，特别是管理行为的合理性进行分析与评价。

5. 在表演和讨论的过程中，教师可以随剧情发展进行提问，以引导剧情与讨论的逐步深入，并进行小结。

实训考核

1. 每个学生至少搜集一个案例或资料。

2. 每个模拟公司经过优选写一个剧本，并进行表演。

3. 教师及学生观众对各公司的情景剧及"演员"的决策意见与表演打分评估。

第八章

控　　制

学习目标

1. 理解控制的定义及控制目标。

2. 了解控制的重要性及控制的特点。

3. 了解控制的类型，特别是区分三种不同类型的控制。

4. 熟悉控制过程。

5. 掌握制定控制标准的步骤，尤其是要掌握重点的选择和制定标准的方法。

6. 掌握衡量实际工作的具体步骤和内容。

7. 掌握鉴定偏差并采取矫正措施的过程及注意事项。

8. 了解有效控制应遵循的科学控制原理及自我控制的意义。

案例导入

扁鹊三兄弟治病

魏文王曾求教于名医扁鹊："你们家兄弟三人，都精于医术，谁是医术最好的呢？"扁鹊："大哥最好，二哥差些，我是三人中最差的一个。"魏王不解地说："请你详细介绍。"

扁鹊解释说："大哥治病，是在病情发作之前，那时候病人自己还不觉得有病，但大哥就下药铲除了病根，使他的医术难以被人认可，所以没有名气，只是在我们家中被推崇备至。二哥治病，是在病初起之时，症状尚不十分明显，病人也没有觉得痛苦，二哥就能药到病除，使乡里人都认为二哥只是治小病很灵。我治病，都是在病情十分严重之时，病人痛苦万分，病人家属心急如焚。此时，他们看到我在经脉上穿刺，用针放血，或在患处敷以毒药以毒攻毒，或动大手术直指病灶，使重病人病情得到缓解或治愈，所以我名闻天下。"魏王大悟。

启示：其实好企业的内部控制所要做的事情就是扁鹊的大哥和二哥所做的事情，一家企业等到百病缠身、奄奄一息的时候才想起管理控制，想起规范化管理，可能为时已晚，即便是能够救回来，也会元气大伤，对未来的发展产生极为不利的影响。

第一节　控制概述

一、控制的概念

控制一词最初来源于希腊语"掌舵术""驾船术"，意指领航者通过发号施令将偏离航线的船只拉回到正常的轨道上来。由此说明，维持朝向目的地的航向，或者说维持达到目标的正确行动路线，是控制概念的最核心含义。

（一）传统的定义

控制从其最传统的定义来说，就是"纠偏"，即按照计划标准衡量所取得的成果，并纠正所发生的偏差，以确保计划目标的实现。

（二）广义的定义

从广义的角度来理解，控制包括"纠偏"（纠正偏差）和"调适"（修改标准）两方面内容。这是因为，积极、有效的控制工作，不能仅限于针对计划执行中的问题采取"纠偏"措施，它还应该能促使管理者在适当的时候对原定的控制标准和目标进行适当的修改，以便把不符合客观需要的活动拉回到正确的轨道上来。就像在大海中航行的船只，一般情况下船长只需对照原定的航向调整由于风浪和潮流作用而造成的航线偏离，但当出现巨大的风暴和故障时，船只也有可能需要整个改变航向，驶抵新的目的地。这种导致控制标准和目标发生调整的行动简称为"调适"，应该是现代意义下企业控制工作的有机组成部分。

基于这种认识，我们将管理中的控制职能宽泛地定义为：由管理人员对组织实际运行是否符合预定的目标进行测定并采取措施确保组织目标实现的过程。

从这个概念中，我们可以清楚地看到如下三特点。

（1）控制有很强的目的性，即控制是为了保证组织中各项活动按照计划进行。

（2）控制是通过"监督"和"纠偏"来实现的。

（3）控制是一个过程。

二、产生控制的主要原因

管理之所以离不开控制，主要有以下几方面的原因。

（一）环境的复杂性

假如组织所面对的环境是完全静态的，永远不会有变化，那么，组织就可以预见行动的结果，就可以根据所需要的结果确定行动方针并按部就班执行即可，不用考虑任何风险问题。

亨利·西斯克（H. L. Sisk）指出，如果计划从来不需要修改，而且是在一个全能的领导人的指导之下，由一个完全均衡的组织完美无缺地来执行，那就没有控制的必要了。这表达了如下几个意思。

（1）无论确定计划的人如何能干，确定的计划如何周密，总是会存在考虑不到的内容，不存在百分之百全面的计划，要随时关注环境的变化对计划进行修改。

（2）不存在全能的领导者，而且人不是完全客观的，总是带有主观性的。

（3）组织也不是完美无缺的。所以，必须对组织的运行进行控制，即掌握组织的实际运行状态，在出现或预计要出现偏差时给予纠正，以保证其沿着正确的方向运行直至达到目标。

（二）组织活动的分散性

组织是由若干个体成员组成的，为了实现统一目标而进行分工协作，最终表现出来的是整个组织功能的实现。

（1）个体的目标往往与组织的目标不完全一致，个体行为可能不符合组织计划与目标的要求，建立一个控制体系以保证成员的工作行为符合组织要求是必要的。

（2）组织的领导不可能直接地、面对面地组织和指挥全体员工的工作。时间和精力的限制要求他委托一些助手代理部分管理事务。由于同样的原因，这些助手也会再委托其他人帮助自己工作。这便是组织层次形成的原因。为了使受委托者有效地完成所受托的部分管理事务，高一级的主管必然要授予他们相应的权限。因此，多数组织的管理权限都制度化或非制度化地分散在各个管理部门和层次。组织分权程度越高，控制就越有必要。每个层次主管都必须定期或非定期地检查直接下属的工作，以保证授予他们的权力得到正确利用，使利用这些权力组织的业务活动符合计划与组织目的的要求。如果没有控制，没有为此建立相应的控制系统，管理人员就不能检查下级的工作情况，即使出现权力被滥用或活动不符合要求等其他情况，管理人员也无法发现，更无法采取及时的纠正行动。

（三）工作能力的差异性

即使组织确定了全面完善的计划，运行的环境在一定时期内也相对稳定，对活动的控制也仍然是必要的。

这是由于不同组织成员的认识能力和工作能力的差异所造成的。完善计划的实现要求每个部门的工作严格按计划的要求来协调进行。然而，由于组织成员在不同的时空进行工作，他们的认识能力不同，对计划要求的理解可能发生差异。即使每个员工都能完全正确地理解计划的要求，但由于工作能力的差异，他们的实际工作结果也可能在质和量上与计划要求不符。某个环节可能产生的这种偏离计划的现象，会对整个组织活动的进行造成冲击。因此加强对这些成员的工作控制是非常必要的。

三、控制的重要性

在管理实践中，人们都能深切地体会到，没有控制就很难保证每个计划顺利进行，而如果各个计划都不能顺利执行，那组织的目标就无法实现，因此，控制工作在管理活动中起着非常重要的作用。

控制的重要性可以从以下两个方面来理解。

（一）任何组织、任何活动都需要进行控制

任何组织、任何活动在确定计划时即使进行了全面细致的预测，考虑到了各种环境中的有利和不利因素，但由于环境是变化的，同时，主管人员受到自身素质、知识、经验和能力的限制，预测不可能完全准确，在此基础上确定的决策和计划就可能出现与实际不协调的情况。这时，控制工作就起到执行、完成决策和计划的保障作用，以及在控制过程中产生新的计划、新的目标和新的控制标准的作用。通过控制，为管理人员提供及时、有效的信息，使

之了解计划的执行过程中出现的偏差以及偏差的程度，分析产生偏差的原因。对于可以控制的偏差，通过查究责任予以纠正；对于不可控制的偏差，通过修正计划或调整标准，使之符合实际。

（二）控制工作存在于管理活动的全过程

控制工作通过纠正偏差的行动与其他职能紧紧地结合在一起，使管理过程形成了一个相对封闭的系统。在这个系统中，决策和计划职能选择和确定组织的目标、战略、政策以及它们的程序，然后通过组织、领导、激励和创新等职能去实现这些计划。为了保证计划的目标能正确实现，就必须在计划实施的不同阶段，根据由计划产生的控制标准，检查计划的执行情况。即计划付诸实施，控制工作就必须穿插其中进行。同时，控制工作存在于管理活动的全过程中，它不仅可以维持其他职能的正常活动，而且在必要时，还可以采取纠正偏差的行动来改变其他管理职能的活动。

◢◢ 链接 8-1

控制论的创立

1948 年，《控制论：关于在动物和机器中的控制与通信的科学》明确提出控制论的两个基本概念——信息和反馈，提示了信息与控制规律。从此，控制论思想和方法运用到了几乎所有的自然科学和社会科学领域，特别是在管理学领域得到了日益广泛和深入的研究。

四、控制的对象

美国管理学家斯蒂芬·P. 罗宾斯（Stephen P. Robbins）将控制的对象归纳为人员、财务、作业、信息和组织绩效五个方面。

（一）对人员的控制

组织的目标是要由人来实现的，员工应该按照管理者确定的计划去做，为了做到这一点，就必须对人员进行控制。对人员控制最常用的方法就是直接巡视，发现问题马上进行纠正；另一种方法是对员工进行系统化的评估。通过评估，对绩效好的予以奖励，使其维持或加强良好的表现；对绩效差的，管理者就采取相应的措施，纠正出现的偏差。

（二）对财务的控制

为保证企业获取利润，维持企业正常的运作，必须进行财务控制。这主要包括审核各期的财务报表，以保证一定的现金存量，保证债务的负担不致过重，保证各项资产都得到有效的利用等。预算是最常用的财务控制标准，因此也是一种有效的控制工具。

（三）对作业的控制

所谓作业，就是指从劳动力、原材料等物质资源到最终产品和服务的转换过程。组织中的作业质量很大程度上决定了组织提供的产品和服务的质量，而作业控制就是通过对作业过程的控制，来评价作业的效率和提高作业的效果，从而提高组织提供的产品或服务的质量。组织中常用的作业控制有：生产控制、质量控制、原材料购买控制、库存控制等。

（四）对信息的控制

随着人类步入信息社会，信息在组织运行中的地位越来越高，不精确的、不完整的、不及时的信息会大大降低组织的效率。因此，在现代组织中对信息的控制显得尤为重要。对信息的控制就是建立一个管理信息系统，使它能及时地为管理者提供充分、可靠的信息。

（五）对组织绩效的控制

组织绩效是组织上层管理者控制的对象，组织目标的达成与否都从这里反映出来。无论是组织内部的人员，还是组织外部的人员和组织，如证券分析人员、潜在的投资者、贷款银行、供应商以及政府部门都十分关注组织的绩效。要有效实施对组织绩效的控制，关键在于科学地评价、衡量组织绩效。一个组织的整体效果很难用一个指标来衡量，生产率、产量、市场占有率、员工福利、组织的成长性等都可能成为衡量的标准，关键是看组织的目标取向，即要根据组织完成目标的实际情况并按照目标所设定标准来衡量组织的绩效。

五、管理控制的目标

由管理者作为一项重要的管理职能来开展的控制工作，我们通常称之为管理控制，以便将它与物理、机械、生物及其他领域的控制区别开来。具体来说，在现代管理活动中，管理控制的目标主要有四个。

（一）限制偏差的累积

一般来说，任何工作的开展都不免要出现一些偏差。虽然小的偏差和失误不会立即给组织带来严重的损害，但在组织运行一段时间后，随着小差错的积少成多和积累放大，最终可能对计划目标的实现造成威胁，甚至给组织酿成灾难性的后果。例如，美国 Whistler 公司是一家制造雷达探测器的大型厂商，曾经由于需求日益旺盛而放松了质量控制。从此，次品率由 4% 上升到 9%，再到 15%，直至 25%。终于有一天该公司的管理者发现，公司全部 250 名员工中有 100 人被完全投入次品修理工作中，待修理的库存产品价值达到了 200 万美元。

防微杜渐，及早地发现潜存的错误和问题并进行处理，有助于确保组织按预定的轨迹运行下去。所以，有效的管理控制系统应当能够及时地获取偏差信息，及时地采取矫正偏差措施，以防止偏差的累积而影响到组织目标的顺利实现。

（二）适应环境的变化

组织计划和目标在确定后总要经过一段时间的实施才能够实现。在这段实施过程中，组织内部的条件和外部环境可能会发生一些变化，如竞争对手可能会推出新产品和新的服务项目，新材料和新技术可能会出现，政府可能会出台新的法规或对原有的政策进行修正，组织内部人员可能会产生很大的变动等。这些变化的内外环境不仅会妨碍计划的实施进程，甚至可能影响计划本身的科学性和现实性。因此，任何组织都需要构建有效的控制系统，帮助管理人员预测和把握内外环境的变化，并对这些变化带来的机会和威胁进行正确、有力的反应。这种环境预测越有效、持续时间越长，组织对外部环境的适应能力就越强，组织在激烈变化的环境中生存和发展的可能性就越大。

（三）处理组织内部的复杂局面

如果一个企业只购买一种原材料，生产一种产品，组织设计简单，并且市场对其产品需求稳定，那么管理者只需一个非常基本简单的系统就能保持对企业生产经营活动的控制。

现实中大多数企业产品多元化，市场区域广，组织设计复杂并且竞争对手林立。他们需要复杂的系统来保证有效的控制。组织内部的复杂局面使得授权成为必要，这就大大提高了控制的必要性，因为控制作用的价值依赖于它与计划和授权的关系。许多管理者认为授权是一件非常困难的事，其中主要原因是害怕下属犯错误而由他来承担责任，因而许多管理者试图靠自己做事来避免授权。但是，如果形成一种有效的控制系统，这种不愿授权的事情就可以大大减少。

（四）降低成本

低成本优势是企业获得竞争优势的一个主要来源，它要求积极建立起达到有效规模的生产设施，强化成本控制，减少浪费。为了达到这些目标，有必要在管理方面对成本控制予以高度重视，通过有效的控制可以降低成本，增加产出。

六、控制在管理工作循环中的地位

（一）控制可以促使管理工作过程成为一个闭环的系统

如果我们将管理工作过程简略地看作是 PDCA 循环的过程（P—计划 Plan，D—实施 Do，C—检测 Check，A—行动 Action），那么，控制工作在管理循环中的地位和作用可用图 8-1 来表示。

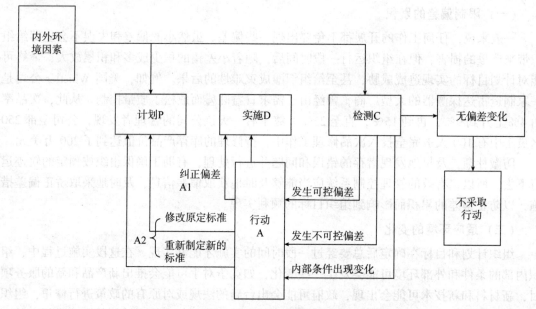

图 8-1　控制工作在 PDCA 循环中的地位和作用

图 8-1 说明，控制工作通过检查或检测计划执行中所发生的偏差以及内外环境条件所出现的变化，并进而采取处理措施，就可以促使管理工作过程成为一个闭环的系统。举例来说：一家企业制订了一个七年计划，计划在今后的七年内每年要增加 2% 的市场占有率。到计划第一年年底时统计资料反映出市场占有率增加了 2%，管理者得到这一反馈信息后认为可照原计划进行下去。第二年，市场占有率只增加 1%，这表明管理者应采取适当的纠正措施（如加强广告宣传）来扩大市场份额。第三年年底检测出市场占有率增加了 3%，超过了原定的计划，第四年仍保持这样的势头，这样，管理者就可能要考虑对原来的控制标准进行调整。如此计划、控制、再计划、再控制，管理工作过程就不断循环往复下去。从这个意义

上说，控制是管理过程循环的支点。没有这个支点，管理过程就不能实现循环。

（二）控制是一个管理工作过程的终结，又是一个新的管理工作过程的开始

从上述循环的角度看，控制职能也可以说是下一阶段管理工作过程的起点。管理教科书中概括的以计划职能为起点的"计划—组织—领导—控制"模式，很明显是以组织的运行由"零"起步作为假设的。现实中，组织的运行往往是"非零"起步的，这样，上一阶段控制的结果就可能导致组织确立新的目标、提出新的计划，并在组织结构、人员配备和领导等方面进行相应的改变。控制可以说既是一个管理工作过程的终结，又是一个新的管理工作过程的开始。而且，计划与控制工作的内容还常常相互交织地联系在一起。管理工作本质上就是由计划、组织、领导、控制等职能有机地联系而构成的一个不断循环的过程。

七、管理控制的特点

不管是管理工作中的控制活动，还是物理、生物、经济及其他方面的控制，控制的基本过程和基本原理都是一样的。然而，管理控制又不同于物理、生物、经济及其他方面的控制，管理控制有其自身的特点。

（一）目的性和反馈性

控制工作的意义就体现在通过发挥"纠偏"和"调适"两方面的功能，促使组织更有效地实现其根本的使命目标。因此，控制具有明确的目的性特征。控制无论是着眼于纠正执行中的偏差还是适应环境的变化，都紧紧地围绕着组织的目标进行，受到一定目标的指引，服务于达成组织特定目标的需要。而控制这种目的性要得以实现，离不开信息的反馈。没有信息反馈，就没有了赖以判断对错的对象和依据。控制系统中的信息是通过管理信息系统来实现的。

（二）整体性

整体性包含两层含义：一是管理控制是组织全体成员的职责，完成计划是组织全体成员的共同责任，参与控制是全体成员的共同任务；二是控制的对象是组织的各个方面，确保组织各部门各单位彼此在工作上的均衡与协调，是管理工作的一项重要任务。为此，需要了解掌握各部门和单位的工作情况并予以控制。

（三）动态性

管理工作中的控制不同于电冰箱的温度调控，电冰箱的温度调控是高度程序化的，具有稳定的特征。组织不是静态的，其外部环境及内部条件随时都在发生着变化，从而决定了控制标准和方法不可能固定不变。

管理控制应具有动态的特征，这样可以提高控制的适应性和有效性。

（四）人本性

与物理、机械、生物及其他方面的控制不同，管理控制不可忽视其中人性方面的因素。管理控制本质上是由人来执行的而且主要是对人的行为的一种控制。这就要求我们充分注意到人才是管理控制的关键。既要使人遵守控制的准则，又要努力使控制符合人的特性。控制不仅仅是监督，更为重要的是指导和帮助，使人在被动接受控制的同时，还能充分理解控制的必要性和方法，从而端正自身态度，提高工作与自控的能力。

（五）创新性

控制不等于管、卡、压。控制不仅要保证计划完成，并且还要促进管理创新。施控过程要通过控制活动调动受控者的积极性，这是现代控制的特点。如在预算控制中实行弹性预算就是这种控制思想的体现，特别是在具有良好反馈机制的控制系统中，施控者通过接收受控者的信息反馈，不仅可以及时了解计划执行的状况，纠正计划执行中的偏差，而且可以从反馈中得到启发，激发创新。

第二节　控制的类型

采取不同的分类方法，可以把控制划分为不同的类型。按控制活动的性质可以分为预防性控制和更正性控制；按控制点的位置可分为预先控制、同期控制和事后控制；按控制所采用的手段可分为直接控制和间接控制；按控制的制时点可分为前馈控制、现场控制和反馈控制；按控制的层次可分为集中控制、分层控制和分散控制。需要指出的是，上述各种分类方法并不是孤立的，有些会有交叉，有时一个控制可能同时属于几种控制类型。例如，企业招聘员工时要进行面试，这既属于预防性控制，又属于事先控制。下面，我们重点介绍三种分类方式下的控制类型。

一、按控制的制时点划分

按控制的制时点可以把控制划分为前馈控制、现场控制和反馈控制三种类型，如图8-2所示。

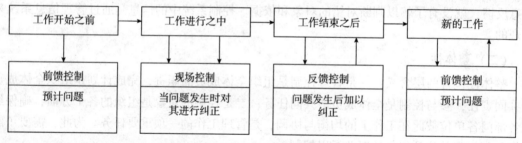

图8-2　根据制时点分类

（一）前馈控制

前馈控制（Feedforward Control）也称为事前控制，是指在工作正式开始前对工作中可能产生的偏差进行预测和估计，并采取防范措施，将潜在的偏差消除在产生之前。它是防患于未然、未雨绸缪的控制。这类控制建立在预测基础上，尽可能在偏差发生之前将其觉察出来，并及时采取防范措施，使人们在工作开始之前就知道如何去做。前馈控制的重点是预先对组织的人、财、物、信息等合理进行配置，使它们符合预期的标准，从而保证计划的实现，如成本控制中的标准成本法、预算控制，管理部门制订的规章制度、政策和程序等，都属于前馈控制。

▰▰ **链接 8-2**

前馈控制高手——诸葛亮

许多文学作品中都有对前馈控制的描写。《三国演义》中诸葛亮就是一位前馈控制的高手。刘备去江东招亲，危险重重。临行前诸葛亮交给保驾的赵子龙三个锦囊，嘱咐他在不同的时间打开，赵子龙依计行事，保得刘备娶得佳人，全胜而退，让周瑜"赔了夫人又折兵"。诸葛亮料定魏延在他死后会反叛，便在临终前授马岱以秘计，并留下一个锦囊给杨仪，让其在与魏延对阵时现场打开，使他们如愿杀了魏延。

现实生活中也有许多前馈控制的事例：司机上坡前加速；学生上课前预习；工厂管理首先控制原材料的质量；新产品上市前广告宣传；设备的预先维修；每年安排身体检查等。

（二）现场控制

现场控制（Concurrent Control）也称为同步控制，是指计划执行过程中所实施的控制，即通过对计划执行过程的直接检查和监督，随时检查和纠正实际和计划的偏差。目的就是要保证本次活动尽可能少发生偏差，改进本次而非下次活动的质量。这是一种主要为基层管理人员所采用的控制方法，主管人员通过深入现场亲自监督、检查、指导和控制下属人员的活动。现场控制通常包含两种职能：一是指导职能，管理者针对工作中出现的问题，根据自己的经验指导下属改进工作，或与下属共同商讨矫正偏差的措施，以便使工作人员能正确完成所规定的任务；二是监督职能，按照预定的标准检查正在进行的工作活动，以保证目标的实现。在进行现场控制的时候，主管人员要避免单凭主观意志开展工作，要"亲自去观察"，因为优秀的管理者都知道亲自观察所得到的信息是唯一可靠的反馈信息，光听汇报是不够的。

（三）反馈控制

反馈控制（Feedback Control）又称成果控制或事后控制，是指从已经执行的计划或已经发生的事件中获得信息，运用这些信息来评价、指导和纠正今后的工作。反馈控制是一种最主要也是最传统的控制方法。反馈控制的目的并非要改进本次行动，而是力求能"吃一堑，长一智"，提高下一次行动的质量。反馈控制的对象可以是行动的最终结果，如企业的产量、销售额、利润等；也可以是行动过程中的中间结果，如新产品样机、工序质量、产品库存等。在组织中使用反馈控制的例子很多，如企业发现不合格的产品后追究当事人的责任并制订防范再次出现质量事故的新规章，发现产品销路不畅而相应作出减产、转产或加强促销的决定，以及学校对违纪学生进行处罚等。这类控制对组织营运水平的提高发挥着很大的作用。但反馈控制最大的弊端就是它只能在事后发挥作用，对已经发生的对组织的危害却无能为力。它的作用类似于"亡羊补牢"，而且在反馈控制中，偏差发生和发现并得到纠正之间有较长的时滞，这必然对偏差的纠正的效果产生很大的影响。

传统管理主要关注现场控制和反馈控制，而忽视前馈控制。现代管理更为关注前馈控制，在重视前馈控制的基础之上，实行全方位控制。优秀的管理者应能防患于未然，这更胜于治乱于已成，由此观之，企业问题的预防者，其实优于企业问题的解决者。

二、按控制的手段划分

按照控制手段可以把控制分为两种类型，即直接控制和间接控制。

（一）直接控制

直接控制是指控制者与被控制者直接接触的控制形式，通常可以理解为通过行政命令和手段进行的控制。直接控制的办法往往不能使整个系统的效果最优，这是因为直接控制忽略了对人尊重的需要，不利于下级发挥积极性和主动性。同时，由于能力的限制，面对众多的信息，管理者无法全面、科学、及时地处理。因此，直接控制有一定的局限性。

（二）间接控制

间接控制是指控制者与被控制者并不直接接触，而是通过中间媒介进行控制的形式。间接控制在企业中可以表现为将奖金和绩效挂钩的分配制度，以及通过推广企业文化形成良好风气以控制人们的行为等。间接控制在企业内部减少了需要处理的信息量，调动了人员的积极性，有利于整个组织实现更好的绩效。

三、按控制的层次划分

按照控制层次可以把控制分为三种类型，即集中控制、分层控制和分散控制。

（一）集中控制

集中控制是指在组织中建立一个相对稳定的控制中心，由控制中心对组织内外的各种信息进行统一的加工处理，发现问题并提出问题的解决方案。在集中控制中，信息处理、偏差检测、纠偏措施的确定等都是由控制中心统一完成的。

集中控制最大的优点是能够保证组织的整体一致性。但是，由于各种信息都要集中到控制中心，各种措施都要由中心统一确定，容易造成官僚主义、组织反应迟钝、下层管理人员缺乏积极性等问题。控制中心的决策一旦出现失误，将给组织造成巨大损失。一般来说，集中控制只适用于规模较小的组织，或者必须时刻保持上下高度一致的组织。

（二）分层控制

分层控制是指将管理组织分为不同的层级，各个层级在服从整体目标的基础上，相对独立地开展控制活动。在分层控制中，各个层级都具有相对独立的控制能力和控制条件，能对层级内部子系统实施控制。整个组织区分为若干层次，层次内部实施直接控制，上一个层级对下个层级实施指导性的间接控制。

（三）分散控制

分散控制是指组织管理系统分为若干相对独立的子系统，每一个子系统独立地实施内部直接控制。分散控制对整个组织集中处理信息的要求相对比较小，容易实现。由于反馈环节少，因此，整个组织系统反应快、时滞短、控制效率高。在分散控制中，由于各个子系统各自独立控制，即使个别子系统出现严重失误，也不会导致整个系统出现混乱。分散控制的问题是各个子系统独立地进行控制，不同系统之间协调性较差，难以保证子系统目标和整个系统整体目标的一致，有可能影响到整个系统的优化，甚至导致系统整体失控。

第三节 控制的过程

控制的对象包括人员、财务、作业、信息及组织绩效，无论控制对象是哪种，所采用的控制技术和控制系统实质上都是相同的。控制的基本过程都包括三个步骤：一是确定标准；

二是测量实际与界定偏差；三是分析原因与采取措施，如图 8-3 所示。

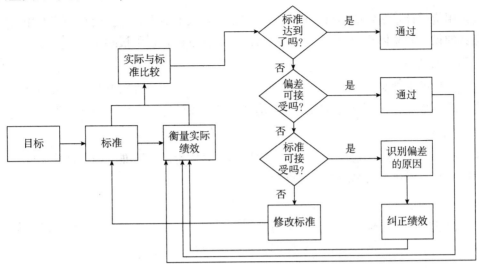

图 8-3　控制过程

一、确定标准

控制始于工作标准的建立。标准必须从计划中产生，计划必须先于控制。换言之，计划是管理者设计控制工作和进行控制工作的准绳，所以控制工作的第一步总是制订计划；同时，计划的详尽程度和复杂程度各不相同，而且管理者也不可能事事都亲自过问，所以就得确定具体的标准。

事实上，标准的确定应该是属于计划工作的范畴，但由于计划的详细程度和复杂程度不一，它的标准不一定适合控制工作的要求，而且控制工作需要的不是计划中的全部指标和标准，而是其中的关键指标和标准。所以，管理者实施控制的第一个步骤是以计划为基础，确定控制工作所需要的标准。

（一）标准的概念

所谓标准，就是评定成效的尺度。根据标准，管理者无须亲历工作的全过程就可以了解整个工作的进展情况。标准是控制的基础，离开了标准就无法对活动进行评估，控制工作也就无从谈起了。

计划方案的每个目的、每个目标、每种活动、每项政策、每项规程以及每种预测，都可成为衡量实际业绩或预期业绩的标准。实际上，大致有以下几种标准。

1. 实物标准

这是一类非货币衡量标准，在耗用原材料、雇佣劳力、提供服务以及生产产品等操作层中运用。例如单位产品工时数、轴承的硬度等，可以反映数量，也可以反映品质。

2. 费用标准

这是货币衡量标准，与实物标准一样适用于操作层。这些标准以货币价值形式来表示经营费用。如每小时的人工成本、每百元销售额的销售费用等。

3. 资本标准

这是用货币计量实物的项目，但它们只与企业投入的成本有关，而与经营费用无关。对于一笔新的投资和总体控制而言，使用最为广泛的标准就是投资报酬率。

4. 收益标准

这是将货币标准应用于衡量经济活动的收益。例如，公共汽车乘客每千米的收入、每名顾客的平均购货额、在某市场范围内的人均销售额、每治愈一个病人的收入等。

5. 计划标准

计划标准以由企业计划管理人员编制的计划质量作为衡量标准，如计划的完成时间、可行性程度以及实际执行情况的吻合程度等。

6. 指标标准

指标标准以可以考核的数量或质量目标作为标准。如在工商企业中，目前的趋势是要在各级管理部门建立一个指标标准的整体网络，以实施有效控制。

7. 无形标准

这一标准又称定性标准，是指既不能以实物量化又不能以货币来衡量的标准，如劳动环境的改善带来的效果标准。通常衡量管理人员工作能力的指标都很难量化，属于无形标准。

在实际工作当中，不管采取哪种类型的标准，都需要按照控制对象的特点来决定。

（二）标准的制定要求

制定控制标准是一个过程。这一过程的展开，首先要选择好控制点，并从时间、实力、质量和成本等方面制定科学的控制标准。制定控制标准应该满足以下几方面的要求。

1. 应便于对各部门的工作进行衡量

当出现偏差时，能找到相应的责任单位。如成本控制不仅要规定总生产费用，而且要按成本项目规定标准，为每个部门规定费用标准等。

2. 应有利于组织目标的实现

对每一项工作的衡量必须有具体的时间幅度、具体的衡量内容和要求。

3. 应与未来的发展相结合

每个企业生产了某种产品后，就要密切注意产品第一个月的销售量，考虑是可以长期发展这种产品，还是要等到时机成熟再大量生产。只有考虑了这些因素，才能制定有效的衡量标准。

4. 应尽可能体现一致性

管理工作中制定出来的控制标准实际上就是一种规章制度，它反映了管理人员的愿望，也为人们指明了努力的方向。控制标准应是公平的，如果某项控制标准适用于每个组织成员，那么就应该一视同仁，不允许搞特殊化。

5. 应是经过努力后可以达到的

建立标准的目的，是用它来衡量实际工作，并希望工作达到标准要求。所以，控制标准的建立必须考虑到工作人员的实际情况，包括他们的能力、使用的工具等。如果标准过高，人们将因根本无法实现而放弃努力；如果标准过低，人们的潜力又会得不到充分发挥。

6. 应具有一定的弹性

标准建立起来后，可能在一段时期内保持不变。但环境却在不断变化，所以，控制标准应对环境变化有一定的适应性。特殊情况能够进行例外处理。

链接 8-3

麦当劳严格控制体系中的标准

"麦当劳""肯德基"等大举进攻国内市场，取得节节胜利，同时，却有多家中式快餐如"荣华鸡""红高粱"等却节节败退，甚至全军覆没。为什么？其中原因很多，但主要原因就是管理问题，尤其是控制问题。以麦当劳为例，它实行的是特许经营，形成一套计划周密的筛选程序来选择特定的经营者，而且经营者必须通过"汉堡包大学"的专门培训。一本几百页的操作手册规定了严格的标准，其中包括食物配置、烹饪程序、店堂布置甚至是职员的着装。为了实现经营上的"质量、服务、清洁、价值"宗旨，制定的工作标准是：一磅肉的脂肪含量必须少于 19%，小面包的宽度只能是 3.5 英寸，每个汉堡包中的洋葱不能超过 1/4 盎司；每种食品制作的时间有明确规定，而且食品出炉后的存放时间也有详细规定，油炸食品 7 分钟，汉堡包 10 分钟，咖啡 30 分钟，超过规定时间，所有食品都要扔掉；95% 以上的顾客进餐馆后 3 分钟内，服务员必须迎上前去接待顾客；事先准备好的汉堡包必须在 5 分钟内热好供应顾客；服务员必须在就餐人离开 5 分钟内把餐桌打扫干净。所有这些标准都要严格执行，并有严密的监督体制，每家分店有审查员，公司有不定期的暗访调查，发现不符合规定的坚决查处。通过这一整套严密控制体系，消费者能在世界各地坐在熟悉洁净的店堂里吃到相同质量、口味的食品，享受到相同周到的服务。和它相比，中国的一些企业的管理是粗线条的，控制是不到位的。

二、测量实绩与界定偏差

在建立标准以后，就要衡量实际绩效。所谓衡量绩效就是找出实际工作情况与标准之间的偏差信息，根据这种信息来评估实际工作的优劣。在衡量之前，首先应明确衡量什么以及如何衡量两个核心问题。

（一）衡量什么

衡量什么是比如何衡量更关键的一个问题。如果错误地选择了标准，将会导致严重的不良后果。衡量什么还将会在很大程度上决定组织中员工的追求。

有时，不一定要对计划实施的所有步骤都进行控制，而是选择一些关键点作为控制点。控制了关键点，就控制了全局。

确定关键点的过程是一个分析决策的过程，它需要丰富的经验和敏锐的观察力。准确地确定关键点是有效控制的保证。关键点一般是计划实施过程中起决定作用的点、容易出偏差的点、起转折作用的点、变化大不容易掌握的点、有示范作用的点等，应根据具体情况具体分析。但是，管理者应该知道，衡量的内容决定了人们的追求，它是一个导向。如现在人们已形成一个共识：中国的教育改革势在必行，要实施素质教育。但中小学仍在搞应试教育，学生、教师、家长苦不堪言。原因就在于衡量学习好坏的是高考成绩。高考这根指挥棒不改革，千军万马挤独木桥的局面不会改观，应试教育还将进行下去。

有一些控制准则是在任何管理环境中都通用的。比如，营业额或出勤率可以考核员工的基本情况；费用预算可以将管理者的办公支出控制在一定的范围之内。

但是，必须承认内容广泛的控制系统中管理者之间的多样性，所以，控制的标准也各有不同。例如，一个制造业工厂的经理可以用每日的产量、单位产品所消耗的工时及资源、顾客退货率等进行衡量；一个政府管理部门的负责人可用每天起草的文件数、每天发布的命令数、电话处理一件事务的平均时间等来衡量；销售经理常常可用市场占有率、每笔合同的销售额、属下的每位销售员拜访的顾客数等来进行衡量。

（二）如何衡量

有五种方法常常被管理者用来衡量绩效，即个人观察、统计报告、口头汇报、书面报告和抽样调查。这些方法分别有其优点和缺点，但是，将它们结合起来，可以大大丰富信息的来源并提高衡量信息的准确程度。

1. 个人观察

个人观察提供了关于实际工作的最直接和最深入的第一手资料，这种方法提供的信息不是过滤后的信息。这种观察可以包括非常广泛的内容，因为任何实际工作的过程总是可以观察到的。个人观察的显著优势是可以获得面部表情、声音语调以及情绪等，它是常被其他来源忽略的信息。个人观察本身存在一些缺点，它受个人偏见的局限。一位管理者看到的问题，在另一位管理者的眼中可能看不到。此外，个人观察需要耗费大量时间。随着公司不断再造和管理者控制范围的持续增大，这种缺陷越来越显著。最后这种方法还需要承受贸然闯入的嫌疑，员工可能将管理者的公然观察解释成对他们缺乏信心或不信任的表现。

2. 统计报告

这是经由书面资料来了解工作情况的常用方法。这种方法可节省管理者的时间，但所获资讯是否全面、准确则取决于这些报表和报告的质量。计算机的广泛应用使统计报告的制作日益方便。这种报告不仅有计算机输出的文字，还包括许多图形、图表，并且能按管理者的要求列出各种数据。尽管统计数据可以清楚有效地显示各种数据之间的关系，但它们对实际工作提供的信息是有限的。统计报告只能提供一些关键的数据，它忽略了其他许多重要因素，这些因素通常是主观方面的。

3. 口头汇报

信息也可以通过口头汇报的形式来获得，如会议、一对一的谈话或电话交谈等。这种方式的优缺点与个人观察相似。尽管这种信息可能是经过过滤的，但是它快捷、有反馈，同时可以通过语言词汇和身体语言来扩大信息，还可以录制下来，像书面文字一样能够永久保存。

4. 书面报告

书面报告与统计报告相比要显得慢一些；与口头报告相比要显得正式一些。这种形式比较精确和全面，且易于分类存档和查找。

5. 抽样调查

抽样调查即从整批调查对象中抽取部分样本进行调查，并把结果看成是整批调查对象的近似代表，此法可节省调查时间及成本。

（三）衡量的注意事项

正确的衡量方法是产生正确结论的可靠保证，在实际运用时应注意以下几点。

1. 注重事实，加强调查研究

确定实际活动的效果是控制活动的基础，必须坚持系统检查、实事求是的原则，防止文过饰非、虚报瞒报。对于得到的资料要进行认真、科学的鉴别，为科学合理地进行控制活动提供保证。

2. 具体问题具体分析

为了能准确地认识事物的本质和规律性，必须对掌握的材料进行深入的分析研究。不仅要分析现有的信息资料，还要分析事物发展的历史过程，分析事物在发生、发展过程中所处的具体环境。如企业的销售业绩下降，除了分析销售人员本身的问题以外，还要分析整个市场的竞争情况、国民经济发展状况等才能作出公正、客观的评价。

3. 找出问题的关键点

衡量工作绩效时只有分清主次，找出问题的关键点，才能对工作进行正确的判断。这样既抓住了管理的重点，又可以防止在次要问题上花费太多精力，从而提高管理效率。

（四）界定偏差

测量到实际工作的结果后，就可以将其与标准进行比较，确定有无偏差发生及偏差的大小。所谓偏差，是指实际工作情况或结果与控制标准要求之间的差距。

通过偏差的确定，就容易发现计划执行中的问题和不足。但并非所有偏离标准的情况均需作为"问题"来处理，这里有个容限的幅度。所谓容限，即准许偏差存在的上限与下限范围。在这个界限范围内，即便实际结果与标准之间存有差距，也被认为是正常的。只有在超出该容限范围时，才需要采取控制行动。质量统计控制就是这样的例子。质量控制图的使用就是为了这个目的。设定管道直径的预定标准为5.00厘米。由于机器的情况和其他因素，根据统计数据，可接受的偏差范围被设定在5.05厘米（上限）和4.95厘米（下限）之间。当管道直径超出这些范围时，被认为是失控了。这个时候，作业过程就要被中止，并在外界干预下进行必要的调整，从而使整个系统再回到控制之中，如图8-4所示。

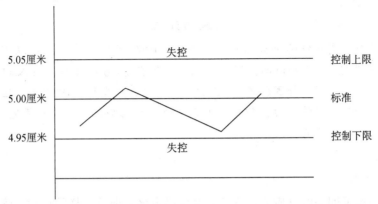

图8-4 质量控制图

表8-1是某公司设立的控制标准与容限示例。如果计划执行中没有偏差发生，或偏差

在规定的容限之内，则该控制过程暂告完成。若执行中出现了不能容许的偏差，则控制过程进入下一步骤。

表 8-1　控制标准与容限示例

标准	容限
全勤	每月准许请假 2 天
上午 8：00 开始工作	迟到不得超过 5 分钟
等待时间 1 分钟	可再加 5 秒
工作场所表面皆擦拭清洁	显见微疵以 2 个为限

三、分析原因与采取措施

利用科学的方法，依据客观的标准，对工作绩效进行衡量，可以发现计划执行中出现的偏差。纠正偏差就是在此基础上，分析偏差产生的原因，确定并实施必要的纠正措施。这项工作使得控制过程完整，通过纠偏，使组织计划得以遵循，使组织结构和人事安排得到调整。

（一）分析原因

一般造成偏差的原因有三大类。

1. 计划操作原因

如工作不认真、责任心不强；或能力不够，不能胜任工作等。

2. 外部环境发生重大变化

如国家政策法规发生变化，国际政治风云突变等。这些因素往往是不可控的。

3. 计划不合理

制订计划时不切实际，好高骛远，盲目乐观，把目标定得太高，根本达不到；或确定目标时过于保守，低估自己的实力，把目标定得太低，不能起到激励作用。

链接 8-4

巨人的没落

巨人集团是个靠高科技迅速崛起的民营企业。1989 年创始人史玉柱以 400 元和自己开发的 M-6 401 汉卡起家，3 年时间总资产超亿元，但在 1996 年年底，巨人却陷入严重的财政危机，巨人倒下了。直接原因就是 70 层巨人大厦的投资失误。1992 年，巨人以公司规模一个亿、流动资金几百万的实力，却要修建工程预算十几个亿、需要 6 年完工的巨人大厦，结果几乎导致了整个企业的覆没。

（二）采取措施

对偏差原因作了彻底的分析后，管理者就要确定该采取什么样的行动。管理者应该在下列三种控制方案中选择一个：维持原状；纠正偏差；修订标准。当衡量绩效的结果比较令人满意，可采取第一种方案。在此，重点讨论后两种方案。

1. 纠正偏差

针对偏差的主要原因，可以制定改进工作或调整计划与标准的纠正方案。纠正偏差，不仅在实施对象上可以进行选择，而且对同一对象的纠偏也可采取多种不同的措施。所有与这些措施的实施条件和效果相比的经济性要优于不采取任何行动、使偏差任其发展可能给组织造成的损失，如果行动的费用超过偏差带来的损失，最好的方案也许是不采取任何行动。这是纠偏方案过程中的第一重优化。在此基础之上，通过对各种经济可行方案的比较，找出其中追加投入最少、解决偏差效果最好的方案来组织实施。具体纠偏措施有以下两种。

（1）立即执行的临时性应急措施。对于那些迅速、直接影响组织正常活动的紧急问题，多数应立即采取补救措施。例如，某一种规格的部件在加工过程中出现了问题，一周后如不能生产出来，其他部门就会受其影响而出现停工待料。此时不应花时间考虑该追究什么人的责任，而要采取措施确保按期完成任务。管理者可凭借手中的权力，采取如下行动：一是要求工人加班加点，短期突击；二是增添人工和设备；三是派专人负责指导完成。

（2）长久性的根治措施。危机缓解以后，则可转向永久性的根治措施，如更换车间管理人员、变更整个生产线，或者重新设计部件结构等。现实中不少管理者在控制工作中常常局限于充当"救火员"的角色，没有认真探究"失火"的原因，并采取根治措施消除偏差产生的根源和隐患。长此以往，会将自己置于被动的境地。作为一个有效的管理者，对偏差进行认真的分析，并花一些时间永久性地纠正这些偏差是非常有益的。1998年夏天，中国长江流域和松花江流域发生严重洪涝灾害，许多大堤发生险情，这时只能采取应急措施，哪里有险情，就补救哪里，有时甚至需要拆东墙补西墙，以确保控制险情；但在冬季，人们对大堤进行了彻底修整，提高防洪标准或重新修建，以做好日后防汛的准备。

2. 修订标准

工作中的偏差也可能来自不合理的标准，即指标定得太高或太低，或者是原有的标准随着时间的推移已经不再适应新的情况。在这种情况下，就需要调整标准。

但是应当注意的是，在现实生活中，当某个员工或某个部门的实际工作与目标之间的差距非常大时，他们往往首先想到的是责备标准本身。比如，学生会抱怨扣分太严而导致他们的低分；销售人员可能会抱怨定额太高致使他们没有完成销售计划。也许确实是因为定额太高才导致了工作中的偏差，并导致员工反对这个标准。但是应该看到，人们不大愿意承认绩效不足是自己努力不够的结果，作为一个管理者对此应保持清醒的认识，如果管理者认为标准是现实的，就应该坚持，并向下属讲明自己的观点，并保证将来的工作是会得到改进的，然后采取一些必要的行动使期望变成现实，否则就应作出适当的修改。

第四节　控制的方法

控制的最终目的是保证组织目标实现。找出偏差，采取纠正措施并不是控制的目的，在偏差发生之前，采用各种控制手段和方法来避免或减少偏差的发生才是控制者追求的目标。常用的控制方法包括了预算控制方法、非预算控制方法和综合控制方法。

一、预算控制方法

(一) 预算的概念与作用

1. 预算的概念

预算就是用数字，特别是财务数字的形式来陈述的组织中的短期活动计划，它预估了在未来特定的时期内的收入，也规定了各部门支出的额度。预算控制是将事实和计划相比较，确认预算的完成情况，找出差距并进行弥补，以实现对组织资源充分合理的利用。预算结合了前馈控制、现场控制和反馈控制，被广泛运用于组织的各种不同层次的控制中。利用预算，管理者可以准确衡量部门生产经营情况和效益好坏，有利于管理者对各部门工作进行评价和控制。

2. 预算的作用

(1) 实施战略计划。战略是组织长期的发展计划，战略要面对很多不确定因素。预算则是考虑在年度内特定情况约束下，组织以何种方式来落实战略计划，提高绩效。以货币表示的预算，往往传递了利润的获取、资本的使用等组织关键性资源的信息。它可以使管理者了解组织状况的变化方向和组织中优势部门和问题部门所在，从而为调整组织活动指明了方向。

(2) 指定责任。预算的编制明确了每个管理者的责任，预算也授权责任中心的管理者可以支配一定数额的开支。

(3) 确定业绩评估的基础。由于预算用货币单位为企业各部门的各项活动编制计划，因此它使得企业在不同时期内的活动效果在不同部门的经营绩效具有可比性。用数量形式的预算标准来对照企业活动的实际效果，大大方便了控制过程中的绩效衡量工作，也使之更加客观可靠。

(4) 协调作用。通过为不同的职能部门活动编制预算，也为协调企业活动提供了依据。更重要的是，预算的编制及执行始终与控制过程联系在一起。编制预算是为了企业的各项活动确立财务标准，在此基础上，很容易测量出实际活动对预期效果的偏离程度，从而为采取正确措施奠定了基础。

3. 预算的局限性

由于预算的积极作用，预算手段在组织管理中得到了广泛的运用。但在预算的编制和执行中，也有一些局限性。

(1) 只能帮助企业控制那些可以计量的、特别是可以用货币单位计量的业务活动，而不能促进企业对那些不能计量的企业文化、企业形象、企业活力的改善予以足够的重视。

(2) 编制预算时通常参照上期的预算项目和标准，从而会忽视本期活动的实际需要，因此会导致这样的错误：上期有的而本期不需要的项目依然沿用，本期必需而上期没有的项目会因缺乏先例而不能增设。

(3) 企业活动的外部环境是在不断变化的，这些变化会改变企业获取资源的支出或销售产品实现的收入，从而使预算变得不合适。因此，缺乏弹性、非常具体、特别是涉及较长时间的预算可能会过度束缚决策者的行动，使企业经营缺乏灵活性和适应性。

(4) 预算，特别是项目预算或部门预算，不仅对有关负责人提出希望他们实现的结果，而且也为他们得到这些成果而有效开支的费用规定了限度。这种规定可能使得主管们在活动中精打细算，墨守不得超过支出预算的准则，而忽视了部门活动本来的目的。

（二）预算的种类

预算的种类很多，主要分为以下几种。

1. 收支预算

这是以货币来表示组织的收入和经营费用支出的计划。收入预算主要表示在某个计划期的有关收益及其来源。一般来说，企业的主要收入是销售收入，可单独编制预算。对于支出预算即计划期各种费用支出的预算，企业可根据会计科目中的某些费用编制单独或综合的预算。由于公司主要是依靠产品销售或提供服务所获得的收入来支付经营管理费用并获取利润，因此销售预测是计划工作的基石，销售预算是预算控制的基础，是销售预测的详细和正式的说明。表8-2是一个简单的销售预算的例子。

表8-2 销售预算

产品	地区	销售量/件	单位销售价/元	总销售额/元
产品A	东北	2 500	80	200 000
	华北	1 500	80	120 000
	其他	2 000	80	160 000
	总计	6 000	80	48 000
产品B	东北	3 000	110	330 000
	华北	2 000	110	220 000
	其他	2 400	110	264 000
	总计	7 400	110	814 000
总销售收入		13 400	—	1 294 000

根据收支预算确定在计划期内的现金的收支情况，让管理者清楚他有多少现金，够不够开支。

2. 现金预算

从现金预算中可以发现是否有多余的现金库存或不适合的开支。由于任何组织的运作都需要一定的现金，如企业需要给职工发工资、购买原材料、缴纳各种税费及支付临时开支，所以企业都比较重视现金预算。

3. 投资预算

投资预算一般包括建新厂、买房产、购买机器设备等扩大固定资产投资以及其他方面的投资预算，这个费用的数目一般比较大，且短期内难以收回，需慎重对待，应用一定的时间进行调查和论证工作，并列出专项预算。

4. 总预算

通过编制预算汇总表，可以对公司的全面业绩实施控制。总预算把各部门的预算集中起来，反映了公司的各项计划，从中可以看到销售额、成本、利润、资本的运用、投资利润率及其相互关系。总预算可以向最高管理层反映出各个部门为了实现公司总的奋斗目标而运行的具体情况。

（三）预算的编制

在编制预算之前，应首先建立一套预算制度。通过规章制度的建立，为预算的编制和执行提供保障；同时，选择预算的类型，确定预算的期限、分类等。在此基础上，可以参考下述步骤来编制预算。

（1）深入了解企业在过去财政年度的预算执行情况和企业在未来年度的发展战略规划，并以此作为企业编制预算的重要依据。

（2）围绕企业的发展战略规划和企业内外部环境条件，编制企业的总预算，主要包括收入总预算、支出总预算、现金流量总预算、资金总预算、主要产品产量和销量总预算等，并粗略编制企业的预算资产负债表。

（3）将企业总预算中确定的任务层层分解，由各部门、基层单位以及个人参照编制本部门、本岗位的预算，上报企业高层管理部门。

（4）企业高层决策者在综合企业各个部门的上报预算后，调整部门预算，甚至调整总预算，最终确定预算方案，并下发各部门。

（5）组织贯彻落实预算确定的各项目标，在实施过程中予以监控，及时发现问题并采取相应的措施。

（四）有效预算控制的要求

要使预算控制很好并发挥作用，管理者必须明确预算仅仅是管理的手段，而不能代替管理的工作；预算具有局限性，而且必须切合每项工作。另外，预算不仅仅是财务人员和总会计师的管理手段，而且也是所有管理者的管理手段。有效的预算控制必须注意以下几个方面。

1. 高层管理部门的支持

要使预算的编制和管理最有效果，就必须得到高层管理部门全心全意的支持。一方面，要给下属编制预算的工作提供时间、空间、信息及资料等方面的便利条件。另一方面，如果公司的高层管理部门积极支持预算编制工作，并将预算建立在牢固的计划基础之上，要求各分公司和各部门编制和维护各自的预算，并积极地参与预算审查，那么预算就会促使整个公司的管理工作完善起来。

2. 管理者的参与

要使预算发挥作用的另一种方法就是高层管理部门的直接参与，也就是让那些按预算从事经营管理的所有管理者都参与到预算编制工作中。多数预算负责人和总会计师都有这样的感觉，即管理者真正参与预算编制工作是保证预算成功的必要条件。不过在实际中，参与往往变成了迫使管理者接受预算，这是不可取的。

3. 确定各种标准

提出和确定各种可用的标准，并且能够按照这种标准把各项计划和工作转换为对人工、经营费用、资本支出、厂房场地和其他资源的需要量，这是预算编制的关键。许多预算就是因为缺乏这类标准而失效的。一些管理者在审批下属的预算计划时之所以犹豫不决，就是因为担心下属供审查的预算申请额度缺乏合理的依据。如果有了合理的标准和适用的换算系数，管理者就能审查这些预算申请，并提出是否批准这些预算申请的依据，而不至于没有把握地盲目削减预算。

4. 及时掌握信息

要使预算控制发挥作用，管理者需要获得按照预算所完成的实际业绩和预测业绩的信息。这种信息表明工作的进展情况，应当尽可能地避免因信息迟缓导致偏离预算的情况发生。

二、非预算控制方法

预算控制是一种传统而又广泛使用的控制方法，随着社会的发展和科学技术的进步，组织的规模越来越大，劳动分工越来越细，管理活动越来越广泛且复杂，信息量也越来越大，控制的技术和方法在传统的基础上也得到了很大的丰富和发展。在这里，根据管理对象的不同，简要介绍几种非预算控制方法和技术。需要指出的是，不管采用哪种控制方法和技术，都必须有一个管理系统作为保障，而且在实际管理活动中，必须随机制宜，灵活应用。

1. 审计法

审计法是一种常用的控制方法，财务审计与管理审计是审计控制的主要内容。近来，国家还推行以保护环境为目的的清洁生产审计。所谓财务审计是以财务活动为中心内容，以检查并核实账目、凭证、财物、债务以及结算关系等客观事物为手段，以判断财务报表中所列出的综合的会计事项是否正确无误，报表本身是否可以信赖为目的的控制方法。通过这种审计还可以判明财务活动是否符合财经政策和法令的要求和规定。所谓管理审计是检查一个单位或部门管理工作的好坏，评价人力、物力和财力的组织及利用的有效性。目的在于通过改进管理工作来提高经济效益。此外，审计还有外部审计和内部审计之分，外部审计是指由组织外部的人员对组织的活动进行审计；内部审计由组织自身专门设置的审计部门负责，以便随时审计本组织的各项活动。

审计工作有一些公认的原则，以保证审计的有效性。具体包括以下一些原则。

（1）政策原则，审计工作必须符合国家的方针政策。

（2）独立原则，审计监督部门应能独立行使职权，不受任何干涉。

（3）客观原则，审计一定要实事求是地进行，客观地作出评价和结论。

（4）公正原则，审计工作必须站在客观的角度上，不偏不倚，公正判断。

（5）群众原则，审计工作要走群众路线，依靠群众才能解决许多困难问题。

（6）经常性原则，审计工作应经常化、制度化。

2. 财务报表分析

财务报表是用于反映企业经营的期末财务状况和计划期内的经营成果的会计报表。财务报表分析也称经营分析，就是以财务报表为依据来判断企业经营的好坏，并分析企业经营的长处和短处。它主要包括三种分析：第一，利润率分析，指分析企业收益状况的好坏；第二，流动性分析，指分析企业负债与支付能力是否相适应，资金的周转状况和收支状况是否良好；第三，生产率分析是从企业经营的观点出发，对企业一定时期内的生产量（总产值或净产值）与特定生产要素（劳动力、劳动工具或劳动对象）之间的比率的变化情况和原因及其影响程度进行的分析。财务报表分析目的在于及时发现问题，采取措施，不断提高生产率，提高经济效益。生产率是投入额与产出额的比率，即生产要素对生产的贡献程度。

财务报表分析法主要有实际数字法和比率法两种。实际数字法是用财务报表中的实际数字来分析人工成本、应付利息和净利润。但有时这种绝对的数字不能准确地反映企业的不同时期或不同企业间的实际水平，因为企业在不同的时期以及在不同的企业之间条件不同、规模大小不同、行业标准不同。比率法是求出实际数字的各种比率后再进行分析，更好地体现出了相对性，所以比较常用。

3. 计划评审法

计划评审法也称网络技术，主要功能是帮助管理人员在众多的有着时间顺序的单个活动中找到对整个计划的按期完成或在最短时间内完成有重大影响的关键活动，并提供各活动运行的时间区间和机动时间，将杂乱无序的繁多的活动安排得井井有条。各项活动只需在规定的时间内完成，管理控制人员对整个项目的完成时间心中有数，并知道应对哪些关键活动重点控制。它是一种计划方法，也是控制方法，而且是预先控制方法，系统越复杂，越能显示出它的效率。

4. 线性规划

线性规划是在系统的各项现有资源的约束条件下，为某一预定目标提供最优方案。例如，在一定时间内，一个企业的一些资源如厂房、机器设备、生产效率、职工人数、产品品种等，要么是个定数，要么有一个限度。那么，在现有条件下，要达到利润最大，它的各项资源如何配置？应用线性规划，即能找到最优方案。线性规划是预先控制方法，它能根据现有的资源状况，提供最优的资源配置方案，以充分利用各项资源，获得最大效益。

此外，还有一些控制方法，如现场亲自观察、统计数据资料、鉴定式评价等。

本章小结

1. 控制是指管理人员对组织实际运行是否符合预设的目标进行测定并采取措施确保组织目标实现的过程。从传统的意义上理解，控制指的是"纠偏"，也即按照计划标准衡量计划的完成情况，针对出现的偏差情况采取纠正措施，以确保计划得以顺利实现。这是一种狭义的控制概念。从广义的角度来看，控制工作并不仅限于按照既定的计划标准来衡量和纠正计划执行中的偏差，它同时还包含着在必要时修改计划标准，以使计划更加适合于实际情况。因此，完整的控制包括了"纠偏"和"调适"这两方面的含义。

2. 按控制的侧重点，控制可分为前馈控制、现场控制和反馈控制。前馈控制是活动开始前进行的预先控制，能防患于未然；现场控制是在活动进行的同时就施予控制，因此是一种同步、实时的控制；反馈控制是在活动完成之后才进行的事后控制，具有亡羊补牢的作用。各种控制方式都有其各自的优缺点和适用的条件。

3. 按控制层次，控制可分为集中控制、分层控制和分散控制。

4. 控制的基本过程都包括三个步骤：一是确定标准；二是测量实绩与界定偏差；三是分析原因与采取措施。

5. 与物理、机械、生物及其他领域的控制相对照，在企业管理中实施的控制具有目的性、整体性、动态性、人本性和创新性的显著特点。

6. 预算控制包括：收支预算、现金预算、投资预算和总预算。

7. 非预算控制包括：审计法、财务报表分析、计划评审法和线性规划。

重要概念

控制 PDCA 循环 前馈控制 抽样调查偏差 现场控制 反馈控制 预算控制 非预算控制

复习思考题

1. 管理中控制的内容是什么?
2. 系统实施有效控制有哪些要求?
3. 为什么说管理离不开控制?
4. 怎样理解控制工作的重要性?
5. 管理控制的目标有哪些?其特点是什么?
6. 控制可以划分为哪些类型?各有怎样的特点?
7. 控制的基本过程包括哪些步骤?
8. 预算有哪些种类?如何使预算控制更加有效?
9. 常用的非预算控制方法有哪些?

案例分析

案例一 治理酒后驾驶带给我们的启示

随着社会经济的发展,汽车越来越普及,道路交通事故越来越多,其中酒后驾驶又是交通事故的罪魁祸首。酒后驾驶行为到底有多普遍?据调查:96.6%的人承认身边有酒后驾车现象。而在造成酒驾的原因中,70.0%的人首选"司机有侥幸心理",69.8%的人认为是"违法成本过低",64.1%的人表示"公众安全意识和法制意识薄弱",59.2%的人表示"公众普遍缺乏尊重生命的责任意识",2.0%的人选择了"代驾市场没有形成规模"。

治理酒后驾驶,我国并非没有相关的法律条文。《中华人民共和国刑法》明确规定,酒后、吸食毒品后驾驶机动车辆的,以交通肇事罪定罪处罚。同时,地方政府也积极出台相关的行政条例。早在 2004 年,江苏省就出台了《江苏省道路交通安全条例》,2008 年 5 月 1 日,杭州市也正式实施了修订后的《杭州市道路交通安全管理条例》。然而,从 2008 年年底开始,几起酒后驾驶导致的恶性交通事故使得舆论的焦点重新集中到了酒驾上来。先是 2008 年 12 月 14 日下午,成都孙伟铭酒后驾车肇事造成 4 人死亡、1 人重伤;2009 年 6 月 30 日,南京重大酒后交通事故,造成 5 死 4 伤;2009 年 8 月 4 日,杭州魏姓司机酒后驾车,撞死 1 名 17 岁少女;2009 年 8 月 5 日,黑龙江鸡西一男子酒后驾车造成 2 人死亡、10 人受伤。资料显示,我国拥有全世界 1.9%的汽车量,而汽车引发的交通死亡事故却占全球的 15%,死亡率排名"世界之首"。

为保障人民群众生命财产安全,打击酒后驾驶严重交通违法行为,中华人民共和国公安部决定于 2009 年 8 月 15 日开始,在全国范围内开展为期 2 个月的集中整治酒后驾驶交通违法行为专项行动。在酒后驾车事故频发的浙江,杭州交警队展开"蓝盾"行动,对酒驾实行"零容忍",统计数据表明,从 8 月 7 日至 8 月 31 日,浙江省共查获酒后驾车 11 592 起,因醉酒后驾驶拘留 1 453 人。

但这毕竟是治标之策,如何才能治本?一线工作的交警总结出以下经验。

一是加大教育宣传力度。通过教育宣传提高驾驶人的安全意识，是预防道路交通事故的根本。让每一个驾驶人都认识到酒后驾驶不仅仅是不文明的行为，更是严重危害人身安全的违法行为，提高驾驶人的安全意识，自觉抵制酒后驾车行为，从而在根本上减少酒后驾驶的发生。

二是加大打击处罚力度。对酒后驾驶要做到"零容忍"，法律法规规定有罚款处罚的，要一律从重处罚。对酒后驾驶违法行为不处罚、从轻处罚或者为酒后驾驶违法人说情的，要严肃追究民警和有关领导的责任。

三是加大举报监督力度。提高广大交通参与者的交通安全意识，使酒后驾车的陋习处于人民群众的监督之下，形成"过街之鼠，人人喊打"的氛围，坚决杜绝酒后驾驶交通违法行为。

讨论题：

1. 在治理酒驾过程中，控制的重要性如何体现？

2. 不同类型的控制在本案例中是如何表现的？你认为哪种类型的控制的实施效果最佳？为什么？

案例二　张正的控制计划

张正在几天前被任命为一家国有化妆品公司的总经理。他很快就发现这家公司存在着很多问题，而且其中的大多数问题都与公司不适当的控制管理有关。例如：他发现公司各部门的预算是由各部门自行编制的，前任总经理对各部门上报的预算一般不加修改就签字批准；公司内部也没有专门的财务审核人员，因此对各部门的预算和预算的实施情况根本就没有严格的审核；在人事方面，生产一线人员流动率大，常有人不辞而别，行政工作人员迟到早退现象严重，而且常有人在工作时间利用公司电话炒股票。

公司对这些问题都没有采取有效的控制措施，更没有对这方面的问题进行及时调整或解决。不少中层管理者还认为，公司业务不景气，生产人员想走是很正常的，行政工作人员在没什么工作可做的情况下，迟到早退、自己想办法赚点钱也是可以理解的，对此没有必要大惊小怪。

张正认为，要改变公司的面貌，就一定要加强资金、人员等方面的控制，为此，就需要制订出一个综合控制计划。

讨论题：

为了改变公司的面貌，这个综合控制计划应包括哪几个方面内容？在实施过程中又会遇到什么样的问题？

实践训练

实训项目
编制生产作业或经营管理的控制方案。

实训目的
1. 增强对生产计划或经营计划控制的认识。
2. 培养编制生产作业或经营管理控制方案的初步能力。
3. 初步掌握控制的主要方法。

实训内容

1. 对企业进行调研，了解该企业的生产作业或经营管理的控制情况。

2. 运用掌握的控制方面的知识，结合企业的实际情况，模拟编制一份生产作业或经营管理控制方案。

实训考核

1. 上交一份企业生产作业或经营管理控制方案。

2. 教师对控制方案进行评估打分。

参 考 文 献

[1] 单凤儒. 管理学基础 [M]. 北京：高等教育出版社，2018.

[2] 斯蒂芬·P. 罗宾斯. 管理学 [M]. 13 版. 北京：中国人民大学出版社，2017.

[3] 张友苏，李晓园. 管理学 [M]. 2 版. 北京：高等教育出版社，2016.

[4] 苏艳芳. 管理学基础与应用 [M]. 2 版. 北京：中国财富出版社，2015.

[5] 葛永慧. 马云管理课 [M]. 北京：中国法制出版社，2015.

[6] 磨剑. 三天读懂管理学 [M]. 北京：中国法制出版社，2015.

[7] 田丽娟. 移动互联网企业的扁平化组织结构浅析 [J]. 经营管理者，2015.

[8] 兰杰·古拉蒂，安东尼·J. 梅奥管理学 [M]. 北京：机械工业出版社，2014.

[9] 陈鸿雁. 组织行为学 [M]. 2 版. 北京：北京邮电大学出版社，2014.

[10] 芮明杰. 管理学：现代的观点 [M]. 3 版. 上海：上海人民出社，2013.

[11] 周三多. 管理学：原理与方法 [M]. 5 版. 上海：复旦大学出版社，2009.

[12] 谢勇. 管理学 [M]. 武汉：华中科技大学出版社，2008.

[13] 胡炜. 简析企业组织结构构建的影响因素 [J]. 有色矿冶，2017 (2).

[14] 龚艳文. 企业组织结构与战略管理关系研究 [J]. 城市地理，2017 (22).

[15] 戴珊. 企业组织管理危机的成因和治理分析 [J]. 山西农经，2018 (3).

[16] 黎娅. 新常态下企业组织结构设计之研究 [J]. 今日科苑，2015 (4).

[17] 吴照云，李晶. 中国古代管理思想的形成轨迹和发展路径 [J]. 经济管理，2012 (7).

[18] 李龙一. 技术创新与企业组织结构 [J]. 科技进步与对策，2011 (3).

[19] 王江. 后危机时代的企业劳动关系管理研究 [J]. 未来与发展，2011 (4).

[20] 王平一. 中国古代管理思想和管理经验的现代借鉴 [J]. 江南大学学报（人文社会科学版），2005 (5).

[21] 郑晓燕，高新镇. 中国古代管理思想及其启示 [J]. 管子学刊，2003 (2).